21st CENTURY
实用规划教材

21世纪全国高等院校财经管理系列实用规划教材·国际贸易系列

国际贸易实训教程

主　编　王　茜　杨凤祥
副主编　刘　薇　童　胜
参　编　陈沄沄　张　骏
张小玲　华树春
顾晓燕

北京大学出版社
PEKING UNIVERSITY PRESS

内 容 简 介

本书着重从国际贸易的实战性出发，遵照产品在国际市场上的贸易流程介绍相关知识。本书以应用型本科院校国际贸易实务实训操作为主线，设立了导论、国际结算实训、国际商务单证模拟实训、国际货运与保险模拟实训、外贸跟单模拟实训、报关模拟实训、报检模拟实训及进出口业务综合实训，共计8章，为国际贸易的实战演练提供了系统的实训材料。

本书最大的特点就在于通过情境模拟、单据操作、流程再现等对学生进行不同流程模块的实训。同时，本书尽可能反映现行进出口贸易实务的现状，一线的贸易工作者参与本书编写团队，由公司协助提供翔实的实例分析和模拟操作。

本书不仅适合应用型本科院校作为教材使用，同时还可以作为外贸从业人员的培训用书。

图书在版编目(CIP)数据

国际贸易实训教程/王茜，杨凤祥主编. —北京：北京大学出版社，2014.2

(21世纪全国高等院校财经管理系列实用规划教材·国际贸易系列)

ISBN 978-7-301-23730-4

Ⅰ. ①国… Ⅱ. ①王…②杨… Ⅲ. ①国际贸易—贸易实务—高等学校—教材 Ⅳ. ①F740.4

中国版本图书馆CIP数据核字(2014)第008850号

书　　名：国际贸易实训教程

著作责任者：王　茜　杨凤祥　主编

策 划 编 辑：葛　方

责 任 编 辑：王显超　葛　方

标 准 书 号：ISBN 978-7-301-23730-4/F·3828

出 版 发 行：北京大学出版社

地　　址：北京市海淀区成府路205号　100871

网　　址：http://www.pup.cn　　新浪官方微博：@北京大学出版社

电 子 信 箱：pup_6@163.com

电　　话：邮购部62752015　发行部62750672　编辑部62750667　出版部62754962

印 刷 者：北京富生印刷厂

经 销 者：新华书店

787毫米×1092毫米　16开本　12.25印张　273千字

2014年2月第1版　2017年1月第2次印刷

定　　价：28.00元

21世纪全国高等院校财经管理系列实用规划教材

专家编审委员会

丛 书 序

我国越来越多的高等院校设置了经济管理类学科专业，这是一个包括经济学、管理科学与工程、工商管理、公共管理、农业经济管理、图书档案学6个二级学科门类和22个专业的庞大学科体系。2006年教育部的数据表明，在全国普通高校中，经济类专业布点1518个，管理类专业布点4328个。其中除少量院校设置的经济管理专业偏重理论教学外，绝大部分属于应用型专业。经济管理类应用型专业主要着眼于培养社会主义国民经济发展所需要的德智体全面发展的高素质专门人才，要求既具有比较扎实的理论功底和良好的发展后劲，又具有较强的职业技能，并且又要求具有较好的创新精神和实践能力。

在当前开拓新型工业化道路，推进全面小康社会建设的新时期，进一步加强经济管理人才的培养，注重经济理论的系统化学习，特别是现代财经管理理论的学习，提高学生的专业理论素质和应用实践能力，培养出一大批高水平、高素质的经济管理人才，越来越成为提升我国经济竞争力、保证国民经济持续健康发展的重要前提。这就要求高等财经教育要更加注重依据国内外社会经济条件的变化，适时变革和调整教育目标和教学内容；要求经济管理学科专业更加注重应用、注重实践、注重规范、注重国际交流；要求经济管理学科专业与其他学科专业相互交融与协调发展；要求高等财经教育培养的人才具有更加丰富的社会知识和较强的人文素质及创新精神。要完成上述任务，各所高等院校需要进行深入的教学改革和创新，特别是要搞好有较高质量的教材的编写和创新工作。

出版社的领导和编辑通过对国内大学经济管理学科教材实际情况的调研，在与众多专家学者讨论的基础上，决定编写和出版一套面向经济管理学科专业的应用型系列教材，这是一项有利于促进高校教学改革发展的重要措施。

本系列教材是按照高等学校经济类和管理类学科本科专业规范、培养方案，以及课程教学大纲的要求，合理定位，由长期在教学第一线从事教学工作的教师编写，立足于21世纪经济管理类学科发展的需要，深入分析经济管理类专业本科学生现状及存在的问题，探索经济管理类专业本科学生综合素质培养的途径，以科学性、先进性、系统性和实用性为目标，其编写的特色主要体现在以下几个方面：

(1) 关注经济管理学科发展的大背景，拓宽理论基础和专业知识，着眼于增强教学内容与实际的联系和应用性，突出创造能力和创新意识。

(2) 体系完整、严密。系列涵盖经济类、管理类相关专业以及与经管相关的部分法律类课程，并把握相关课程之间的关系，整个系列丛书形成一套完整、严密的知识结构体系。

(3) 内容新颖。借鉴国外最新的教材，融会当前有关经济管理学科的最新理论和实践经验，用最新知识充实教材内容。

(4) 合作交流的成果。本系列教材是由全国上百所高校教师共同编写而成，在相互进行学术交流、经验借鉴、取长补短、集思广益的基础上，形成编写大纲。最终融合了各地特点，具有较强的适应性。

(5) 案例教学。教材具备大量案例研究分析内容，让学生在学习过程中理论联系实际，特别列举了我国经济管理工作中的大量实际案例，这可大大增强学生的实际操作能力。

(6) 注重能力培养。力求做到不断强化自我学习能力、思维能力、创造性解决问题的能力以及不断自我更新知识的能力，促进学生向着富有鲜明个性的方向发展。

作为高要求，财经管理类教材应在基本理论上做到以马克思主义为指导，结合我国财经工作的新实践，充分汲取中华民族优秀文化和西方科学管理思想，形成具有中国特色的创新教材。这一目标不可能一蹴而就，需要作者通过长期艰苦的学术劳动和不断地进行教材内容的更新才能达成。我希望这一系列教材的编写，将是我国拥有较高质量的高校财经管理学科应用型教材建设工程的新尝试和新起点。

我要感谢参加本系列教材编写和审稿的各位老师所付出的大量卓有成效的辛勤劳动。由于编写时间紧、相互协调难度大等原因，本系列教材肯定还存在一些不足和错漏。我相信，在各位老师的关心和帮助下，本系列教材一定能不断地改进和完善，并在我国大学经济管理类学科专业的教学改革和课程体系建设中起到应有的促进作用。

劉詩白

2007 年 8 月

刘诗白 现任西南财经大学名誉校长、教授，博士生导师，四川省社会科学联合会主席，《经济学家》杂志主编，全国高等财经院校资本论研究会会长，学术团体“新知研究院”院长。

前　言

对外开放是中华民族走向复兴、实现强国之梦的必由之路。对外贸易是改革开放以来我国经济增长与社会发展的发动机。

国际贸易实训是一门主要研究国际间商品交换的具体过程、相关活动内容与商务运作规范的学科，内容涉及国际贸易理论与政策、国际贸易法律与惯例、国际金融、国际运输与保险等学科的基本原理与基本知识的运用，是一门具有涉外商务活动特点、实践性很强的综合性应用学科。

应用型本科院校承担着为企业培养合格人才的重任。从企业对人才的需求来看，凡从事国际贸易的人员，不仅必须掌握国际贸易的基本原理、知识和技能与方法，而且还应学会分析和处理实际业务问题的能力，以确保社会经济效益的顺利实现。研究表明：国际贸易职业岗位层次呈金字塔状，高层是(副)总经理、中间层是指业务部、单证部、国际结算部经理等，底层是生产、服务一线岗位的操作层，如外贸业务员、报关员、报检员、货代员、单证员、跟单员、外贸文员、外贸会计、翻译等。外贸操作层的众多岗位需要大批高素质技能型的人才。具体来说，企业在招聘外贸人才时，更注重实践操作技能和一定的实务操作经验。

从教学内容上看，国际贸易实训课程是可以契合应用型本科人才培养任务和企业对外贸应用型人才的需求的。然而好的人才培养效果还必须要有好的教学模式和课程体系。传统的国际贸易实务课程主要采用课堂讲授教学方式，教师讲，学生记，名为“实训”课程，实际上还是理论课，实践性差，达不到培养业务技能的效果。因此必须对传统的教学模式和课程体系进行改革。

在多年的学科建设中，编者一直致力于培养具有实际操作能力的适应社会需要的应用型人才，通过实践教学体系的构建，不断探索与完善应用型本科国际经济与贸易专业教学模式与课程体系。集中性实习实践环节是实践教学体系的重要构成部分。国际贸易实训课程是为了强化国际贸易实训教学效果而独立设置的集中性实习实践环节的集合。

好的课程首先要有好的教材。编写一部能够充分体现应用型、操作性特色的国际贸易实训教材以满足培养应用型人才的需要，是编者尝试编写本书的初衷。为了达成这一目的，编者一方面加强教学研究，强调以教研、科研成果作为实训课程改革的支撑；另一方面，为了确保实训课程能够达到培养企业所需人才的效果，编者以贸易公司为业务实习基地，加强教师双重素质锻炼，还与南京多家贸易公司达成了深度合作协议，引进公司高管及资深业务骨干参加本书的编写工作，并在公司员工培训中对本书不断进行总结修订。现在呈现在大家面前这本教材，就是编者多年努力的成果。

当然，应用型本科教学体系的建设是一项庞大的改革与实践的系统工程。既然是改革，是实践，就既有成功的可能，也有失败的风险。因此，编者的认识是否正确，探索是否成功，初衷能否实现，这些需等待实践的检验。

本书由王茜、杨凤祥提出编写创意，王茜、杨凤祥和富士康能源科技有限公司副总经理兼销售总监童胜共同拟定了全书编写体系，王茜做了大量组织编写与统稿工作，童胜给出了很好的修改意见。本书由王茜、杨凤祥任主编，刘薇(金陵科技学院)、童胜任副主编。编写分工如下：王茜负责编写第 8 章；杨凤祥负责编写前言和第 1 章；刘薇负责编写第 3 章；陈沄沄(金陵科技学院)和张小玲(重庆商务职业学院)负责编写第 2 章；华树春(金陵科技学院)负责编写第 5 章和第 7 章；张骏(金陵科技学院)负责编写第 4 章；顾晓燕(金陵科技学院)负责编写第 6 章。

编 者

2013 年 9 月 28 日于龙蟠花苑

目　录

第1章 导 论

知识目标	技能目标
(1) 了解掌握国际贸易业务技能的意义。 (2) 了解国际贸易实务的特点。 (3) 了解企业对国际贸易人才的需求	(1) 认知掌握国际贸易业务技能的途径。 (2) 认知国际贸易实训课程的主要内容

导言

国际贸易是世界性大国崛起之路，是伟大民族实现强国之梦的发动机。国际贸易实务是研究企业处理国际贸易实际事务的流程、方法和业务技能的学科，是一门应用性、实践性很强的学科。要培养企业需要的合格的实践性创新应用型国际贸易业务人才，集中性实训是加强实践性教学效果的有效途径之一。

1.1 掌握好国际贸易实际业务技能的意义

纵观历史，可以说，过去所有曾经给予世界巨大影响的伟大民族，无一不是伟大的世界贸易者；当今的世界性大国无一不是贸易强国。近代以来，中华民族筚路蓝缕于复兴之路，虽颠仆顿挫，而强国之梦矢志不渝。考究之下，实践之下， 愈益明白：国际贸易既是一国经济增长与发展的发动机，更是大国崛起的重要途径。

其实，国际贸易完全不是一种新现象。早在远古时代，国际贸易对于埃及人、希腊人、罗马人和腓尼基人，以及后来的西班牙人、葡萄牙人、荷兰和不列颠人就很重要。而在现代经济生活中，人们身处普遍的国际交换之中：人们穿着的服装，产品来源于中国、美国、环太平洋地区、欧洲、中南美洲，遍及世界；人们驾驶的汽车，不仅产自本国，还有美国、加拿大、墨西哥、日本、德国、法国、意大利、英格兰、瑞典及其他国家。至于人们吃的食物、穿的鞋子、使用的器具及享受的各种各样的服务，莫不如此。此外，如果你生活在欧美发达国家，当你打一个关于产品或服务的 800 号码的电话时，与你说话的人可能在印度或其他发展中国家。还有，一国制造的产品常常使用其他国家生产的重要零部件；同时，一国进口的制成品中常常含有本国制造的成分。

人们正生活在经济日趋全球化的时代。“地球村”的概念不仅仅是指交通和通信的速度及便利性的增加，使得世界一天天变小；也是指世界各国、各地区利用国际市场购买或售卖货物、服务和金融资产的增加，使得国际贸易如同村中的集市贸易般普遍与经常。虽然马克思早在 1848 年发表的《共产党宣言》中就描述过经济生活国际化趋势，然而当今世界经济的一体化程度已远非那时所可比拟。今天，没有任何一国的经济可以孤立存在；一国经济的方方面面，如工业、服务部门、就业和收入水平、生活水准等，都被与其贸易伙伴的经济紧紧地联系在一起了。这种联系采取了货物与服务、劳动、企业商务、投资基金和技术等的国际移动的方式。而一国的经济政策也不可能在没有评估其他国家经济的可能的冲击的情况下系统地提出；尤其是有关外资、外经、外贸政策的制定，本国、本民族利益固然是其出发点，但也不能不考虑其他国家的利益，不能不受某些国际共同规则的制约。简而言之，经济的相互依存已经达到了前所未有的高度，国际间的分工与贸易无处不在。

在国际经济关系和国际经济活动中，国家是基本单位和行为主体；在一国的对外经贸活动中，企业是基本单位和行为主体。各国参与国际分工贸易的目的和动机当然都是获利，国际分工贸易的利益也是一种客观存在。然而，各国能否实现贸易利益及获利多少，却并非只要参与国际分工贸易，便会有自然而然的结果。贸易利益的实现有着诸多的限制和条件，这些限制与条件既有宏观的，也有微观的；既有国内的，也有国际的；既有政策的，也有实务的；既有规则的，也有操作的；既涉及一国如何提高参与国际分工(或曰资源配置)的效益，也涉及怎样克服国际交易的障碍、控制或消除其中的风险，从而达到降低交易成本，以最大限度获取国际价格差异所蕴涵的利润。因此，各国要想实现贸易利益，除了需要各国政府在体制(国际)层面和政策(国家)层面解决问题外，还需要各国企业在业务层面做出努力，进行有效的操作，降低每一单业务的交易成本，实现最大利润。国际贸易实务研究的就是企业在国际贸易活动中的实际事务或业务，从而，要在企业微观层面有效降低交易成本，最大限度地实现贸易利益，就必须学好国际贸易实务。

应用型本科院校培养的是实践性创新应用型人才，国际贸易实务研究的是国际贸易具体过程及相关活动内容与业务运作规范。因此，对于应用型高等教育的国际经济与贸易专业来说，实务课程具有特别重要的地位与作用。然而自2008年国际金融危机以来，美国经济复苏一再蹉跎，欧洲主权债务危机愈演愈烈，世界经济陷于前所未有的复杂困局之中。中国经济也相继经历了改革开放以来最困难、最严峻、最具挑战性的年份，使得正处于战略机遇期的中国遭受严峻考验。尤其是进入2012年以来，外部需求不足使推动中国快速发展、造就中国奇迹的外经贸引擎随时有熄火之虞。如何稳增长、扩外贸，从企业层面、贸易环节来说，以更高效率、更低成本的业务操作来增强自身国际竞争力，从而赢得更多订单、让每一单业务产生更多利润至关重要。这就更凸显了学好国际贸易实务课程的重要性。

1.2 课程的学科特点和企业对人才的能力要求

国际贸易实务是一门主要研究国际间商品交换的具体过程、相关活动内容与商务运作规范的学科。国际贸易的中间环节多，涉及面广，除交易双方当事人外，还涉及商检、运输、保险、金融、车站、港口和海关等部门及各种中间商和代理商。如果哪个环节出了问题，就会影响整笔交易的正常进行，并有可能引起法律上的纠纷。另外，在国际贸易中，交易双方的成交量通常都比较大，而且交易的商品在运输过程中可能遭到各种自然灾害、意外事故和其他外来风险。所以通常还需要办理各种保险，以避免或减少经济损失。因此，国际贸易实务涉及国际贸易理论与政策、国际贸易法律与惯例、国际金融、国际运输与保险等学科的基本原理与基本知识的运用，是一门具有涉外商务活动特点、实践性很强的综合性应用学科。

国际贸易实务也是一门应用型本科国际经济与贸易各专业必修的专业基础课程。

从人才培养上看。一方面，国际贸易具有线长、面广、环节多、难度大、变化快的特点。中国加入世界贸易组织(world trade organization，WTO)后，大量外商来华投资设厂和从事贸易活动，国内从事国际贸易的厂商特别是民营企业也大量增加，其中许多企业人员还要走出去做生意，这些从业人员都需要切实掌握从事国际贸易的“生意经”，才能有效地开展国际商务活动和实现自身的经营意图，并确保取得良好的经济效果。因此，凡从事国际贸易的人员，不仅必须掌握国际贸易的基本原理、知识和技能与方法，而且还应学会分析和处理实际业务问题的能力，以确保社会经济效益的顺利实现。另一方面，外贸操作层的众多岗位需要大批高素质技能型的人才。对外贸基础和外贸法律知识的要求企业在员工招聘中不仅要求应聘人员能够掌握最新的专业知识，如谈判技巧、国际贸易、国际金融、国际商法、国际营销知识等，也要熟悉 WTO 及国际经贸活动的基本规则，了解国际经济法律知识。具体来说，企业现在企业招聘外贸人才时，更注重实践操作技能和一定的实务操作经验。有些企业还要求应聘人员持有相应的资格证书，如单证员、跟单员、报关员、货代员、外销员等；出于与国外客户沟通、磋商的需要，企业需要具备一定的外语水平，特别是能够熟练运用外语与客户交流的人才，尤其特别关注学生的外贸英语听、说、写能力。要求员工既能熟练地收发外贸函电，又能直接与外商进行简单的贸易磋商与签订合同；细节决定成败，外贸工作是一项特别注意细节的工作，一个数字、一个小数点甚至一个字母的差错，都可能带来不可估量的损失。所以企业一般要求应聘人员严谨、认真、细致，当然还应该积极进取，勇于开拓创新。

1.3 掌握好国际贸易实际业务技能的途径

要掌握好国际贸易实际业务技能，集中性实习实践是必要性的途径。

《国家中长期教育改革和发展规划纲要(2010—2020年)》中指出，高等教育是科技创新和人才培养的结合点，为科教兴国和人才强国培养生力军是国家建设赋予高等学校的神圣使命。在现代国际贸易领域，需要大量具有国际化视野的、能够适应国际商务竞争的实践性创新应用型商务人才，这就要求这类人才不仅需要有扎实的理论功底、出色的经济分析能力，还需要具有适应现代国际商务活动所必须的商务领域决策、谈判与实际业务操作能力。当前我国大多数本科院校包括二级学院都开设有国际经济与贸易专业，但是根深蒂固的应试教育制度和知识积累型的教育模式，致使当前多数高校的实践教学环节还较为薄弱，制约了目前我国亟需的应用型、创新型、复合型人才的培养，学生适应社会和就业创业能力不强。研究表明：近年来的大学毕业生的就业出现这样一种状况：一方面，毕业生就业困难，另一方面，用人单位亦难以招聘到合适的人才，因为他们要招聘的是有一定社会实践经验的应届毕业生。这就要求高校国际经济与贸易专业必须采用合理的教学方法讲授专业知识，培养优秀的实践性、创新应用型人才。

事实和经验证明，大力培养具有实践性创新应用能力和业务操作技能的高素质国际经贸专业人才是深化改革开放，加快现代高等教育发展，实现科教兴国和科教兴贸的战略举措。我们必须顺应时代发展的新要求和新特点，转变教育观念，加快国际经贸专业的教育教学改革，通过创新教学模式、优化课程设置、深化教学内容、探索教学方法和手段及建立具有创新观念的教师队伍建设，最大限度地培养国际贸易专业学生的实践能力和创新应用能力，促进高等教育人才培养目标的实现。

实践教学体系的构建与完善在培养实践性创新应用型人才过程中起着举足轻重的作用，是培养学生实践能力、创新能力的着力点。随着社会经济的不断发展，为了适应激烈的国际、国内竞争形势，我国越来越多的高等学校开始重视培养具有实际操作能力的适应社会需要的创新应用型人才。

教学是目的性、计划性和组织性都很强的一种活动。经过多年的学科建设与教学改革实践，我们的实践教学体系在明确了专业培养目标的基础上，通过构建课程体系、制订教学计划、改革教学方法、评价手段和控制措施等构成一个环环相扣的完整的系统；对经贸专业实践教学的目标、应掌握的基本技能有了较为清晰的认识。因此，国际贸易实务集中性实习课程及其与之配套的国际贸易理论实训教程便是我们认识与实践的具体呈现。

从理论上说，到外贸企业顶岗实习或工学结合是一种较为理想的实务实践教学方式。但由于种种现实原因，目前，学生到企业实习的环节难以控制，实习效果并不理想。其原因主要有三个方面：①有的外贸公司不愿意接收在校学生到公司实习，因为在一定程度上这会给公司正常的生产经营活动带来影响；②有些较为大型的外贸公司，其业务量较大，如单就组织货源一项业务，就可能要动用公司所有的人力、物力，并且要历时几个月才能完成，因此，实习过程有时较为单调和枯燥；③在一个公司里面，当要与其他公司进行交易磋商时，贸易谈判及营销策略中的谈判筹码、底价等内容属于公司的商业机密，不允许局外人知道，很少公司会让实习的学生列席旁观，因此实习的效果也会受到影响。

国际经济与贸易专业的实践教学方式与方法必须根据学校的定位，即培养应用型专门人才来调整。从教学方式上看，课程设置应包括课程性实践教学和集中性实践教学。课程性实践教学是指与课程教学内容结合、与课程理论学习同步进行的实践活动。它包括课程作业和课程实验、课程设计等。集中性实践教学是指需要综合运用各课程知识、集中进行的实践活动，包括集中性实习、社会调查、毕业设计或毕业作业(论文)等。为了使培养的学生具有更强的实践操作能力，课程的设置首先要体现实践性，突出集中实训环节，大幅度调整理论课和实践课的比例。而集中性实习就是通过实训课程来实施的。要通过实训中心建设，改善专业实训条件。同时应该把社会上一些资格证书的考试内容结合到实训课程中去，如报关员、单证员、外销员、商务师、物流员等资格证考试。

从教学方法上看，国际贸易实务的实训课程应以进出口贸易的基本过程为主线，以模拟设定的具体进出口商品交易作背景，针对出口贸易中业务函电的草拟、商品价格的核算、交易条件的磋商、买卖合同的签订、出口货物的托运订舱、报验通关、信用证的审核与修改、货款结算及贸易文件制作和审核等主要环节，通过业务的具体操作培养学生的动手能力、理解能力及思维能力。通过实际操练，可以让学生在一个仿真的国际商业环境中切身体会商品进出口交易的全过程，从而能够在实际业务的操作过程中全面、系统、规范地掌握从事进出口交易的主要操作技能。这实际上是一种以学生为中心而设置的教学过程。集中性实习实训在教学方法上突破了传统的讲授法，而采用了互动教学模式，如案例教学、角色扮演、专题讨论、模拟训练等，并且大量结合国际贸易进出口、外贸单证、报关报检、国际结算等仿真软件的使用，运用多媒体教学设备，实现了从“以教为主”向“以导为主”的转化。实训课程采用的新的教学方法和手段，都是为了培养学生解决实际问题的能力，从而可以大大提高学生的实际动手能力，使理论知识与实践得以更好地结合。

1.4　国际贸易实训教程的主要内容

在贸易业务中，国际结算是理论与实践紧密结合的环节，也是直接决定企业是否赢利的环节。本书在讲述各种结算业务一般原理的基础上，对结算的业务操作程序、环节及涉及的单据、文本等细节做了全真的模拟，全面阐述国际结算的基础知识和我国国际结算的实务。旨在通过实训，使学生掌握国际结算方式和工具，并能够用所学的知识去分析和解决实际工作中出现的问题。

国际货物买卖双方经过交易磋商，订立具有法律约束力的合同，买卖双方均应按合同规定履行自己的义务。根据《联合国国际货物销售合同公约》的规定，卖方的基本义务是交付货物和单据、转移货物的所有权，买方的基本义务是接收货物、支付货款。合同能否完整地履行以实现预期的经济目的，取决于买卖双方。以不同交易条件订立的合同，履行合同的程序也各不相同。在出口合同的履行过程中包括备货、催证、审证、改证、租船订舱、报关、报验、保险、装船和制单结汇等多种环节。基本上每个环节都要涉及单据的制作，单据制作技能的高低直接影响到各方当事人的权利是否能够顺利实现。该实训内容选择依据国际商务制单中各类不同单据的缮制进行选择。

在海运、陆运、空运和多式联运等国际贸易的运输方式中，海运最成熟，也是当前使用最广泛的一种方式。海洋运输又是以班轮运输为主，包括杂货班轮与集装箱班轮。因此，本书实训选取杂货班轮与集装箱班轮进出口业务作为练习的项目，让学生了解与掌握各业务的基本流程与相关货运单据的填写规则，为将来走上货运代理行业的相关岗位打下初步的知识基础。通过该项实训，要求学生掌握进出口业务班轮货运的基本流程、步骤及相关角色定位；熟悉班轮运费的计算规则，了解并初步掌握相关业务单据的内容与填制方法。

外贸跟单，是外贸行业一个细分的从业岗位，其主要职责是围绕着外贸订单，将国外的订单按质、按量、按时交到国外采购商手中，也是外贸公司内部多部门之间、外贸公司与生产企业、外贸公司与客户、生产企业与客户的桥梁。而外贸跟单员则是指在进出口业务员，在贸易合同签订后，依据相关合同或单证对货物生产加工、装运、保险、报检、报关、结汇等部分或全部环节进行跟踪或操作，协助履行贸易合同的外贸从业人员。作为订单的跟进者，跟单员的工作跨越了企业运作的每个环节，它是一项综合性的工作。既要了解企业生产、管理流程，又要熟悉企业对外交往、出口贸易的运作方式，更要有高效的沟通协调能力。因此，跟单工作涉及国际贸易的各个环节，贯穿于出口业务全过程，是国际贸易知识的综合运用。

货物进出口报关模拟实训可以使学生进一步了解我国海关与商检的主要法律法规，进出口货物贸易管制政策，以及通过模拟操作使学生熟练掌握普通货物、保税货物、特殊货物的进出口通关程序，能独立完成报关单的填报工作。通过实训为学生日后参加报关员资格全国统一考试打下坚实基础，为从事报关等相关工作做好准备。

货物进出口报检模拟实训可以使学生进一步了解我国进出口商品检验检疫的主要法律法规，进出口货物贸易管制政策，以及通过模拟操作使学生熟练掌握普通货物、保税货物、特殊货物的进出口报检程序，能独立完成报检单的填报工作。通过实训为学生日后参加报检员资格全国统一考试打下坚实基础，为从事报检等相关工作做好准备。

进出口业务操作的流程实训可以让学生模拟操作进出口业务的整个流程。学生在网上进行国际货物买卖实务的具体操作，能很快掌握进出口的成本核算、询盘、发盘与还盘等各种基本技巧；切身体会到国际贸易中不同当事人面临的具体工作与他们之间的互动关系；学会外贸公司利用各种方式控制成本以达到利润最大化的思路；认识供求平衡、竞争等宏观经济现象，并且能够合理地加以利用。教师通过在网站发布新闻、调整商品成本与价格、调整汇率及各项费率等方式对国际贸易环境实施宏观调控，使学生在实训中充分发挥主观能动性，真正理解并吸收课堂中所学到的知识，为将来走上工作岗位打下良好基础。

第 2 章　国际结算实训

知识目标	技能目标
(1) 了解汇款业务中汇款申请书的主要内容。	(1) 学会填制汇款申请书。
(2) 了解三种汇款业务的操作流程。	(2) 学会电汇、信汇和票汇三种业务的操作。
(3) 了解托收业务主要内容。	(3) 学会缮制托收委托书。
(4) 了解托收业务流程。	(4) 学会托收业务流程操作。
(5) 了解托收业务委托书的主要内容。	(5) 学会制作信用证开证申请书。
(6) 了解信用证业务流程	(6) 学会信用证业务流程操作

导言

在国际贸易中，国际结算是理论与实践紧密结合的环节。本章实训在讲述各种业务一般原理的基础上，对业务操作程序、环节及涉及的单据、文本等细节做了全真的模拟，全面阐述国际结算的基础知识和我国国际结算的实务。意旨通过实训，要求学生掌握国际结算方式和工具，着力培养学生理论联系实际和综合、全面考虑问题的能力，并能够用所学的知识去分析和解决实际工作中出现的问题。

2.1　汇付结算实训

2.1.1　实训目的

学生通过填写汇款申请书，制作 SWIFT 汇款电文、信汇委托书或支付委托书和票汇下银行即期汇票，从而熟悉 3 种不同的国际汇款方式电汇、信汇和票汇的流程处理。

2.1.2　实训内容

1. 汇款人填写汇款申请书

按照目前我国的外汇管理规定，汇款人需要向汇出行提交证明其交易真实性的商业单据和有效凭证，银行按照真实性和一致性原则审核无误后方可办理汇款手续。2006 年，国家外汇管理局对国际收支申报系统进行了升级，将各家银行的汇出汇款申请书的格式予以统一，包括境外汇款申请书和境内汇款申请书。前者用于办理外汇资金的跨境支付，后者用于外汇资金的境内划拨。

境外汇款申请书主要内容包括汇款人填写和银行填写两部分。汇款人需要将汇款的基础信息填写完整，包括汇款方式的选择、汇款币种及金额、资金来源(现汇、购汇或其他)、账号、汇款人名称及地址、组织机构代码(对公)或个人身份证件号码(对私)、收款人开户银行名称及地址、收款人名称及地址、收款人账号、汇款费用的承担、交易编码、交易附言、合同号、发票号等信息。在汇款时，都必须填写收款行的 SWIFT Code， 已达到快速汇出，避免中间行过多而浪费时间和费用。同时，汇款人需要向汇出行说明是否为货物贸易项下交易，在汇款申请书"是否为进口核销项下付款"中作出选择。如果有报关单的，必须如实填写报关单经营单位代码、报关单号、报关单币种及总金额等信息。银行需要通过中国电子口岸对每一笔报关单进行核对和核注后方可办理汇出手续。银行将汇款人填写的信息与其提交的商业单据和有效凭证进行核对，无误后办理汇款手续，填写购汇汇率、手续费、电报费、选择支付费用方式等信息。

目前，境外汇款申请书为一式三联，分别为银行、汇款人和外汇管理局留存联。

2. 作为汇出行根据给定条件制作电汇业务中的 SWIFT 汇款电文

电汇业务流程如图 2.1 所示。

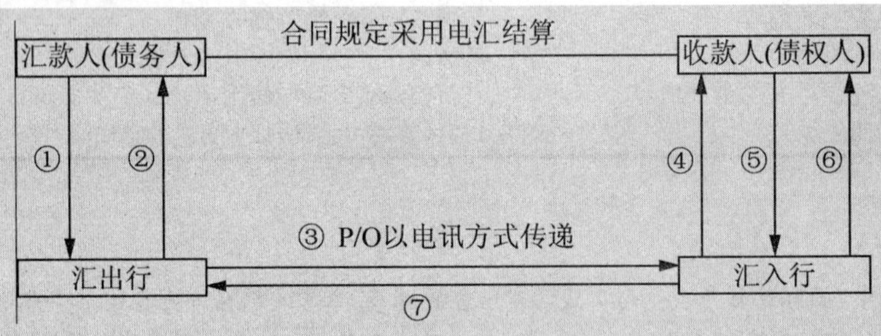

图 2.1　电汇业务流程

(1) 汇款人，一般是进口方，到其银行填写汇款申请书，交款付费给汇出行，申请汇出款项。如采用电汇，汇款人则在汇款种类中选择电汇"☒电汇 T/T"。注意，国际贸易中有关单据内容的选项一般标注"×"，表明该栏是选中项。

(2) 汇出行如接受汇款人的汇款，在收妥汇款资金及汇款手续费后，在汇款申请书上签章，将汇款申请书第二联作为电汇回执退还给汇款人，以此表明接受了汇款人的委托，汇出行将按照汇款人的要求，根据不同的传送方式通知汇入行，汇入行则根据汇出行的汇款指示向收款人解付汇款。

(3) 汇出行以加押电报、电传或 SWIFT 等电讯方式，向汇入行发出电汇委托书(payment order，P/O)，委托汇入行将款项支付给收款人。汇款委托书内容包括：汇款申请书所列的各项内容及汇出行的电汇业务编号、偿付指示等。

(4) 汇入行收到电讯指示后，核对密押无误，缮制电汇通知书并发给收款人，通知收款人前来收款。

(5) 收款人收到通知书后在收据联上盖章，交汇入行。

(6) 汇入行借记汇出行账户，取出头寸，解付汇款给收款人。

(7) 汇入行将付讫借记通知书寄给汇出行，通知它汇款解付完毕。该笔汇款业务完结。

3. 作为汇出行根据给定条件制作信汇业务中的支付委托书

信汇业务流程与电汇基本相同，只在以下几步有差异：

第(1)步中汇款人填写汇款申请书时，选择汇款种类为"☒信汇(M/T)"，而非"☒电汇(T/T)"。

第(3)步中汇出行缮制信汇委托书或支付委托书，经过两人双签，以航空挂号信方式邮寄汇入行。

第(4)步中汇入行收到信汇委托书或支付委托书后，核对签字无误，将信汇委托书的第二联信汇通知书及第三联和第四联收据正副本一并通知收款人。

其余与电汇相同。

4. 作为汇出行根据给定条件制作票汇业务中的银行即期汇票

票汇业务流程如图 2.2 所示。

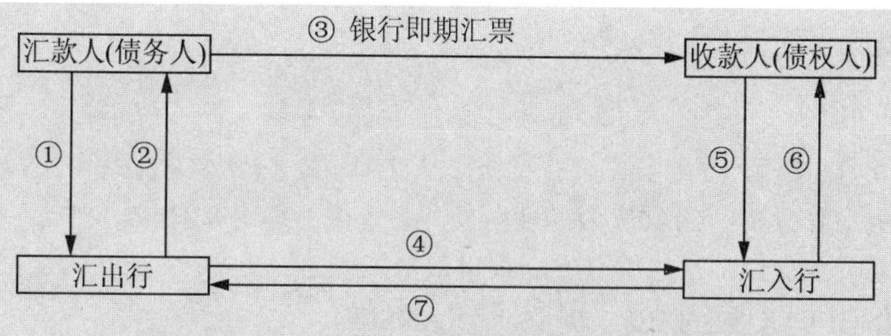

图 2.2　票汇业务流程

(1) 汇款人到银行填写汇款申请书，交款付费给汇出行。如采用票汇，汇款人则在汇款种类中选择“☒票汇 D/D”。

(2) 汇出行如接受汇款人的汇款，在收妥汇款资金和银行费用后，签发一张即期银行汇票交给汇款人。银行汇票以汇出行为出票行，汇入行为付款行，汇款收款人为汇票的收款人。

(3) 汇款人将银行即期汇票寄交收款人。

(4) 汇出行将汇款通知书(汇票一式五联中的第二联)，又称为“票根”寄汇入行，凭此将与收款人提交的汇票进行核对。近年来，银行为了简化手续，汇出行已不寄汇款通知书，汇票改为一式四联。

(5) 收款人向汇入行提示银行即期汇票，要求汇入行付款。

(6) 汇入行借记汇出行账户，取出头寸，凭票解付汇款给收款人。

(7) 汇入行将付讫借记通知书寄汇出行，通知汇款解付完毕。该笔汇款业务完结。

2.1.3　实训要求

(1) 实训前，要求学生熟悉电汇、信汇和票汇中涉及的当事人、流程等相关知识。

(2) 仔细阅读实训资料，严格按照教师的要求，完整、准确填写汇款申请书，并能据此正确缮制汇款电文、信汇委托书、银行即期汇票。

2.1.4　实训材料

1. 汇款人填写汇款申请书

2012 年 9 月 10 日，上海纺织品进出口公司填写汇款申请书，递交中国银行上海分行并同时提交证明其交易真实性的商业单据和有效凭证，向银行申请汇出汇款。请根据已知条件填写汇款申请书。

(1) 汇款方式：电汇。

(2) 汇款人：Shanghai Textile Import & Export Corporation。

(3) 收款人：Crystal Co. Ltd., USA

141 Broadway Room 3000，New York，N.Y. 10018 U.S.A。

(4) 汇出行：Bank of China，Shanghai。

(5) 汇入行：Bank of China，New York。

(6) 汇款币种及金额：USD 12 520.00。

(7) 款项用途：Comm. under S/C No. CT0011-01。

(8) 银行费用由汇款人承担。

2. 电汇业务操作

2012 年 10 月 15 日，香港汇丰银行应汇款人的申请，按其要求汇出 CNY 8 800.00 给中国银行天津分行，作为支付给收款人的业务费用。汇出行以 SWIFT 电文向汇入行发出汇款指示，请翻译如下 SWIFT 电文。境外汇款申请书如图 2.3 所示。

MT103 SINGLE CUSTOMER CREDIT TRANSFER

DATE: 121015

SENT TO: BKCHCNBJ200 BANK OF CHINA, TIANJIN

FM: HSBCHKHH HONGKONG AND SHANGHAI BANKING CORPORATION, HONGKONG

20: SENDER'S REFERENCE

TT-HKH315064BACP

23B: BANK OPERATION CODE

CRED

32A: VALUE DATE/CURRENCY/INTERBANK SETTLED AMOUNT

121015 CNY 8 800

50A: ORDERING CUSTOMER

DANNY ANDERSEN CO.

57A: ACCOUNT WITH INSTITUTION

BNAK OF CHINA, TIANJIN BRANCH, TIANJIN, CHINA

59A: BENEFICIARY CUSTOMER

TIANJIN INTERNATIONAL CONSULTING CO.

70: REMITTANCE INFORMATION

PAYMENT FOR CONSULTING CHARGE FOR SEP. 2012

71A: DETAILS OF CHARGES

BENEFICIARY

72: SENDER TO RECEIVER INFORMATION

IN COVER SETTLE THRU OUR CNY A/C 111-717274 WITH YOUR BEIJING HEAD OFFICE

境外汇款申请书

APPLICATION FOR FUNDS TRANSFEERS(OVERSEAS)

致：
TO:

日期
Date ______

□ 电汇 T/T □ 票汇 D/D □ 信汇 M/T		发电等级 Priority	□ 普通 Normal □ 加急 Urgent
申报号码 BOP Reporting No.	□□□□□□□ □□□□□ □□ □□□□□□□ □□□□		
20 银行业务编号 Bank Transsc.Ref.No		收电行/付款行 Receiver/Drawn on	
32A 汇款币种及金额 Currency&Interbank Sentement Amount		金额大写 Amount in Words	
其中 现汇金额 Amount in Fx		账号Account No./Credit Card No.	
其中 购汇金额 Amount of Purchase		账号Account No./Credit Card No.	
其中 其他金额 Amount of Others		账号Account No./Credit Card No.	
50a 汇款人名称及地址 Remitter's Name & Address			
□ 对公组织机构代码 Unit Code	□□□□□□□□□ ~ □	□ 对私	个人身份证件号码 Individual ID NO. □ 中国居民个人 Resident Individual □ 中国非居民个人 Non-Resident Individual
54/56a 收款银行之代理行名称及地址 Correspondent of Beneficary's Bank Name & Address			
57a 收款人开户银行名称及地址 Beneficary's Bank Name & Address	收款人开户银行在其代理行账号 Ben's Bank A/C No.		
59a 收款人名称及地址 Beneficary's Name & Address	收款人账号 Ben's A/C No.		
70 汇款附言 Remittance Information	只限140个字位 NotExceeding 140Characters	71A 国内外费用承担 All Bank'Charges If Any Are To Be Bome By	□汇款人 OUR □收款人 BEN □共同 SHA
收款人常驻国家(地区)名称及代码 Resident Country/Region Name & Code			□□□
请选择：□ 预付付款 Advance Payment □ 货到付款 Payment Against Delivery	□ 退款 Refund □ 其他 Others	最迟装运日期	
交易编码 BOP Transac Code	□□□□□□□ □□□□□□□	相应币种及金额 Currency & Amount	交易附言 Transic Remark
是否为进口核销项下付款	□ 是 □ 否	合同号	发票号
外汇局批件/备案表号		报关单经营单位代码	□□□□□□□□□□□□
报关单号		报关单币种及总金额	本次核注金额
报关单号		报关单币种及总金额	本次核注金额
银行专用栏 For Bank Use Only		申请人签章 Applicant's signature	银行签章 Bank's Signature
购汇汇率 Rate		请按照贵行背页所列条款代办以上汇款并进行申报 Please Effect The Upwards Remittance、Subject ToThe Conditions Overlesf	
等值人民币 RMB Equivalent			
手续费 Commission			
电报费 Cable Charges			
合计 Total Charges			
支付费用方式 InPayment of the Remittance	□ 现金 by Cash □ 支票 by Check □ 账户 from Account	申请人姓名 Name of Applicant 电话 Phone No.	核准人签字 Authorized Persion 日期 Date
核印 Sig.Ver.		经办 Maker	复核 Checker

填写前请仔细阅读各联背面条款及填报说明
Please read the conditions and instuctions overleaf before filling in this application

第一联 银行留存联

秦峰印刷有限公司 电话：(021)58355680

图 2.3 境外汇款申请书

3. 信汇业务操作

2012 年 10 月 15 日，汇出行应汇款人的申请，按其要求制作信汇委托书/支付委托书，邮寄给汇入行，指示其解付如下金额给收款人。请以汇出行的身份根据下列条件制作支付委托书。中国银行支付委托书格式如图 2.4 所示。

Date of payment order: Oct. 15, 2012

Remitter: Orange Crystal Hotel

Remitting bank: Bank of China, Guangzhou

Paying bank: Bank of China, New York

Payee: Beauty Import & Export Corp.

In cover please debit our account with you.

Ref. No.20122012

Amount: USD14,970.00

Message: Purchasing iPad

中国银行支付委托书

BANK OF CHINA PAYMENT ORDER

Guangzhou

致 To

支付委托书号码 No. of payment order	收款人 To be paid or credited to	金额 Amount

大写金额

Amount in words: ______________________

汇款人　　　　附言

By order of　　　　Remarks

☐ You are authorized to debit our account with you.

☐ We have credited your A/C with us.

中国银行广州分行

图 2.4　中国银行支付委托书

4. 票汇业务操作

2012 年 10 月 15 日，汇出行应汇款人的申请，代汇款人开立以其分行或代理行为解付行的银行即期汇票，并交付汇款人自行寄交收款人。请以汇出行的身份根据下列条件制作票汇汇票。票汇汇票格式如图 2.5 所示。

Draft No.20121010

Amount: HKD 32 150.00

Place and date of draft: Tianjin, Oct. 15, 2012

Paying bank: Bank of China, Hong Kong

Payee: United Trading Company, Hong Kong

Remitting bank: Bank of China, Tianjin

Remitter: China National Light Industrial Products Imp & Exp Corp., Tianjin Branch

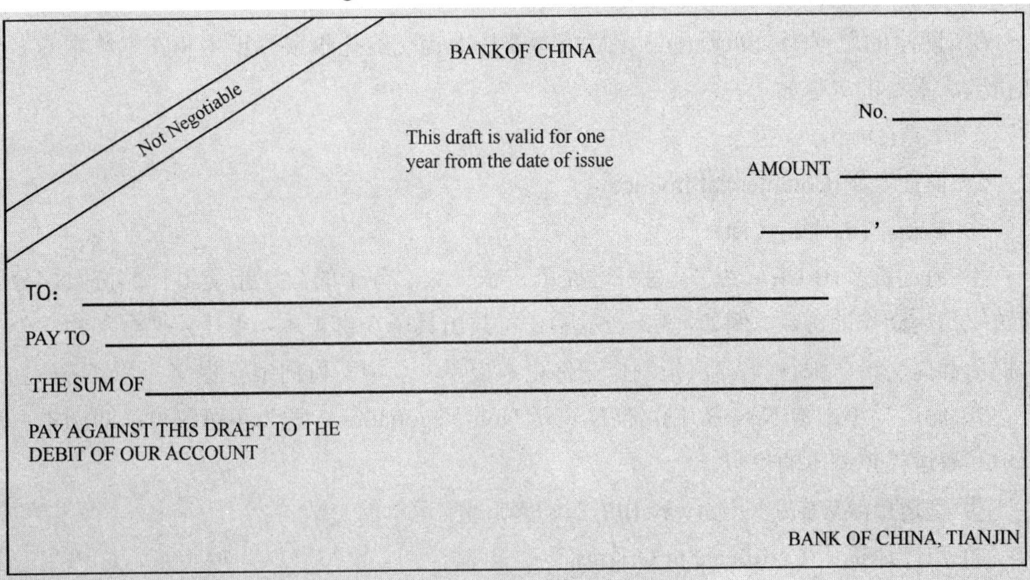

Not Negotiable

BANKOF CHINA

No. ________

This draft is valid for one
year from the date of issue

AMOUNT ________

________, ________

TO: ________

PAY TO ________

THE SUM OF ________

PAY AGAINST THIS DRAFT TO THE
DEBIT OF OUR ACCOUNT

BANK OF CHINA, TIANJIN

图 2.5　票汇汇票

2.2　托收结算实训

2.2.1　实训目的

通过填写和分析托收申请书，继而进一步通过根据托收申请书缮制托收指示等练习，从而熟练掌握跟单托收的操作方法。

2.2.2　实训内容

委托人(出口商)根据合同、单据和其他资料制作托收申请书向托收行申请办理托收业务。

托收申请书是委托人与托收银行之间关于该笔托收业务的契约性文件，也是银行进行该笔托收业务的依据。托收申请书的制作要点如下：

(1) 委托日期(Date)：是委托人向托收行申请托收的日期。

(2) 代收行(Collecting Bank)：该栏填写国外代收银行的名称和地址，一般为进口商的开户银行。如果委托人不知道进口方的开户银行，则托收行将为委托人选择进口商所在国家或地区的一家银行进行托收，该代收行往往是托收行的国外分支行或代理行。

(3) 出票人(Drawer)：即托收业务中的委托人，该栏填写出口商的详细名称和地址。

(4) 付款人(Drawee)：托收业务中的付款人为进口商，该栏填写进口商详细名称和地址。

(5) 汇票的期限(Tenor)：该栏填写汇票的付款期限，分为即期和远期两种。

(6) 汇票/发票号码(Draft/Invoice No.)：该栏填写汇票/发票号码。

(7) 金额(Amount)：该栏填写托收的金额。

(8) 随附的单据(Documents)：该栏填写委托人提交给托收银行正本和副本单据的名称和份数。主要的单据如下。

① 汇票(Draft)。

② 商业发票(Commercial Invoice)。

③ 装箱单(Packing List)。

④ 海运提单(B/L)：该栏填写海运提单正本份数。分子的数字指交银行的份数，分母的数字指应制作的份数。例如，3/3 表示船公司共出具了 3 份正本，委托人把全部的 3 份正本提单都提交给了银行。2/3，指制作三份正本提单，其中两份向银行提交。

⑤ 海运提单副本(N/N B/ L)：N/N 表示 Non-Negotiation，意为不可议付，即副本，该栏填写海运提单副本的份数。

⑥ 空运单(AWB)：即 Airway Bill，该栏填写空运单的份数。

⑦ 原产地证明(Certificate of Origin)。

⑧ 保险单(Insurance Policy)或保险凭证(Insurance Certificate)。

⑨ 检验证书(Inspection Certificate)。

⑩ 证明(Certificate)。

⑪ 电报复本(Cable Copy)。

(9) 托收条款(Terms and Conditions of Collection)：托收条款一般包括以下几项内容，通常用标记“×”表示选择。

① 代收行的交单条件付款交单(D/P)或承兑交单(D/A)。

② 银行费用由谁承担。

③ 如果使用远期汇票，通知委托人承兑汇票的到期日。

④ 如果付款人拒绝付款或拒绝承兑，不用做拒绝通知，但要通知委托人拒绝付款或拒绝承兑的原因。

⑤ 代收行费用的承担。

⑥ 如何将托收到的款项交付委托人。

委托人填写完整托收申请书后，确认单据的种类和份数与托收申请书所列一致，将托收申请书和单据一并提交托收行，申请办理托收业务。

托收行审核委托人所提交的单据种类和份数与托收申请书所列的一致后，根据托收申请书制作托收指示。托收指示是托收行根据托收申请书缮制的、授权代收行处理单据的完全和准确的条款。随后托收行将托收指示连同单据一起寄交代收行代收款项。

2.2.3 实训要求

(1) 实训前，要熟悉托收当事人、托收种类、跟单托收的交单条件等相关知识。

(2) 仔细阅读实训资料，严格按照教师的要求，完整、准确制作托收申请书和托收指示。

2.2.4 实训材料

1. 托收申请书

1) 填制练习

2012 年 10 月 18 日，委托人 Shanghai Meimei Imp. & Exp. Co. Ltd.，根据合同、单据和其他资料制作托收申请书连同单据提交中国银行上海分行申请办理托收业务。限单托收申请书格式如图 2.6 所示。

Commercial documents surrendered are as follows:

Draft in duplicate

Invoice in triplicate

B/L in triplicate

Insurance policy in duplicate

Certificate of origin in duplicate

Packing list in triplicate

Collection instructions are given below:

Deliver documents against payment at sight

Remit the proceeds by cable

Cable advice of payment

Collection charges outside China from drawee, waive if refused by him.

Airmail advice of non-payment with reasons

Protest waived

When collected, please credit proceeds to principal's account with remitting bank.

Drawee: Adam (Hong Kong) Co. Ltd., Hong Kong

Amount: USD 10 000.00

Collecting bank: Bank of America, Hong Kong Branch

Invoice No.SU 41682

跟单托收申请书
Documentary Collection Application

To:　　　　　　　　　　　　　　　　　　　　　Date: ____________

We enclose the following draft(s) documents as specified hereunder which please collect in accordance with the instructions indicated herein. This collection is subject to URC522.	To: Collecting Bank(Full name & address)
Drawer (Full name & address)	Tenor:
	Draft/Invoice No. | Amount
Drawee(Full name & address)	

DOCUMENTS

DRAFT	COM. INV.	PACKING LIST	B/L	N/N B/L	AWB	ORIGIN CERT.	INS. POL.	INSP. CERT.	CERT.	CABLE COPY

Please follow instructions marked "×"

( ) Please deliver documents against payment/ ( ) acceptance.

( ) Remit the proceeds by airmail/ cable.

( ) Airmail/ cable advice of payment/ acceptance.

( ) Collection charges outside ________ from drawee, waive if refused by him.

( ) Airmail/ cable advice of non-payment/ non-acceptance with reasons.

( ) Protest waived.

( ) When accepted, please advise us giving due date.

Disposal of proceeds upon collection

____

Authorized Signature(s)

图 2.6　跟单托收申请书

2) 审核练习

2012 年 5 月 18 日，Guangdong Arts & Crafts Imp. & Exp. Company 向中国银行广州分行提交跟单托收申请书(图 2.7)，托收行按所给问题审核跟单托收申请书。

托收申请书

Original Collection Application

TO: BANK OF CHINA GUANGZHOU　　　　Date: 18th, May, 2012

We hand the under-mentioned items for disposal in accordance with the following instructions and subject to the terms and conditions set out overleaf for

☒ COLLECTION

☐ NEGOTIATION under Documentary Credit

Please mark number of documents attached.

Our A/C No.87364-752-9251

Draft	Bill of Lading	Airway Bill	Cargo Receipt	Invoice Comm	Invoice Cust.	Cert.of Qual./Quan.	Cert.of Origin	Ins Pol./Cert.	Packing List	Weight List	Bene. Cert.	Cable Copy
2	3/3			2		1	1		1			

OTHER DOCUMENTS

DRAWEE: Good Luck Company, Hongkong

TENOR: AT SIGHT
DRAFT NO./DATE: 17th, May

DRAFT AMOUNT
HK $652 450.00

PLEASE FOLLOW INSTRUCTIONS MARKED "×"

☒Deliver documents against PAYMENT/~~ACCEPTANCE~~

☐Acceptance/payment may be deferred pending arrival of carrying vessel

☒Remit the proceeds by ~~airmail~~/cable.

☒~~Airmail~~/cable advice of payment/~~acceptance~~.

☒Collection charges outside Guangzhou for account of Drawee

☐Please collect interest at 5% p.a. from Drawee

☒Please waived interest/charges ☐Do not waive interest/charges

If refuse in the event of dishonor
☒Please do not protest ☐Protest

☒Advise dishonor by ☐Airmail ☒Cable

☒In case of need refer to A Trading Co., Hong Kong who will assist you to obtain acceptance/payment but who has not authority to amend the terms of the bill

☒Designated Collecting Bank (if any): Standard Charted Bank Ltd., Hong Kong

PAYMENT INSTRUCTIONS
☒Please credit proceeds to our A/C No. 9005-2727985473
☐Others

OTHER INSTRUCTIONS
In case of any questions, please contact our Mr./Miss 王江 Tel No.35678765

For: Guangzhou Arts & Crafts Imp. & Exp. Company

Authorized Signature(s)

图 2.7　托收申请书

(1) 委托人公司名称	
(2) 付款人公司名称	
(3) 指定代收行	
(4) 托收金额、付款期限	
(5) 托收单据种类、份数	
(6) 交单条件	
(7) 银行费用由哪方承担	
(8) 利息支付情况	
(9) 拒付时是否发出退票通知	
(10) 拒付时是否需制作拒付证书	
(11) 需要时的代理人	
(12) 委托人的收款指示	

图 2.7 托收申请书(续)

2. 托收指示

按上述托收申请书审核练习内容，中国银行广州分行根据 Guangdong Arts & Crafts Imp. & Exp. Company 提交的跟单托收申请书，于 2012 年 5 月 20 日缮制托收指示并向代收行 Standard Charted Bank Ltd., Hong Kong 邮寄托收指示和跟单汇票，其中①Ref No.GUHPBK04401；②Invoice No.FG898765-21；③款项划至中国银行香港分行贷记托收行账户。请填写托收指示(图 2.8)。

Documentary Collection Instruction

ORIGINAL

Date:
Please always quote Our Ref No.:

Dears Sirs,

We enclose the following documents for collection:

To (Collecting Bank):	Drawer:
Drawee:	Amount:
Invoice No.:	Due Date/Tenor:

Documents	Draft	Invoice	B/L	Ins. Policy/Cert.	W/M	C/O			
1st									

Please follow instructions marked “×”:

□Deliver documents against payment/acceptance.

□Remit the proceeds by airmail/cable.

□Airmail/cable advice of payment/acceptance.

□Collection charges outside____________from drawer/drawee.

□Collection interest for delay in payment______days after sight at____% p.a..

□Airmail/cable advice of non-payment/non-acceptance with reasons.

□Protest for non-payment/non-acceptance.

图 2.8 托收指示

☐Protest waived.

☐When accepted, please advise us giving due date.

☐When collected, please credit our account with__________________________.

☐Please collect and remit proceeds to_____________________________Bank to credit our account with them under their advice to us.

☐Please collect proceeds and authorize us by airmail/cable to debit your account with us.

Special Instructions

This collection is subject to Uniform Rules for Collection (1995 Revision) ICC Publication No. 522.

For Bank of China

____

Authorized Signature(s)

图 2.8　托收指示(续)

2.3　信用证结算实训

2.3.1　实训目的

通过全套的实训练习，使学生能够掌握根据合同填写开证申请书及根据开证申请书开立信用证的技能，并对开证申请书和信用证的完整性、准确性进行审核；掌握信用证审单、议付、索偿和偿付的处理操作，从而熟练掌握跟单信用证的使用和操作。

2.3.2　实训内容

(1) 进口商根据买卖合同填写开证申请书，并交纳押金或提供其他保证，向开证行申请开立信用证。

(2) 开证行接受进口方开证申请，收取开证押金后，依据开证申请书内容开出信用证，缮制 SWIFT 格式信用证，发给出口商所在地通知行。

SWIFT 下开立跟单信用证通常使用 MT700 格式，在此就 MT700 的各个项目详细说明。

① 27：Sequence of Total(报文页次)。如果该跟单信用证条款能够全部容纳在该 MT700 报文中，那么该项目就填入“1/1”。如果该证由一份 MT700 报文和一份 MT701 报文组成，那么在 MT700 报文的“27”中填入“1/2”，在 MT701 报文的项目“27”中填入“2/2”，以此类推。

② 40A：Form of Documentary Credit(跟单信用证形式)。UCP 600 规定，所有信用证都是不可撤销的。该项目内容有以下填法。

IRREVOCABLE(不可撤销的跟单信用证)。

IRREVOCABLE TRANSFERABLE(不可撤销的可转让跟单信用证)。

IRREVOCABLE STANDBY(不可撤销的备用信用证)。

详细的转让条款应在项目“47a”中列明。

③ 20：Documentary Credit Number(跟单信用证号码)。

④ 23：Reference to Pre-Advice(预先通知编号)。如果采用此格式开立的信用证已被预

先通知，此项目内应填入“PREADV/”，后跟预先通知的编号或日期。

⑤ 31C：Date of Issue(开证日期)。该项目列明开证行开立跟单信用证的日期。如果报文无此项目，那么开证日期就是该报文的发送日期。

⑥ 40E：Applicable Rules(适用规则)。该项目列明信用证遵循的适用规则。信用证遵循的适用规则代码必须选用下列代码之一。

UCP LATEST VERSION 跟单信用证遵循最新版本的《跟单信用证统一惯例》。

EUCP LATEST VERSION 跟单信用证遵循最新版本的《跟单信用证统一惯例电子交单补充规则》。

UCP URR LATEST VERSION 跟单信用证遵循最新版本的《跟单信用证统一惯例》和《跟单信用证项下银行间偿付统一规则》。

EUCP URR LATEST VERSION 跟单信用证遵循最新版本的《〈跟单信用证统一惯例〉电子交单补充规则》和《跟单信用证项下银行间偿付统一规则》。

ISP LATEST VERSION 备用信用证遵循最新版本的《国际备用证惯例》。

OTHER 信用证遵循其他规则。只有使用本代码，才可以后跟附加信息。

⑦ 31D：Date and Place of Expiry(到期日及到期地点)。该项目列明跟单信用证最迟交单日期和交单地点。

⑧ 51a：Applicant Bank(开证申请人的银行)。如果开证行和开证申请人的银行不是同一家银行，则该项目列明开证申请人的银行。

⑨ 50：Applicant(开证申请人)。该项目列明开证申请人的名称和地址。

⑩ 59：Beneficiary(受益人)。该项目列明受益人的名称和地址。

⑪ 32B：Currency Code，Amount(货币及金额)。该项目列明跟单信用证使用货币的标准三位英文缩写及数字金额。

⑫ 39A：Percentage Credit Amount Tolerance(信用证金额浮动允许范围)。该项目列明信用证金额上下浮动最大允许范围，用百分比表示。例如，10/10 表示允许上下浮动各不超过 10%。

⑬ 39B：Maximum Credit Amount(信用证金额最高限额)。该项目填写“UP TO”、“MAXIMUM”或“NOT EXCEEDING”(后跟金额)，表示跟单信用证金额最高限额。注意：39A 和 39B 不能同时使用。

⑭ 39C：Additional Amounts Covered(附加金额)。该项目列明信用证所涉及的附加金额，如保险费、运费、利息等。

⑮ 41a：Available With…By…(指定的有关银行及信用证兑付方式)。该项目列明被授权对该证付款、承兑或议付的银行及该信用证的兑付方式。

- 银行表示方法。

当项目代号为“41A”时，银行用 SWIFT BIC 代码表示。

当项目代号为“41D”时，银行用行名地址表示。

如果信用证为自由议付信用证时，该项目代号应为“41D”，银行用“ANY BANK IN…(地名/国名)”表示。

如果该信用证为自由议付信用证，而且对议付地点也无限制时，该项目代号应为“41D”，银行用“ANY BANK”表示。

● 兑付方式表示方法。

BY PAYMENT：即期付款。

BY DEF PAYMENT：延期付款。

BY ACCEPTANCE：(远期)承兑。

BY NEGOTIATION：议付。

BY MIXED PAYMENT：混合付款。

如果该证系延期付款信用证，有关付款的详细条款将在项目“42P”中列明。如果该证系混合付款信用证，有关付款的详细条款将在项目“42M”中列明。

⑯ 42C：Draft at...(汇票付款期限)。该项目列明跟单信用证项下汇票付款期限，同时通常还会在该项目中列明对开立汇票的要求。

⑰ 42a：Drawee(汇票付款人)。该项目列明跟单信用证项下汇票的付款人，必须与 42C 同时使用。该项目内不能出现账号。

⑱ 42M：Mixed Payment Details(混合付款细节)。该项目列明混合付款跟单信用证项下付款日期、金额及其确定的方式。

⑲ 42P：Deferred Payment Details(延期付款细节)。该项目列明只有在延期付款跟单信用证项下的付款日期及其确定的方式。

⑳ 43P：Partial Shipment(分批装运条款)。该项目列明跟单信用证项下分批装运是否允许。

㉑ 43T：Transshipment(转运条款)。该项目列明跟单信用证项下货物转运是否允许。

㉒ 44A：Place of Taking in Charge/Dispatch from.../Place of Receipt(接管地/起运自……/收货地)。该项目列明在使用多式联运的情况下，货物运输单据中的货物接管地点、起运地点或收货地点的名称。

㉓ 44B：Place of Final Destination/For transportation to.../Place of Delivery(最终目的地/运往……/交货地)。该项目列明在使用多式联运的情况下，货物运输单据中的最终目的地或交货地点的名称。

㉔ 44C：Latest Date of Shipment(最迟装运日期)。该项目列明最迟装船、发运和接受监管的日期。

㉕ 44D：Shipment Period(装运期)。该项目列明装船、发运和接受监管的期限。44C 和 44D 不能同时使用。

㉖ 44E：Port of Loading/Airport of Departure(装货港/始发地航空港)。该项目列明货物运输单据中的装货港口或航空始发港的名称。

㉗ 44F：Port of Discharge/Airport of Destination(卸货港/目的地航空港)。该项目列明货物运输单据中的卸货港口或航空目的港的名称。

㉘ 45A：Description of Goods and/or Services(货物/劳务描述)。该项目列明对货物的描述内容，通常包括品名、规格、单价、数量、总值、包装等内容。如有价格条款，如 FOB、CIF 等，列在该项目中。

㉙ 46A：Documents Required(单据要求)。该项目列明信用证所要求提交的单据的种类、份数及制作要求。如果信用证规定运输单据的最迟出单日期，该条款应和有关单据的要求在该项目中列明。

㉚ 47A：Additional Conditions(附加条款)。该项目列明信用证的附加条款。当一份信用证由一份 MT700 报文和一至三份 MT701 报文组成时，项目“47a”只能出现在某一份报文中，即在 MT700 或某一份 MT701 中，不能被分割成几部分分别出现在几个报文中。

在 MT700 报文中，“45a”、“46a”和“47a”三个项目的代号应分别为“45A”、“46A”和“47A”，在报文 MT701 中，这三个项目的代号应分别为“45B”、“46B”和“47B”。

㉛ 71B：Charges(费用负担)。该项目的出现只表示费用由受益人负担。若报文无此项目，则表示除议付费、转让费外，其他费用均由开证申请人负担。实务中，通常按国界划分费用，即在开证国发生的费用由开证申请人承担，在开证国外的费用由受益人承担。

㉜ 48：Period for Presentation(交单期限)。该项目列明在开立运输单据后多少天内交单。若报文未使用该项目，则表示在运输单据出单日后 21 天内交单。

㉝ 49：Confirmation Instructions(保兑指示)。该项目列明给收报行的保兑指示。该项目内容可能出现下列某一代码。

CONFIRM：要求收报行保兑该信用证。

MAY ADD：收报行可以对该信用证加具保兑。

WITHOUT：不要求收报行保兑该信用证。

㉞ 53a：Reimbursement Bank(偿付行)。该项目列明被开证行授权偿付跟单信用证金额的银行。

㉟ 78：Instruction to the Paying/Accepting/Negotiating Bank(给付款行、承兑行或议付行的指示)。

㊱ 57a：Advise through Bank(通知行)。如果该信用证需通过收报行以外的另一家银行转递、通知或加具保兑后给受益人，该项目内填写该银行。

㊲ 72：Sender to Receiver Information(附言)。该项目可能出现的代码如下。

/PHONBEN/：请用电话通知受益人(后跟电话号码)。

/TELEBEN/：请用快捷有效的电讯通知受益人，包括 SWIFT、传真、电报、电传。

(3) 通知行鉴定信用证表面真实性后，将信用证通知受益人(出口商)。

(4) 出口商审核信用证与合同相符后，按信用证规定装运货物，备齐全套货运单据并开立汇票(如需要)，在信用证规定的交单期和有效期内将信用证所要求的全套单据提交被指定银行。

信用证的审证要点如下。

① 检查信用证的付款保证是否有效。应注意有下列情况之一的，不是一项有效的付款保证或该项付款保证是存在缺陷问题的：

- 应该保兑的信用证未按要求由有关银行进行保兑。
- 有条件的生效的信用证，如“待获得进口许可证后才能生效”。
- 由开证人直接寄送的信用证。

② 检查开证申请人和受益人，主要核对公司名称和地址等是否与合同一致，以免发生单证不符的现象。

③ 检查信用证的有效期、交单期及到期地点。应特别注意下列情况：

- 信用证在国外到期。规定信用证国外到期， 有关单据必须寄送国外。由于我们无法掌握单据到达国外银行所需的时间且容易延误或丢失，有一定的风险。所以，通常我们要求在国内交单或付款。在来不及修改的情况下，必须提前一个邮程(邮程的长短应根据地区远近而定)以最快方式寄送。

● 如信用证中的装运期和有效期是同一天到期，即通常所称的“双到期”。在实际业务操作中，应将装运期提前一定的时间(一般在效期前 10 天)，以便有合理的时间来制单结汇。

④ 检查装运期的有关规定是否符合要求。应注意以下几点：

● 能否在信用证规定的装期内备妥有关货物并按期出运。如来证收到时装期太近，无法按期装运，应及时与客户联系修改。

● 信用证中规定了分批出运的时间和数量，应注意能否办到，否则，任何一批未按期出运，以后各期即告失效。

⑤ 检查信用证的金额、币制是否符合合同规定。

⑥ 检查信用证的数量是否与合同规定相一致。

⑦ 检查价格条款是否符合合同规定。

⑧ 检查货物是否允许分批出运和转运。

⑨ 检查信用证的商品信息(品名、数量、规格、包装等)必须与合同一致。

⑩ 检查信用证规定的文件能否提供或及时提供。 主要有：

● 一些需要认证的单据特别是使馆认证的单据能否及时办理和提供。

● 由其他机构或部门出具的有关文件如出口许可证、运费收据、检验证明等能否提供或及时提供。

● 信用证中指定船龄、船籍、船公司或不准在某港口转船等条款能否办到等。

⑪ 检查信用证中有无陷阱条款。

⑫ 检查信用证中有无矛盾之处。

(5) 指定银行合理小心地审单，在最多 5 个银行工作日内审单完毕，确定单据表面符合信用证条款后，指定银行办理即期付款或承担延期付款责任，或承兑远期汇票，或议付即期或远期汇票。

其中，议付分为即期议付和远期议付，两者做法有所不同。即期议付下，议付信用证规定受益人开立以开证行为付款人的即期汇票，议付行审单无误后，垫付资金，扣除垫款利息，将净款立即付给受益人。 远期议付下，议付信用证规定受益人开立以开证行为付款人的远期汇票，议付行审单后将相符单据寄至开证行，议付行接到开证行电告承兑汇票后，才垫付资金，扣除垫款利息，将净款付给受益人。

单证审核的基本方法有两种。纵向审核法，是指以信用证为基础对规定的各项单据进行一一审核，要求有关单据的内容严格符合信用证的规定，做到“单、证相符”。横向审核法，在纵向审核的基础上，以商业发票为中心审核其他规定的单据，使有关的内容相互一致，做到“单、单相符”。下面具体介绍审核信用证下主要单据的要点：

① 汇票。

● 出票人必须是受益人，由其签字或盖章加签字。

● 付款人符合信用证 42A/D 域规定。

● 金额和发票相同，符合信用证 42C 域规定。

● 金额的大、小写都有，且必须一致。

● 付款期限符合信用证 42C 域规定。

● 币种和信用证相一致。

● 如必要，需要背书。

② 发票。

- 抬头人必须是申请人(UCP 600 规定的除外)。
- 签发人必须是受益人(信用证规定“第三方单据可以接受”的除外)。
- 商品的描述必须与信用证规定的一致。
- 价格条款(贸易术语)必须与信用证的规定一致。
- 商品的数量必须符合信用证的规定。
- 单价和价格条件必须符合信用证的规定。
- 除非信用证要求，发票无需签字和日期。

③ 海运提单。

- 正本提单必须以 UCP 第 20 条 B 款规定的方式进行签字，且承运人的名称必须出现在提单的表面，并表明承运人的身份。
- 如果是预先印就“已装运于船”的提单，并且没有单独装船批注，提单的出具日即视为装船日。
- 如带有加注日期的单独装船批注，该日期视为装运日，而不论在提单签发日之前还是之后。
- 装运日是否符合信用证规定。
- 装货港和卸货港必须与信用证规定相一致。
- 必须注明提单正本的份数。
- 收货人和被通知人须符合信用证规定。
- 商品名称可使用与信用证不矛盾的货物的统称。
- 运费预付和运费到付(如信用证要求)是否正确表明。
- 唛头、件数、毛重须与其他单据一致。
- 不应有货物及/或包装情况有缺陷的批注。
- 背书应按照信用证要求(如有)。
- 修正和变更必须经过证实。

④ 保险单。

- 必须由保险公司或其代理出具并签署，除非另有规定，保险经纪人出具的暂保单不予接受。
- 币种必须和信用证一致。
- 投保比例。若 L/C 无规定，最低投保额必须是 CIF 或 CIP 金额的 110%。若 L/C 规定投保比例，如 110%，视为最低要求。
- 保险险别必须符合信用证的规定。要求“一切险”时，含有任何“一切险”批注或条款都将接受。
- 保险责任至少覆盖信用证规定的货物装运、发运或接管地到卸货港或最终目的地之间的路程。
- 不必注明正本份数，如果注明，除非另有规定，所有正本都必须提交。
- 包装件数、唛头等必须与发票和其他单据一致。
- 运输工具、起运地及目的地，必须与信用证及其他单据一致。
- 在需要时经有权索偿人背书，如信用证要求空白背书则保险单据可开立成来人式；反之亦然。
- 出单日期不得晚于装运日期。

● 除非信用证另有规定，接受含有收免赔率/额的保单。

⑤ 产地证。

● 必须由信用证规定的人出具。

● 如果信用证要求由受益人、出口商或厂商出具，则由商会出具的单据是可以接受的，只要该单据相应地注明受益人、出口商或厂商。如果信用证没有规定由谁来出具，则由任何人包括受益人出具的单据都可接受。

● 必须经过出单人签署、注明日期。

● 必须在表面上与发票的货物相关联。

● 收货人的信息如果显示，则不得与运输单据中的收货人信息相矛盾。

● 出口方可以不同于受益人或运输单据的发货人。

⑥ 装箱单/重量单。

● 除信用证规定内容外，和其他单据不要矛盾。

● 受益人证明/FAX/装船通知/其他声明或证明。

● 内容按照信用证的要求缮制。

● 是否加注日期取决于单据的内容和性质。

⑦ 其他单据。

● 各种检验证，如动植物检疫、熏蒸证明、质检证等。

● 内容按照信用证的要求缮制。

● 是否加注日期取决于证明的内容和性质。

信用证下所提交单据经常出现的不符点：

● 汇票上付款人的名称、地址等与信用证不符。

● 汇票上的出票日期不明。

● 发票的抬头人的名称、地址等与信用证不符。

● 发票上的货物描述不符合信用证的规定。

● 运输单据不洁净。

● 没有“货物已装船”证明或注明“货装舱面”。

● 运费由受益人承担，但运输单据上没有“运费付讫”字样。

● 启运港、目的港或转运港与信用证的规定不符。

● 货物短装或超装。

● 保险金额不足，保险比例与信用证不符。

● 投保的险种与信用证不符。

● 汇票、发票或保险单据金额的大小写不一致。

● 汇票、运输单据和保险单据的背书错误或未按要求进行背书。

● 单据没有必要签字或有效印章。

● 单据的份数与信用证不一致。

● 单、单之间商品名称、数量、件数、唛头、毛净重等不一致。

● 各种单据的类别与信用证不符。

● 有关单据，如汇票、发票、保险单等的币制名称不一致或不符合信用证的规定。

● 未按信用证要求对有关单据，如发票、产地证等进行认证。

● 逾期装运。

● 逾期交单。

常见的错误出单日期：

- 汇票日期早于发票日期。
- 发票日期晚于交单日。
- 保单日期晚于提单日期。
- 产地证日期晚于提单日期。
- 检验证书日期晚于提单日期。
- 出口许可证日期晚于提单日期。

实际业务中，不同地区开出的信用证其繁杂程度也是不一样的。欧洲、美国、日本等发达地区和国家开出的信用证通常较简单，一般不会挑出实质性不符点。中东地区的信用证较为复杂，单据要求较多。如第三方独立检验报告，这种单据风险较大，因为通常是第三方来厂时，所有产品都生产好了，并且第三方又有独立出报告的权利，此报告又是信用证项下的必要单据，所以过程控制就很重要,否则很容易产生不符点。印度、巴基斯坦、拉丁美洲和非洲地区，通常付款风险较大，需要提高警惕。

(6) 指定银行将汇票和货运单据寄往开证行索偿。

(7) 开证行收到单据，在最多 5 个银行工作日内审单完毕。审核单据后，由开证行决定单据与信用证是否表面相符。如果认为单证相符，则开证行应接受单据并履行付款手续，向指定银行偿付。如果认为单证不符，则开证行没有接受单据并付款的义务。如果单证不符，银行可采取如下步骤。

步骤一：拒付或寻求放弃。如果单据不符，开证行有两种选择。①可拒绝单据并发出拒付通知。如果银行发现单据与信用证不符决定拒收，必须用电传或其他迅速的方式毫不迟延地通知提交单据的一方。通知应列明导致银行拒收的所有不符点并注明是将单据暂时保管还是退回。受益人提交单据的时间如果在信用证规定的有效期以内，银行拒收后受益人有权进行修改，然后在规定的时间内再进行提交。②可征询开证申请人的意见，是否放弃该不符点(即接受含有不符点的单据)。

步骤二：接受或拒绝及通知。如果开证申请人在开证行限定的时间内没有向开证行提交是否放弃不符点的通知，开证行应自行决定是否接受单据。①如果开证行自行决定放弃不符点，则开证行应接受单据并履行付款手续。②如果开证行决定拒绝单据，则应根据 UCP 600 的要求发出拒付通知。

步骤三：决定是否接受开证申请人的放弃要求。如果开证行收到开证申请人的放弃不符点通知，则开证行应决定是否接受该通知。①如果开证行同意接受开证申请人的放弃要求，则应接受单据并履行付款手续。②如果开证行拒绝开证申请人的放弃要求，则应拒绝单据并发出拒付通知。

(8) 开证行通知进口商付款赎单。

(9) 进口商对单据予以审核，在确定单据无误后，付款赎单。

2.3.3 实训要求

(1) 实训前，要熟悉合同、开证申请书、信用证审核、通知、议付、审单、索偿、偿付等相关知识。

(2) 仔细阅读实训资料，严格按照教师的要求，认真填写和制作各类单据和凭证。

2.3.4 实训材料

练习 1：信用证综合业务

1. 申请开立信用证

2012 年 7 月 2 日，上海 TAC 进出口公司根据合同填写开证申请书，并向花旗银行上海分行 CITI BANK (CHINA) CO., LTD. SHANGHAI 提交开证申请书。信用证于 2012 年 8 月 31 日在美国到期。请根据所提供合同填写开证申请书(图 2.9)。开证人申请承诺书如图 2.10 所示。

PURCHASE CONTRACT

CONTRACT NO.: LTHL-5201314
DATE: JUN. 26, 2012

BUYER: SHANGHAI TAC IMP.& EXP. CORP.
44 NANJING ROAD, SHANGHAI, P. R. CHINA
TEL: 021-58887138　　FAX: 021-58884622
SELLER: NEW YORK DLJ IMP.& EXP. CORP.
124 GROVE STREET, NEW YORK, NY, 10038, U.S.A.
TEL:8006327792　　FAX: 508-553-95

THIS CONTRACT IS MADE BY AND BETWEEN THE BUYER AND SELLER, WHEREBY IT IS AGREED THAT THE BUYER PURCHASE AND THE SELLER SUPPLY THE UNDER MENTIONED GOODS AND SERVICES ACCORDING TO THE FOLLOWING TERMS AND CONDITIONS.

1. COMMODITY & SPECIFICATIONS:
   "NANIWA" BRAND
   STEEL MOULD FOR LAMINATION
   NTK-630 (SUS-630)
   2.0MM×966MM×1270MM
2. QUANTITY:600SHTS
3. UNIT PRICE: USD 225.00/SHT CIF SHANGHAI
4. TOTAL AMOUNT: USD 135 000.00
   U.S.D OLLARS ONE HUNDRED AND THIRTY FIVE THOUSAND ONLY
5. ORIGIN: MADE IN U.S.A.
6. REMARKS:
   HARDNESS: ABOVE 470HV
   TOLERANCES: LENGTH & WIDTH +2/−0MM
   THICKNESS: +0.1MM/−0.1MM
   FLAMESS: 4MM MAX (WARP ONLY ALLOWED IN ONE DIRECTION AND TWIST NOT ALLOWED)
   PARALLELISM: 0.03MM MAX
   DIAGONAL LINE: 2MM MAX
   SURFACE FINISH: NO.6 (#320)
   RA=0.12NM MAX RZ=1.0μM MAX
7. PACKING: STANDARD EXPORT PACKING
8. SHIPPING MARK: N/M
9. PORT OF LOADING: NEW YORK, U.S.A.

10. PORT OF DESTINATION: SHANGHAI, CHINA
PARTIAL SHPMENT AND TRANSSHIPMENT ALLOWED.
11. LATEST DATE OF SHIPMENT: AUG. 20, 2012
12. TERMS OF PAYMENT: BY IRREVOCABLE L/C AT SIGHT
L/C SHOULD BE OPEND BEFORE JUL. 15, 2012.
CREDIT IS AVAILABLE WITH ANY BANK BY NEGOTIATION.
13. INSURANCE: TO BE COVERED BY THE SELLER
14. DOCUMENTS:

- SIGNED COMMERCIAL INVOICE IN 3 FOLD.
- FULL SET OF ORIGINALS CLEAN ON BOARD OCEAN BILLS OF LADING MADE OUT TO ORDER AND BLANK ENDORSED, MAKRED “FREIGHT PREPAID”, NOTIFY SHANGHAI SFECO INTERNATIONAL CUSTOMS BROKERS CO., LTD MR. CHEN YUN TEL: 0086-21-67721234 AND APPLICANT.
- FULL SET OF INSURANCE POLICY/CERTIFICATE FOR 110 PCT OF INVOICE VALUE SHOWING CLAIMS PAYABLE IN CHINA SHANGHAI UP TO SONGJIANG WAREHOUSE, IN CURRENCY OF THE DRAFT BLANK ENDORSED, COVERING ALL RISKS AND WAR RISKS.
- WEIGHT MEMO/PACKING LIST IN 3 FOLD ISSUED BY BENEFICIARY INDICATING QUANTITY GROSS AND NET WEIGHT OF EACH PACKAGE.
- CERTIFICATE OF ORIGIN IN 2 FOLD.
- THIRD PARTY AS SHIPPER IS NOT ACCEPTABLE.
- SHORT FORM/BLANK BACK B/L IS NOT ACCETPABLE.
- DOCUMENTS MUST BE PRESENTED WITHIN 21 DAYS AFTER THE DATE OF ISSUANCE OF THE TRANSPORT DOCUMENTS BUT WITHIN THE VALIDITY OF THE CREDIT.

15. CLAIMS: ANY CLAIM BY THE BUYER CONCERNING THE GOODS SHIPPED HERE UNDER SHALL BE FILED WITHIN 60 DAYS AFTER THE ARRIVAL OF THE GOODS TO THE DESTINATION PORT.
16. FORCE MAJEURE: IN CASE OF NON-DELIVERY OR DELAY IN DELIVERY OF THE GOODS HEREUNDER BY REASON OF NATURAL DISASTERS, WAR OR OTHER CAUSES OF FORCE MAJEURE, THE SELLER SHALL NOTIFY THE BUYER AS SOON AS POSSIBLE AND MAIL BY DHL TO THE BUYER A CERTIFICATE ISSUED BY THE GOVERNMENT AUTHORITIES.
17. ARBITRATION: ALL DISPUTES RELATING CONTRACT SHALL TELEGRAM TO INTERNATIONAL TRADE ARBITRATION COMMISSION FOR ARBITRATION IN ACCORDANCE WITH ITS ARBITRAL RULES. THE ARBITAL AWARD IS BINDING UPON BOTH PARTIES.
18. SELLER’S BANK INFORMATION:
ADVISING BANK: CITI BANK, NEW YORK
111 WALL STREET, NEW YORK, NY, 10043, UNITED STATES
SWIFT: CITIUS33×××

THIS CONTRACT IS MADE ON DUPLICATE AND THE BUYER AND THE SELLER POSSES ONE RESPECTIVELY. IT IS AVAILABLE WHEN EACH PARTY SIGNED.

BUYER:	SELLER:
SHANGHAI TAC IMP.& EXP. CORP.	NEW YORK DLJ IMP.& EXP. CORP.
CHEN JIAN AI	DANNY BROWN
(AUTHORIZED SIGNATURE)	(AUTHORIZED SIGNATURE)

IRREVOCABLE DOCUMENTARY CREDIT APPLICATION

TO: DATE:

公司联系人：LI HONG 联系电话：021-58887138	合同号： DATE AND PLACE OF EXPIRY:
APPLICATION NAME AND ADDRESS	BENEFICIARY'S NAME AND ADDRESS
ADVISING BANK:	AMOUNT:
PARTIAL SHIPMENT: TRANSHIPMENT: SHIPMENT FROM: TO: LATEST DATE OF SHIPMENT:	CREDIT AVAILABLE WITH AGAINST THE DOCUMENTS DETAILED HEREIN AND BENE'S DRAFT FOR AT DRAWN ON
DOCUMENTS REQUIRED:	
COVERING (DESCRIPTION OF GOODS): PACKING:	
BANKING CHARGE: ALL BANKING CHARGES OUTSIDE THE ISSUING BANK ARE FOR BENEFICIARY'S ACCOUNT.	
PERIOD FOR DOCUMENTS PRESENTATION:	
ADDITIONAL INSTRUCTIONS:	

SHANGHAI TAC IMP.& EXP. CORP.

CHEN JIAN AI

(Applicant: name, signature of authorized person)

图 2.9 开证申请书

开证申请人承诺书

花旗银行上海分行：

我公司已办妥一切进口手续，现请贵行按我公司开证申请书内容(见背面英文)开出不可撤销跟单信用证，为此我公司愿不可撤销地承担有关责任如下：

一、我公司同意贵行依照国际商会第600号出版物《跟单信用证统一惯例》办理该信用证项下一切事宜，并承担由此产生的一切责任。

二、我公司保证按时向贵行支付该证项下的货款、手续费、利息及一切费用等(包括国外受益人拒绝承担的有关银行费用)所需的外汇和人民币资金。

三、我公司保证在贵行单到通知书中规定的期限之内通知贵行办理对外付款/承兑，否则贵行可认为我公司已接受单据，同意付款/承兑。

四、我公司保证在单证表面相符的条件下办理有关付款/承兑手续。如因单证有不符之处而拒绝付款/承兑，我公司保证在贵行单到通知书中规定的日期之前将全套单据如数退还贵行并附书面拒付理由，由贵行按国际惯例确定能否对外拒付。如贵行确定我公司所提拒付理由不成立，或虽然拒付理由成立，但我公司未能退回全套单据，或拒付的单据退到贵行已超过单到通知书中规定的期限，贵行有权主动办理对外付款/承兑，并从我公司账户中扣款。

五、该信用证及其项下业务往来函电及单据如因邮、电或其他方式传递中发生遗失、延误、错漏，贵行概不负责。

六、该信用证如需修改，由我公司向贵行提出书面申请，由贵行根据具体情况确定能否办理修改。我公司确认所有修改当由信用证受益人接受时才能生效。

七、我公司在收到贵行开出的信用证、修改书副本后，保证及时与原申请书核对，如有不符之处，保证在接到副本之日起，两个工作日内通知贵行。如未通知，当视为正确无误。

八、如因申请书字迹不清或词义含混而引起的一切后果由我公司负责。

SHANGHAI TAC IMP.& EXP. CORP.

CHEN JIAN AI

(Applicant: name，signature of authorized person)

Jul. 2, 2012

图 2.10　开证申请人承诺书

2. 信用证的开立

2012年7月2日，花旗银行上海分行接受上海TAC进出口公司的开证申请，采用SWIFT对外开立信用证，请翻译以下SWIFT信用证的全文内容。

*Own Address　　: CITICNSX×××

*Input Message Type　　: 700 Issue of a Documentary Credit

*Sent to　　: CITIUS33×××

27 /Sequence of Total

1/1

40A/Form of Documentary Credit

IRREVOCABLE

20 /Documentary Credit Number

0227LC07000016

31C/Date of Issue

120702

40E/Applicable Rules
UCP LATEST VERSION
31D/Date and Place of Expiry
120831 U.S.A.
50 /Applicant
SHANGHAI TAC IMP.& EXP. CORP.
44 NANJING ROAD, SHANGHAI,
P. R. CHINA
59 /Beneficiary
NEW YORK DLJ IMP.& EXP. CORP.
124 GROVE STREET, NEW YORK, NY,
10038, USA
32B/Currency Code，Amount
USD 135 000
39A/Percentage Credit Amount Tolerance
0/0
41D/Available With…By…
ANY BANK IN U.S.A.
BY NEGOTIATION
42C/Draft at …
SIGHT FOR 100PCT OF INVOICE VALUE SHOWING THIS L/C NO.AND DATE OF ISSUE
42A/Drawee
CITI BANK (CHINA) CO., LTD. SHANGHAI
43P/Partial Shipments
ALLOWED
43T/Transshipment
ALLOWED
44E/Port of loading
NEW YORK, U.S.A.
44F/Port of discharge
SHANGHAI, CHINA
44C/Latest Date of Shipment
120820
45A/Description of Goods and/or Services
"NANIWA" BRAND STEEL MOULD FOR LAMINATION NTK-630 (SUS-630)

SPECIFICATION	QUANTITY	UNIT PRICE
2.0MM×966MM×1270MM	600SHTS	USD 225.00/SHT

TOTAL AMOUNT: USD 135 000.00 CIF SHANGHAI
PACKING: STANDARD EXPORT PACKING
46A/Documents Required
+SIGNED COMMERCIAL INVOICE IN 3 FOLD.

+FULL SET OF ORIGINALS OF CLEAN ON BOARD OCEAN BILLS OF LADING MADE OUT TO ORDER AND BLANK ENDORSED, MARKED “FREIGHT PREPAID”, NOTIFY SHANGHAI SFECO INTERNATIONAL CUSTOMS BROKERS CO., LTD MR. CHEN YUN TEL: 0086-21-67721234 AND APPLICANT.

+FULL SET OF INSURANCE POLICY/CERTIFICATE FOR 110PCT OF INVOICE VALUE SHOWING CLAIMS PAYABLE IN CHINA SHANGHAI UP TO SONGJIANG WAREHOUSE, IN CURRENCY OF THE DRAFT BLANK ENDORSED, COVERING ALL RISKS AND WAR RISKS.

+WEIGHT MEMO/PACKING LIST IN 3 FOLD ISSUED BY BENEFICIARY INDICATING QUANTITY GROSS AND NET WEIGHT OF EACH PACKAGE.

+CERTIFICATE OF ORIGIN IN 2 FOLD.

47A/Additional Conditions

+THIRD PARTY AS SHIPPER IS NOT ACCEPTABLE.

SHORT FORM/BLANK BACK B/L IS NOT ACCEPTABLE.

+ALL DOCUMENTS MUST INDICATE THIS L/C NO.

+THE NEGOTIATION BANK/PRESENTING BANK MUST INDICATE THE EXACT DATE OF DOCS PRESENTATION ON THEIR COVERING SCHEDULE. IF SUCH A DATE WAS NOT MENTIONED WITHIN THE COVERING SCHEDULE, THE DATE OF THE COVERING SCHEDULE WILL BE DEEMED TO BE THE DATE OF DOCS PRESENTATION.

71B/Charges

ALL BANKING CHARGES OUTSIDE THE ISSUING BANK ARE FOR BENEFICIARY’S ACCOUNT.

48 /Period for Presentation

DOCUMENTS MUST BE PRESENTED WITHIN 21 DAYS AFTER THE DATE OF ISSUANCE OF THE TRANSPORT DOCUMENTS BUT WITHIN THE VALIDITY OF THIS CREDIT.

49 /Confirmation Instructions

WITHOUT

78 /Instructions to the Paying/Accepting/Negotiating Bank

+UPON RECEIPT OF THE DOCUMENTS AND THE DRAFTS IN COMPLIANCE WITH THE TERMS AND CONDITIONS OF THIS CREDIT, THE REIMBURSEMENT WILL BE EFFECTED AS PER THE NEGOTIATING BANK'S INSTRUCTION.

+THE AMOUNT OF EACH DRAFT MUST BE ENDORSED ON THE REVERSE OF THIS CREDIT BY THE NEGOTIATING BANK.

+A CHARGE OF USD50.- OR EQUIVALENT IN THE CREDIT CURRENCY WILL BE DEDUCTED FROM THE PROCEEDS FOR EACH PRESENTATION BEARING DISCREPANCIES.

+ALL DOCUMENTS MUST BE SENT IN ONE LOT TO ISSUING BANK:

SHANGHAI UNION BUILDING ROOM 509 YANAN ROAD EAST SICHUAN ROAD, SHANGHAI, CHINA

3. 信用证的通知

2012 年 7 月 3 日，通知行纽约花旗银行根据收到的信用证缮制信用证通知书，未加保兑，将信用证通知受益人纽约 DLJ 进出口公司。请填写信用证通知书(图 2.11)。

CITI BANK, NEW YORK

111 WALL STREET, NEW YORK, NY, 10043, UNITED STATES

TO:	When corresponding, please quote our ref. No.	DATE: 518PLS-70742270
ISSUING BANK:	TRANSMITTED TO US THROUGH	
L/C NO. DATED:	AMOUNT:	

Dear Sirs,

We have pleasure in advising you that we have received from the a/m bank a(n)

[ ]	Telex/ SWIFT issuing	[ ]	Uneffective
[ ]	Pre-advising of	[ ]	Mail confirmation of
[ ]	Original	[ ]	Duplicate

Documentary Credit, contents of which are as per attached sheet(s).

This advice and the attached sheet(s) must accompany the relative documents when presented for negotiation.

[ ] Please note that this advice does not constitute our confirmation of the above L/C nor does it convey any engagement or obligation on our part.

[ ] Please note that we have added our confirmation to the above L/C. Negotiation is restricted to ourselves only.

[ ] Please note that negotiation of the L/C is restricted to ourselves.

Remarks:

THIS L/C CONSISTS OF 2 SHEET(S), INCLUDING THE COVERING LETTER AND ATTACHMENT(S).

If you find any terms and conditions in the L/C which you are unable to comply with and/or any error(s), it is suggested that you contact applicant directly for necessary amendment(s) so as to avoid any difficulties which may arise when documents are presented.

AUTHORIZED SIGNATURE IS NOT REQUIRED

Authorized Signature

图 2.11 信用证通知书

4. 信用证的审核

受益人纽约 DLJ 进出口公司收到纽约花旗银行通知的信用证后，审核信用证与合同是否相符，填写信用证分析单(图 2.12)。

LC ANALYSIS SHEET

1) Format [ ] SWIFT issuing [ ] Pre-advising of [ ] Mail confirmation
2) LC No.
3) Advising Bank's Ref.:
4) Issuing Date:
5) Date of Expiry:
6) Place of Expiry:
7) Type [ ] By Payment [ ] By Acceptance [ ] By Negotiation
8) Currency Code:
9) Amount:
10) Max Amount:
11) Tolerance:
12) Period for Presentation:
13) Applicant:
14) Beneficiary:
15) Issuing Bank:
16) Advising Bank:
17) Negotiation Bank:
18) Drawee Bank:
19) Description of Goods:
20) Contract No.:
21) Contract Date:
22) Price Term:
23) Latest Date of Shipment:
24) Port of Loading:
25) Port of Discharge:
26) Partial Shipments: [ ] ALLOWED [ ]NOT ALLOWED
27) Transshipment: [ ] ALLOWED [ ]NOT ALLOWED
28) Shipping Marks:
29) Shipment By: [ ] By Sea [ ] By Air [ ] By Land
30) Documents Required:

Doc.	DRAFT	INV.	P/L	C/O FORM A	B/L	AWB	I/P	C/R	CERT.
No.									
Doc.	INSP CERT	ANALY CERT	E/L	N/N B/L	QUAL CERT	QUAN/ CERT	FAX COPY	SSCO CERT	OTHERS
No.									

图 2.12 信用证分析单

5. 信用证的议付

出口商纽约 DLJ 进出口公司审核信用证与合同相符后，按信用证规定装运货物，备齐各种单据并开立汇票(一套两张)，汇票号码为 AW7997，连同发票、装箱单、产地证、保险单(全套两份)、海运提单于 2012 年 8 月 10 日送交当地银行，填写议付申请书，要求议付。议付行纽约花旗银行按信用证条款审核单单一致、单证一致后，按汇票金额扣除贴现息和手续费，将净款垫付给出口商。请填写议付申请书(图 2.13)。

APPLICATION FOR NEGOTIATION

To: ______________________	No. ______________

Date: ______________

Dear Sirs,

We send you herewith for negotiation our drafts No. ________ for ____________________

drawn under Letter of Credit No.__________ issued by ____________________________

accompanied by the following documents:

☐Invoice __________	☐Packing List __________
☐Insurance Policy__________	☐Consular Invoice __________
☐Bill of Lading __________	☐Customs Invoice __________
☐Certificate of Origin __________	☐Import License __________
☐Certificate of Inspection __________	☐Letter of Transfer __________

Other documents ____

In consideration of your negotiation at our request the above bill(s), we undertake to hold you harmless and indemnified against any discrepancy which may cause non-payment or non-acceptance of the said draft(s), and we shall refund you in original currency the whole or party of the draft(s) amount with interest or expenses that may be accrued or incurred in connection with the above upon receipt of your notice to that effect.

In consideration of your so doing we hereby agree to accept above mentioned terms and conditions.

____
Authorized Signature

图 2.13　议付申请书

6. 信用证的索偿和偿付

2012 年 8 月 10 日，议付行向受益人议付后，缮制交单面函，将汇票和货运单据寄往开证行，请求付款。海运提单显示货物于 2012 年 8 月 9 日装船，由美国纽约港海运至中国上海港。8 月 16 日，开证行收到单据，在 5 个工作日内审核单据与信用证相符后，8 月 23 日付款给议付行。请填写交单面函(图 2.14)。

ORIGINAL

CITI BANK, NEW YORK

111 WALL STREET, NEW YORK

MAIL TO　　　　　　　　　　　　　　　　　　DATE:

	PLEASE QUOTE OUR REF. NO. 518PLS-70742270

WE ENCLOSE HEREWITH THE UNDERMENTIONED DOCUMENTS FOR YOUR PAYMENT UNDER THE CREDIT INDICATED BELOW.

	AMOUNT
DRAFT NO.: TENOR (MATURITY):	INTEREST P.A. DAYS
SHIPPED ON: FROM TO	COMMISIONS & CHARGES
L/C NO.: ISSUED BY	LESS COMMISION
	TO BE PAID AT MATURITY

DOCUMENTS

- WE CERTIFY THAT THE TERMS AND CONDITIONS OF THE CREDIT HAVE BEEN DULY COMPLIED WITH.
- WE HAVE DULY ENDORSED THE DRAFT AMOUNT ON THE REVERSE OF THE ORIGINAL CREDIT.
- IN CASE OF NON-PAYMENT/NON-ACCEPTANCE, NOTIFY US TELEGRAPHICALLY.

AUTHORIZED SIGNATURE IS NOT REQUIRED

AUTHORIZED SIGNATURE

图 2.14　交单面函

7. 信用证的付款赎单

2012 年 8 月 16 日，开证行收到单据后，依据信用证审核单据，认为该交单为相符交单，随后缮制进口单到通知书，向进口商提示单据。请填写信用证单据通知书(图 2.15)。

信用证单据通知书
INWARD DOCUMENTS UNDER LETTER OF CREDIT

TO:

日期：

Date:

银行编号：

Bank Ref. No.0227LC07000016

敬启者：

Dear Sirs,

RE:

信用证号 L/C No.____________________

出票人 Beneficiary____________________

____

____

汇票期限 Tenor____________________金额 Amount____________________

兹收到下列银行寄来的信用证单据

We have received one set of documents from the bank below.

REF No.	Dated

有关单据内容通知如下：

Documents detailed are as follows

DRAFT	COMM INV	CUST/ CONSUL INV	PACK/WT LIST	ORIGIN CERT	GSP FORM A	QUAL/ WT CERT	INSP/ ANALY CERT
E/L SHIP CERT VISA INV	INS POLICY/ DECLARE	B/L P.P.R. A.W.B./C.R.	N/N B/L C/R	TLX/ FAX COPY	BENE LETTER/ CERT	SSCO CERT	
金额 Amount				原证金额 Original Amount			

不符点 Discrepancy(ies)

兹附上有关单据，请即审核。贵司在向银行确认付款或承兑前，应妥善保管全套单据，不得散失或凭以提货；如需拒付或拒绝承兑，必须退回全套单据，若有缺损，应承担按时付款/承兑责任。根据国际商会第 600 号出版物《跟单信用证统一惯例》第 14 条 b 款，银行审核单据和决定是否接受单据有一个合理的时间，即不超过收到单据后的 5 个银行工作日。请特别注意下列各点：

1．请最迟于 2012 年 8 月 22 日回复我行接受或拒绝本套单据。

2．凡本通知书中列有不符点，贵司认为应拒绝付款/拒绝承兑，请于上述第“1”款规定的日期前书面通知本行，并退还全套单据。

3．凡本通知书中未列明不符点，而单据经贵司审核，发现不符，拒绝接受单据，请于上述第“1”款规定的日期前书面通知本行，并退还全套单据。经本行复审，确认不符点成立，则对外拒绝付款/拒绝承兑。

4．凡本通知书中未列明不符点，单据经贵司审核也无不符，请于上述第“1”款规定的日期前退此通知书第三联，注明同意付款/承兑，并加盖公章。如不退回，则本行认为贵司接受单据，并按惯例规定主动对外付款/承兑。

本行严格按照国际商会《跟单信用证统一惯例》(UCP 600)处理信用证项下一切事宜。

公司签收：　　　　　　　　　　For CITI BANK (CHINA) CO., LTD. SHANGHAI

Confirmation for Receipt

日期：

Date________________________　　　　________________________________

银行印鉴

Authorized Signature(s)

图 2.15　信用证单据通知书

2012 年 8 月 16 日，进口商(开证申请人)审单后接受单据，向开证行递交付款委托书，同意付款，要求开证行最迟于 2012 年 8 月 23 日对外付款。请填写付款委托书(图 2.16)。

付款或承兑委托书/拒绝说明

AUTHORIZATION FOR PAYMENT OR ACCEPTANCE/NON-PAYMENT OR NON-ACCEPTANCE

TO:

日期：

Date：

银行编号：

Bank Ref. No.0227LC07000016

敬启者：

Dear Sirs,

RE:

兹收到贵行寄来的信用证单据一套，我公司已审核完各项单据，请贵行依照下列标有“×”的内容办理：

We have received one set of L/C documents from your bank and have processed all the documents. Please execute our instruction marked with “×”.

[ ] 我公司同意付款，请最晚于______________付款。

We agree to effect payment, please pay no later than ______________.

[ ]我公司同意承兑，请于______________付款。

We agree to accept the draft(s), please pay on ______________.

[ ]我公司不同意付款/承兑，理由如下：

We do not agree to pay/accept, reasons:

SHANGHAI TAC IMP.& EXP. CORP.

CHEN JIAN AI

(Applicant: name, signature of authorized person)

图 2.16　付款或承兑委托书/拒绝说明

练习 2：信用证审证业务

请根据所给合同(图 2.17)审核信用证(图 2.18)。

SHANGHAI LIGHT INDUSTRIAL PRODUCTS IMPORT ANG EXPORT CORPORATION
128 Huqiu road Shanghai China

SALES CONFIRMATION

Tele:86-21-23140568　　　　NO：PLW253
Fax:86-21-25467832　　　　DATE:Sept.15,2

TO：CONSOLIDATO LIMITED
RM.13001-13007E,13/F,
ASUA TERMINALS CENTER B. 003
BERTH 3,KWAI CHUNG,N.T.,HONGKONG
P. O. Box 531 HONGKONG

We hereby confirm having sold to you the following goods on terms and conditions as stated below.

NAME OF COMMODITY: Butterfly Brand Sewing Machine

SPECIFICATION: JA-115 3 Drawers Folding Cover

PACKING: Packed in wooden cases of one set each.

QUANTITY: Total 5 500sets

UNIT PRICE: US$ 64.00 per set CIFC3% H.K.

TOTAL AMOUNT: US$ 352 000.00

(Say U.S. dollars three hundred and fifty two thousand only.)

SHIPMENT: During Oct./Nov. 2003 from Shanghai to H.K. with partial Shipments and transshipment permitted.

INSURANCE: To be covered by the seller for 110% of total invoice value against All risks and war risks as per the relevant ocean marine cargo clauses of the People's Insurance Company of China dated Jan. 1,1981.

PAYMENT: The buyer should open through a bank acceptable to the seller an Irrevocable Letter of Credit at 30 days after sight to reach the Seller 30 days before the month of Shipment valid for negotiation in China until the 15th day after the date of shipment.

REMARKS: Please sign and return one copy for our file.

The Buyer:　　　　The Seller:
CONSOLIDATORS LIMITED CORPORATION　　　　SHANGHAI LIGHT INDUSTRIAL PRODUCTS IMPORT & EXPORT

图 2.17　合同

HONGKONG & SHANGHAI BANKING CORPORATION
QUEEN'S ROAD CENTERAL,P.O.BOX 64,H.K.
TEL:822-1111 FAX:810-1112

Advised through:Bank of China,

NO. CN3099/714

Shanghai Branch, DATE Oct.2,2003 H.K. To:Shanghai Light Industrial Products Import & Export Corp.

128 HUQIU ROAD SHANGHAI, CHINA

Dear Sirs:

We are pleased to advise that for account of Consolidators Limited,H.K.,we hereby open our L/C No. CN3099/714 in your favor for a sum not exceeding about US$ 330 000.00(Say US Dollars Three Hundred Thirty Thousand only) available by your drafts on HSBC at 30 days after date accompanied by the following documents:

1. Signed commercial invoice in 6 copies.
2. Packing List in quadruplicate.
3. Full set of (3/3) clean on board B/L issued to our order notify the above mentioned buyer and marked "Freight Collect" dated not later than October 31,2003.From Shanghai to Hong Kong, Partial shipment are not permitted and trans- shipment is not permitted.
4. Insurance policy in 2 copies covering C.I.F for 150% invoice value against All risks and war risks as per the relevant ocean marine cargo clauses of the People's Insurance Company of China dated Jan. 1,1981.
5. Certificate of Origin issued by China Council for the Promotion of International Trade.

DESCRIPTION GOODS:

5 500 sets Sewing Machine Art. No. JA-115 packed in wooden cases or cartons each at US$ 64.00 CIF H.K

Drafts drawn under this credit must be marked "drawn under HSBC,H.K.,"bearing the number and date of this credit.

We under take to honor all the drafts drawn in compliance with the terms of this credit if such drafts to be presented at our counter on or before Oct. 31,2003.

SPECIAL INSTRUCTIONS:

(1) Shipment advice to be sent by telefax to the applicant immediately after the shipment stating our L/C No., shipping marks, name of the vessel, goods description and amount as well as the bill of lading No. and date. A copy of such advice must accompany the original documents presented for negation.

(2) The negotiating bank is kindly requested to forward all documents to us(HONGKONG & SHANGHAI BANKING CORPORATION QUEEN'S ROAD CENTERAL,P.O.BOX 64,H.K.)in one lot by airmail.

It is subject to the Uniform Customs and Practice for Documentary Credits (1993) Revision, International Chamber of Commerce Publication No.500.

Yours faithfully

For HONGKONG & SHANGHAI BANKING CORPORATION

图 2.18 信用证

练习 3：信用证审单业务

根据已知信用证指出单据(图 2.19 与图 2.20)中错误的地方。

已知信用证：

SEQUENCE OF TOTAL	27 : 1/1
FORM OF DOCUMENTARY CREDIT	40A : IRREVOCABLE

DOCUMENTARY CREDIT NUMBER	20 : BF070828
DATE OF ISSUE	31C : 070718
DATE AND PLACE OF EXPIRY	31D : DATE 070830 COUNTER OF NEGO BANK.
APPLICANT	50 : JAPAN TOKYO TRADE CORPORATION 378 SAKULA OTOLIKINGZA MACHI TOKYO, JAPAN
BENEFICARY	59 : QINGDAO DONGFENG IMPORT AND EXPORT CO., LTD 51 TAIPING ROAD ,QINGDAO CHINA
CURRENCY CODE,AMOUNT	32B : USD 60 000.00
AVAILABLE WITH …BY…	41D : ANY BANK BY NEGOTIATION
DRAFT AT	42C : AT SIGHT FOR FULL INVOICE VALUE
DRAWEE	42A : FUJI BANK LTD. TOKYO
PARTIAL SHIPMENT	43P : ALLOWED
TRANSSHIPMENT	43T : ALLOWED
LOADING/DISPTCH/TAKING/FROM	44A : QINGDAO CHINA
FOR TRANSPORTATION TO	44B : TOKYO JAPAN
LATEST DATE OF SHIPMENT	44C : 070820
DESCRPT OF GOODS/SERVICES	45A : 50 000 CANS OF MEILING BRAND CANNED ORANGE JAM, 250 GRAM/CAN, AT USD1.2/ CAN CIF TOKYO
DOCUMENTS REQUIRED	46A :

1. SIGNED COMMERCIAL INVOICE IN TRIPLICATE INDICATING ORDER NO. GA0028
2. FULL SET OF CLEAN ON BOARD OCEAN BILLS OF LADING MADE OUT TO ORDER OF SHIPPER AND BLANK ENDORSED AND MARKED FREIGHT PAID AND NOTIFY APPLICANT AND THE ISSUING BANK
3. PACKING LIST IN TRIPLICATE
4. INSURANCE POLICY IN DUPLICATE FOR 110% OF FULL INVOICE VALUE WITH THE CLAIM PAYABLE IN JAPAN IN THE CURRENCY OF THE DRAFT COVERING OCEAN MARINE CLAUSES ALL RISKS AND WAR RISKS AS PER PICC DATE 1/1/1981
5. G.S.P. CERTIFICATE OF ORIGIN FORM A IN TRIPLICATE

ADDITIONAL CONDITIONS

1. REIMBURSEMENT BY TELECOMMUNICATION IS PROHIBITED
2. ALL DOCUMENTS MUST INDICATE THIS L/C NO.

参考资料：

1. COMMODITY: MEILING BRAND CANNED ORANGE JAM
2. QUANTITY: 50 000 CANS
3. PACKING: 100 CANS PACKED IN A CARTON

4. VESSEL: “MAYOR” V.56
5. B/L NO. 216 B/L DATE: AUG. 17, 2007
6. GR. WT: 860KGS NET WT:820 KGS
7. INVOICE NO. YJ156 DATE OF ISSUANCE: AUG. 6,2007
8. MEASUREMENT: 27.600CBM

ORIGINAL

1.Goods consigned from (exporter’s business name, address, country) QINGDAO DONGFENG IMPORT AND EXPORT CO., LTD 51 TAIPING ROAD QINGDAO CHINA	Reference No. (使用出入境检验检疫局编的号码) GENERALIZED SYSTEM OFPREFERENCES CERIFICATE OF ORIGIN (combined declaration and certificate) FORM A Issued in THE PEOPLE’S REPUBLIC OF CHINA (country) See Notes Overleaf
2.Goods consigned to (Consignee’s name, address, country) JAPAN TOKYO TRADE CORPORATION 378 SAKULA OTOLIKINGZA MACHI TOKYO, JAPAN	
3.Means of transport and route (as far as known) SHIPMENT FROM QINGDAO CHINA TO KOBEJAPAN BY VESSEL	4. For official use

5. Item number	6. Marks and num-ber of packages	7. Number and kind of packages descry ption of goods	8. Origin criterion(See Notes overleaf)	9. Gross weight or other quantity	10. Number and Date of invoice
1	N/M	FIVE THOUSAND (5 000) CARTONS OF MEILING BRAND CANNED ORANGE JAM *	“P”	GR. WT：680	NO. Y156 AUGUST 16

11. Certification It is hereby certified on the basis of control carried out, that the declaration by the exporter is correct. 出入境检验检疫局盖章、签字 QINGDAO CHINA AUG. 06, 2007 Place and date, signature and stamp of certifying authority	12. Declaration by the exporter The undersigned hereby declares that the above details and statements are correct; that all the goods were produced in CHINA (country) And that they comply with the origin requirements specified for those goods in the Generalized System of Preferences for goods exported to JAPAN (importing country) 出口人盖章、签字 QINGDAO CHINA AUG. 05, 2007 Place and date, signature and stamp of certifying authority

图 2.19 正本

PICC 中国人民财产保险股份有限公司
青岛市分公司
PICC Property and Casualty Company Limited, Qingdao Branch
货物运输保险单
CARGO TRANSPORTATION INSURANCE POLICY

发票号(INVOICE NO.)Y156　　　　保单号次 RB0096
POLICY NO.

合同号(CONTRACT NO.)

信用证号(L/C NO.)BF070828

被保险人：QINGDAO DONGFENG IMPORT AND EXPORT CO., LTD

Insured:________________

中国人民保险公司(以下简称本公司)根据被保险人的要求，由被保险人向本公司缴付约定的保险费，按照本保险单承保险别和背面所载条款与下列特款承保下述货物运输保险。特立本保险单。

THIS POLICY OF INSURANCE WITNESSES THAT THE PEOPLES INSURANCE COMPANY OF CHINA(HEREINAFTER CALLED "THE COMPANY")AT THE REQUEST OF THE INSURED AND IN CONSIDERATION OF THE AGREED PREMIUM PAID TO THE COMPANY BY THE INSURED, UNDERTAKES TO INSURE THE UNDERMENTIONED GOODS IN TRANSPORTATION SUBJECT TO THE CONDITIONS OF THIS POLICY AS PER THE CLAUSES PRINTED OVERLEAF AND OTHER SPECIAL CLAUSES ATTACHED HEREON

标记 MARKS & NOS.	包装、数量及保险货物项目 QUANTITY AND DESCRIPTION OF GOODS	保险金额 AMOUNT INSURED
N/M	5 000 CARTONS OF MEILING BRAND CANNED ORANGE JAM	USD 60 000.00

总保险金额　US　SIXTY THOUSAND ONLY TOTAL AMOUNT INSURED.

保费：as arranged　　　　启运日期：as per B/L　　　　装载运输工具:"MAYOR" V.56
PREMIUM:　　　　DATE OF　COMMENCEMENT　　PER　NVEYANCE

自　　　　经　　　　至
FROM____QINGDAO________　VIA________________________To　KOBE JAPAN_________

承保险别：
CONDITIONS：
COVERING ALL RISKS AND WAR RISKS　　PICC DATE 1/1/1981

所保货物，如发生保险单项下可能引起索赔的损失或损坏，应立即通知本公司下述代理人查勘。如有索赔，应向本公司提交保单正本(本保险单共有贰份正本)及有关文件。如一份正本已用于索赔，其余正本自动失效。

IN THE EVENT OF LOSS OR DAMAGE WHICH MAY RESULT IN A CLAIM UNDER THIS POLICY, IMMEDIATE NOTICE MUST BE GIVEN TO THE COMPANY'S AGENT AS MENTIONED HEREUNDER. CLAIMS, IF ANY, ONE OT THE ORIGINAL POLICY WHICH HAS BEEN ISSUED IN TWO ORIGINALS TOGETHER WITH THE RELEVENT DOCUMENTS SHALL BE SURRENDERED TO THE COMPANY.

IF ONE OF THE ORIGINAL POLICY HAS BEEN ACCOMPLISHED. THE OTHERS TO BE VOID.

James Rawes & Ca. Lda.
RUA DE JULIO DINIS
891-2e, 4050-327
PORTO, PORTUGAL
Tel:22 6094351/3 & 22 6094921
Fax:22 6068679

中国人民财产保险股份有限公司青岛市分公司
PICC Property and Casualty Company Limited
Qingdao Branch

赔款偿付地点
CLAIM PAYABLE AT ---CHINA IN CNY
出单日期

ISSUING DATE---AUG. 16,2007

签字
Authorized Signature

地址：中国青岛香港中路 66 号 22-23 楼 出单电话(ISSUING POLICY TEL)(0532)85719279
传真(FAX)：(0532)85719299

ADD：22-23/F NO。 66 XIANGGANG ZHONG ROAD QINGDAO， CHINA。
理赔电话(CLAIM DEPT。 TEL)(0532)85719367
传真(FAX)：(0532)85719346 邮编：(POST CODE)：266071 保单顺序号：PICC0301059

图 2.20 中国人民财产保险股份有限公司的货物运输保险单

第3章 国际商务单证模拟实训

知识目标	技能目标
(1) 了解常见收汇单证的基本内容	(1) 学会制作商业发票、装箱单等常见收汇单证
(2) 了解跟单托收业务中各项单据的要求	(2) 学会托收业务下各项商务单证的制作
(3) 了解跟单信用证业务中各项单据的要求	(3) 学会信用证业务下各项商务单证的制作

导言

国际货物买卖双方经过交易磋商，订立具有法律约束力的合同，买卖双方均应按合同规定履行自己的义务。根据《联合国国际货物销售合同公约》的规定，卖方的基本义务是交付货物和单据、转移货物的所有权，买方的基本义务是接收货物、支付货款。合同能否完整地履行以实现预期的经济目的，取决于买卖双方。以不同交易条件订立的合同，履行合同的程序也各不相同。在出口合同的履行过程中包括备货、催证、审证、改证、租船订舱、报关、报验、保险、装船和制单结汇等多种环节。基本上每个环节都要涉及单据的制作，单据制作技能的高低直接影响到各方当事人的权利是否能够顺利实现。该实训内容选择依据国际商务制单中各类不同单据的缮制进行选择。

3.1 常见收汇单证制作实训

3.1.1 实训目的

要求学生通过本次实训，熟悉各英文单据格式，掌握专用词汇、常用句型、缮制要求及惯例。要求学生在熟悉认知各种单据的基础上，能正确填写发票、装箱单、汇票、提单、保险单等单据。要求学生能根据制单软件完成整套外贸单证制作过程，熟悉整个业务流程。

3.1.2 实训内容

1. 商业发票

发票是卖方向买方开立的对所交货物的总说明，是一张发货价目清单。在没有汇票时，出口商可凭发票向进口商收款。发票还是报关纳税的基本依据，也是实施其他管理的基础。而在作为收汇单证之后，发票还有核销外汇的作用，收到外汇后，办理核销时需提供发票。商业发票(Commercial Invoice)由出口企业自行拟制，无统一格式，但基本栏目大致相同。分首文、本文和结文三部分。首文部分包括发票名称、号码、出票日期地点、抬头人、合同号、运输线路等。本文部分包括货物描述、单价、总金额、唛头等。结文部分包括有关货物产地、包装材料等各种证明句、发票制作人签章等。

发票制单要点如下：

(1) 出票人名称、地址等描述必须醒目、正确。

(2) 出票日期及出票的基础信息方面必须注意事项：出票日期不能迟于装运日。如信用证有规定，不能早于信用证的开证日；如果发票的货物涉及不止一个合约的，发票上显示合约号必须包括全部合约。在信用证方式下，必须标明该笔交易中的信用证号码。

(3) 在显示发票抬头人时，必须注意做成信用证的申请人名称、地址。

(4) 运输线路、起运地、目的地必须与其他单据上显示的相一致，并且要打明具体的地名，不要用统称，如信用证中只标明国名，在发票制作时，应打上具体的(除非一些特定交易出运时还未确定目的地)。

(5) 发票上的货物描述部分是发票的中心内容，一般情况下，必须描写具体。

(6) 货物的规格。规格是货物品质、特征的标志，如一定的大小、长短、轻重、精密度、性能、型号、颜色等，一般信用证开列了对规格的要求和条件，所制发票必须和信用证规定完全一致。

(7) 货物的包装、件数和数量。货物的包装、件数和数量，必须在发票中表明，并与其他单据相一致。

(8) 货物重量。出口货物的重量，在单据中是一项不可忽视的内容，除了重量单、装箱单上应注明毛、净重外，商业发票也应打明总的毛重、净重。

(9) 价格条件。发票中的价格条件十分重要，因为它涉及到买卖双方责任的承担、费用的负担和风险的划分问题，另外，也是进口地海关核定关税的依据。

(10) 单价和总值。单价和总值是发票的主要项目，必须准确计算，正确缮打，并认真复核，特别要注意小数点的位置是否正确，金额和数量的横乘、竖加是否有矛盾。

① “约”的容差范围为10%增减。

② 数量的容差范围为5%增减。

(11) 唛头。凡是来证有指定唛头的，必须逐字按照规定制唛。如无指定，出口商可自行设计唛头，唛头一般以简明、易于识别为原则。唛头内容包括名称的缩写、合同号(或发票号)、目的港、件号几部分组成。如货物运至目的港后还要转运到内陆城市的，可在目的港下面加打 IN TRANSIT TO×××或 IN TRANSIT 字样。

(12) 发票上加注各种证明。国外来证有时要求在发票上加注各种费用金额、特定号码、有关证明句，一般可将这些内容打在发票商品栏以下的空白处，大致有以下几种：

① 注明特定号码。如进口证号、配额许可证号码等。

② 缮打证明句。如澳大利亚来证要求加注原料来源证明句，有些国家来证要求加注非以色列证明句等。

(13) 折扣、佣金和预付款。如果信用证要求的发票价格是扣除了折扣、佣金或预付款以后的价格，则应扣除。

(14) 关于“错漏当查”(E & OE)。“E & OE”是 “Errors and Omissions Excepted”的简称。应该注意的是，若发票已经过证实，就不能出现“E & OE”的字样。

(15) 更正处。发票的更正处应盖有签发人的更正章。如果该发票是经领事等签证的，则在更正处一定还要有领事的签字或小签。

(16) 发票份数。提交的份数应与信用证规定的一致，如果信用证中没有特殊要求，其中一份必须是正本。例如，信用证要求“In duplicate”或“In two copies”时，所提供的发票中必须有一张是正本。

(17) 签署。如果信用证没有规定，商业发票不需要签署。当信用证要求“Signed invoice”，这时发票就需要签署；而要求“Manually signed invoice”时，该发票必须是手签。

2. 装箱单

包装单据(Packing Documents)是记载或描述商品包装情况的单据，是商业发票的补充，也是货运单据中一项重要单据。除散装货物外，一般为不可缺少的文件。进口地海关验货、公证行检验、进口商核对货物时，通常都以包装单据为依据，使其了解包装件号内的具体内容，以方便销售。

装箱单一般包括合同号、发票号、出单日期、运输标志、品名、包装规格、包装件数、毛净重等。填写时，必须与货物实际包装相符，并与发票、提单等单据相一致。

缮制包装单据应注意事项：

(1) 包装单据名称应与信用证内规定名称一致。因为包装单据的内容，既包括包装的商品内容，也包括包装的种类和件数，每件毛净重和毛、净总重量，每件尺码和总尺码(体积)，所以无论信用证要求的包装单据是何名称，都应按其规定名称照打。

(2) 净重方面，应列明每件的毛重和净重，小计数及合计数必须与发票和运输单据、产地证、出口许可证的数字相符，对于计价的重量、数字更需注意。

(3) 如果信用证规定要列明内包装情况(Inner Packing)必须在单据中充分表示出来。例如，信用证规定、每件装一胶袋、每打装一盒、每20打装一纸箱，则须注明：“Packing each piece in a poly bag , one dozen in a cardboard box and then 20 dozens in a carton.”

(4) 重量单如冠以Certificate of Weight(重量证明)的，以加注“We certify that the weights are true and correct”的证明句为好。

(5) 装箱单据一般不应显示货物的单、总价。因为进口商把商品转售给第三者时只要交付包装单和货物，不愿泄漏其购买成本。

(6) 为了符合信用证不接受联合单据的要求，可以利用装箱单分别冠以重量单、尺码单等不同名称的方法，一次缮制，按照信用证规定的份数分别提供给银行。

(7) 与其他单据的关联性。必须与其他单据相关联，如显示发票号码等。

(8) 货物描述，可以与信用证中的货物描述一致，也可以使用货物统称，但不得与信用证规定的货物描述相抵触。

(9) 签署。如信用证无特别规定，装箱单、重量单或尺码单无签署。

3. 汇票

结汇单证中的汇票，指用于托收和信用证收汇方式中，出口商向进口商或银行签发的，要求后者即期或在一个固定的日期或在可以确定的将来时间，对某人或某指定人或持票人支付一定金额的无条件的书面支付命令。

由于汇款方式中出口商无须提供汇票，以下主要是介绍托收和信用证业务中，由出口商或受益人签发的商业汇票的缮制。以下是缮制要点。

(1) 出票条款，又称出票根据，信用证汇票必须有出票条款，说明与某银行某日期开出的某号信用证的关系。

(2) 出票地点及出票日期。

(3) 金额。汇票的金额和币制，必须准确无误，金额不得模棱两可，并应注意以下各点：

① 如信用证没有特别规定，其金额应与发票金额一致。托收的汇票金额和发票金额一般均应一致。

② 如信用证规定汇票金额为发票金额的百分之几，如 97%，那么发票金额应为 100%，汇票金额为 97%，其差额 3%，一般为应付的佣金。

③ 如信用证规定以贷记通知单又称贷项通知单(Credit Note)扣应付佣金的，那么发票金额开 100%，而汇票金额应是发票金额减去贷记通知单金额后的余额。

④ 如信用证规定部分信用证付款，部分托收，应分做两套汇票：信用证下支款的按信用证允许的金额支取，以银行为付款人；托收部分的以客户为付款人，发票金额是两套汇票相加的和。

⑤ 汇票商的金额小写和大写必须一致。汇票金额不得涂改，不允许加盖校正章。汇票的小写金额，由货币符号和阿拉伯数字组成，如 1 005.30 美元则写为 USD 1 005.30。汇票的大写金额，由货币名称和文字组成。

(4) 付款期限，是汇票的重要项目，凡没有列明付款期限的汇票，根据票据法应认为无效。按照不同的付款期限，一般可采用下列方式缮制：

① 即期付款。在汇票上的付款期限处，加打“*”或“－”，如 AT***SIGHT，AT-SIGHT。

② 远期付款。在汇票上的付款期限处，加打远期天数和起算期，如 AT 30 DAYS AFTER SIGHT，如为 90 DAYS AFTER B/L DATE，在汇票空白处应注明提单的具体日期，以便当汇票与其他单据分开时，也能从汇票上计算出到期日。假远期的，需要在汇票上注明远期天数。

③ 定期付款。则应填上将来具体的付款到期日，如 AT 31 DEC. 2003 FIXED，并将汇票上的“SIGHT”划去。

(5) 受款人，又称收款人，也称汇票抬头人。

(6) 付款人，又称受票人，一般都位于汇票的左下角，即“TO(付款人)”。

(7) 出票人，一般位于汇票右下角。通常为出口人或信用证的受益人。应具企业全称和负责人的签字盖章。

4. 海运提单

提单(Bill of Lading)，是用以证明海上货物运输合同和货物已由承运人接收或装船，以及承运人保证据以交付货物的单证。根据提单中载明的向记名人交付货物，或者按照指示人的指示交付货物，或者向提单持有人交付货物的条款，构成承运人据以交付货物的保证。

提单的内容一般有正反两面内容。正面记载的内容有：船名、航次、提单号、承运人名称、托运人名称、收货人名称、通知人名称、装货港、卸货港、转运港、货物名称、标志、包装、件数、重量、体积、运费支付、提单签发日、提单签发地点、提单签发份数、承运人或船长或其授权人的签字或盖章。除此以外，提单正面一般还有确认条款：经承运人签发的提单是有效的，承运人承诺按照提单条款的规定，承担义务和享受权利，公平地也要求货主承诺接受提单条款规定，承担义务和享受权利。签署条款：承运人签发的正本提单份数，具有相同法律效力，提取货物时必须交出经背书的一份正本提单，其中一份完成提货后，其余各份自行失效。

提单背面印有许多格式条款，如承运人赔偿责任条款、承运人的运价本条款、通知与支付条款、承运人的集装箱条款、托运人的集装箱条款、索赔通知与时效条款、运费与附加费条款、共同海损与救助条款、管辖权条款和新杰森条款等。

提单的缮制规范如下：

(1) 托运人(Shipper)。此栏填写托运人的全称、街名、城市、国家名称，并填写联系电话、传真号。在信用证结汇方式下，托运人一般按信用证的受益人(Beneficiary)内容填写。若信用证没有特别规定可以是任何人。

(2) 收货人(Consignee)。此栏填写收货人的全称、街名、城市、国家名称，并填写联系电话、传真号。必须与信用证规定的一致。

① 收货人可以不记名，如果提单的“收货人”一栏只填写“To Order”或“To Order of Shipper”则称为托运人指示提单。在托运人未指定收货人或受让人以前，货物仍然属于托运人。

② 如果提单的“收货人”一栏填写“To Order of ×××”，则称为记名指示提单。

③ 收货人可以记名，填写实际收货人，也可以是货运代理人。通常，货主委托其货运代理托运并且运费到付时，承运人提单上收货人是货运代理人，货代提单上收货人是实际收货人。

④ 承运人不接受一票货物有两个或两个以上收货人。如果实际业务中有两个或者两个以上收货人，托运单中收货人栏内填写第一收货人，通知栏填写第二收货人。

(3) 通知人(Notify Party)。几乎所有的提单上都有通知人名称这一项，但在记名提单上就没有必要填写通知人了。因此这时可以填写“Same as Consignee”。

① 通知人有时是作为预定收货人、第二收货人或代理人。

② 通知人必须与信用证规定的完全一致。如果信用证没有规定，此栏可以不填，即使已经填写了内容，银行也可以接受但不必进行审核。

(4) 收货地(Place of Receipt)。此栏填报实际收货地点，如工厂、仓库等。在一般海运提单中，没有此栏目，但是在多式联运提单中就有此栏目。

(5) 装运港(Port of Loading)。此栏填写实际货物被装运上船舶的港口全称，必要时加上港口所在国家(地区)的名称。必须与信用证规定的装货港一致。

(6) 船名(Name of the Vessel)。

① 若是已装船提单，须注明船名和航次。若是收货待运提单，待货物实际装船完毕后再填写船名。该项记载的意义有多方面：便于购买保险、便于跟踪查询、便于发生合同纠纷法院有确定的客体，可采取诉讼保全等。

② 根据UCP 600，如果提单没有表明信用证规定的装货港为装货港，或者载有“预期的”或类似的关于装运港的限定语，则需以已装船批注表明信用证规定的装货港、发运日期以及实际船名。即使提单以事先印就的文字表明了货物已装载或装运于具名船只，本规定仍适用。

③ 根据UCP 600，如果提单载有“预期船只”或类似的关于船名的限定语，则需以已装船批注明确发运日期及实际船名。

④ 此栏必须填写船名和航次(Voy. No)，如没有航次，允许航次空白。

(7) 转运港(Port of Transshipment)。就提单而言，转运系指在信用证规定的装货港到卸货港之间的运输过程中，将货物从一船卸下并再装上另一船的行为。发生转运时，填写转运港名称，必要时加注所在国家名称。

(8) 卸货港(Port of Discharge)。此栏填写实际货物被卸离船舶的最终港口全称，必要时加上港口所在国家(地区)的名称。

(9) 交货地(Place of Delivery)。根据实际情况填写具体的交货地名称。如果收货地与交货地都空白，就是海运提单，而不是多式联运提单。

(10) 签发的提单份数(Number of Original B/Ls)。

此栏填写签发的提单份数，与海运托运单相应栏目填法相同。

(11) 提单编号(B/L No)。提单编号一般按装货单上的关单号填写在提单规定的此栏内。不同船公司有不同的提单编号组成规则。通常，提单编号由代表船公司名称的英文代码，加上装货港英文代码或目的港英文代码，或加上代表该航次数字和订舱顺序号数字等组成。提单编号是查询、报检、报关、跟踪货物、收运杂费、归档等环节中不可缺少的一项重要内容。

(12) 标记与号码，箱号与封志号(Marks & Nos，Container/Seal No)。

① 封志号(Seal No)是发货人装箱完毕后在集装箱箱门上加封封志的号码，此号码是唯一的。一般在提单上显示封志号，托运单上不填报。收货人提货时应检查封志号，如果实际货箱上封志号与提单载有的封志号相一致，表示该集装箱门未曾被开启。

② 常用的封志有承运人规定的“专用封志”和非规定的“普通封志”两大种类。一般一个集装箱加封一个封志，必要时可以同时使用两个封志，允许一个集装箱有两个封志。

③ 如果遇到海关开箱查验，通常会发生更换封志的情况，这时托运人必须将更换后新的封志号显示在提单上，同时作废旧的封志号。

④ 此栏填报的标记与号码应与实际货物外包装上正面唛头的全部内容完全一致，包括数字、字母和简单图形。

⑤ 如果货物外包装上的唛头内容较多而无法在有限空间的本栏目中显示，一般承运人接受“贴唛”，但提单贴唛处须盖上与“签单章”一致的骑缝章。

⑥ 托运单上的唛头与实际货物唛头不一致时，承运人或海关都可以认为是货单不一致而拒绝放行或装运。

⑦ 提单上的标记、号码应与信用证和其他单据中的唛头一致。若没有唛头时，用“N/M”表示，不得空白。

⑧ 托运时，一般箱封号可以不填，但在提单上必须填报每一个集装箱的箱号、封志号。

(13) 箱数与件数(No.of Pkgs or Shipping Units)。此栏填制装入集装箱内货物的外包装件数和集装箱件数。

(14) 货物名称与包装种类(Description of Goods and Pkgs)。本栏填写符合信用证或合同的，与实际货物的名称规格型号成分品牌等相一致的货物名称和包装种类。

这部分内容相当重要，一方面提单受让人是根据提单中对货物的描述来判断接受货物、支付货款的；另一方面是出口方向海关申报放行的主要内容，也是出口企业取得海关退税证明联的主要内容。因此严格做到品名、包装、数量等“单单一致”、“单证一致”、“单货一致”有实际的重要意义。此栏中，有时还打上信用证号码，以示重视，并利于银行审单结汇。

(15) 毛重(Gross Weight)。此栏填报实际货物的毛重，以千克为计量单位。当货物没有毛重只有净重时，可以在毛重栏目内加注净重 “N.W ××× KGS”，不允许空白。

(16) 体积(Measurement)。此栏填写货物的体积，按实际填写，一般以立方米(GBM)为计量单位。

(17) 总箱数/货物总件数(Total Number of Container and/or Packages in Words)。此栏用英文大写字母来填写集装箱的总箱数或货物的总件数。在件数前面须加上“SAY”字样，在件数结尾后加上“ONLY”字样。例如，35 CTNS，填：“SAY THIRTY FIVE CARTONS ONLY。”

(18) 控制温度指令(Temperature Control Instruction)。如果为冷藏集装箱，此栏填写要求的冷藏温度。

(19) 运费的支付(Payment of Freight)。运费(Freight)是由托运人对承运人安全运送和交付货物，对承运人支付的一种酬劳，也是合同成立的对价条件。因此，有关运费由谁付，何地支付，都应在托运单上注名。一般显示“FREIGHT PREPAID”为托运人支付；“FREIGHT COLLECT”为收货人支付。根据提单条款规定，对于拒绝支付和拖欠运费及有关费用，承运人享有留置权。

(20) 货物价值申报(Excess Value Declaration)。如果托运人有货物价值向承运人申报，可填写在此栏内。

(21) 已装船批注、装船日期、装运日期(Shipped On Board the Vessel，Date，Signature)。根据 UC P600，通过以下两种方式表明货物已在信用证规定的装货港装上具名船只：

① 提单上预先印就“已装船(On Board)”文字或相同意思，如“Shipped on board the vessel named here in apparent good order and condition…”或“Shipped in apparent good order and condition…”，这种提单通常被称为“已装船提单”，不必另行加注“已装船”批注，提单的签发日期就是装船日期和装运日期。

② 如果提单载有“预期船只”或类似的关于船名的限定语，则需以已装船批注明确发运日期以及实际船名。通常这种提单被称为“收妥备运提单”，提单上加注“已装船”的批注，并在旁边显示装船日期即为发运日期，而提单的签发日期不能视作装船日期和发运日期。

(22) 签发的提单日期和地点(Place and Date of Issue)。提单的签发日应该是提单上所列货物实际装船完毕的日期，应该与收货单上大副所签的日期是一致的。若违反这一原则，无论是提前还是推迟，都将产生外贸合同中买卖双方、运输合同中的承运人与货方的法律责任问题，不仅会导致贸易合同撤销的责任方的赔偿，而且可能会追究承运人签发倒签提单或预借提单的法律责任。

提单签发的地点原则上应是装货地点，一般情况能够在装货港或货物集中地签发。

① 签发地点一般是装货港的所在地，如与该地不一致，银行也可以接受。

② 每张提单必须有签发日期。

(23) 承运人或承运人代理人签字、盖章(Sign or Authenticate)。根据 UCP 600，无论名称如何，须表明承运人名称并由下列人员签署证实：

① 承运人或具名代理人。

② 船长或具名代理人。

③ 承运人、船长或代理人的任何签字必须标明其承运人、船长或代理人的身份。

④ 代理人的任何签字必须标明其系代表承运人还是船长签字。

(24) 目的港提货代理(F/Agent Name for Delivery)。此栏填写承运人或代理人在目的港提货点联系的代理名称，包括地址、电话、传真等。

(25) 单据名称(Title)。根据 UCP 600，提单，无论名称如何，表明承运人名称并由承运人、船长或其具名代理人签署的，表明货物已在信用证规定的装货港装上具名船只并从信用证规定的装货港发运至卸货港的运输单据，都被银行接受。

(26) 清洁提单(Clean B/L)。清洁提单是指承运人对货物表面状况未载有明确宣称“货物或包装有缺陷”的条款或批注。根据 UCP 600 第 27 条规定，银行只接受清洁运输单据。“清洁”一词并不需要在运输单据上出现，即使信用证要求运输单据为“清洁已装船”的。

另外关于提单的背书与转让，按国际惯例：记名提单，不得转让；不记名提单，无需背书即可转让，此单提货时的盖章、签字仅仅是记载提货的表示；指示提单，必须经过记名背书或空白背书才可以转让，此单提货时的盖章、签字才是真正意义上提单的背书。

5. 航空货运单

航空货运单是航空公司或其代理人(承运人)签发给发货人表示已收妥货物并接受托运的收货凭证，也是托运人和承运人之间为在承运人的航线上运输货物所订立合同的证据，但它不是物权凭证，既不能背书转让，也不能凭以提货。

航空货运单填制规范：

(1) 货运单号码(The Air Way Bill Number)。货运单号码是印制在每一份运单的左上角和右下角上，由 11 位数字组成的号码。其中前 3 位数字表示航空公司的数字代号。例如，马航 232-、港龙 043-、129-马丁航空。后 7 位数字表示货运单序号。最后第八位是检验号，是前 7 位数字对 8 取模的结果。例如，总运单号 129-4 2378011，其中第八位“8”是检测号，第 4 位和第 5 位之间空一格。

(2) 托运人姓名、地址、电话号码(Shipper’s Name，Address & Tel. No.)。此栏填列托运人的全称、街名、城市、国家名称、电话、电传、传真号。

(3) 收货人姓名、地址、电话号码(Consignee’s Name，Address & Tel No.)。此栏填列收货人的全称、街名、城市、国家名称、电话、电传、传真号。

(4) 填开货运单的代理人名称和城市(Issuing Carrier Agent Name & City)。本栏所填写的填开货运单的代理人名称和所在城市。例如，由航空公司代理人 SUNSHINE TRANS INTERNATIONAL LTD。(SHANGHAI)填开货运单，则在此栏内填该司名称

Issuing Carrier Agent Name & City

SUNSHINE TRANS INTERNATIONAL LTD。(SHANGHAI)

(5) 填开货运单代理人的 IATA 代码(Agent’s IATA Code)。本栏所填写的填开货运单的代理人名称，规范填写“代理人代码”/“城市代码”。例如，JHJ/SHA 表示由上海锦海捷亚货运代理公司填开货运单。

Agent’s IATA Code

JHJ/SHA

(6) 始发站(Airport of Departure)。填写始发站机场的名称，用英文全称，不得简写。

① 在始发站机场的全称不清楚的情况下，允许填写始发站所在城市名称。

② 相同城市的不同国家，还需要填写国家名称。

根据 UCP 600 规定，空运单必须表明信用证规定的起运机场和目的地机场。

填写具体起飞机场的名称或代码，或起飞机场所在地城市名称。如信用证规定“From any Chinese airport”，则在空运单的起运机场处应显示具体的起运机场，如“SHANGHAI AIRPORT”或用代码表示“PVG”。

(7) 目的港(Airport of Destination)。此栏填写最后目的站机场或第一中转机场的 IATA 三字代码。

(8) 第一承运人(By First Carrier)。本栏由航空公司安排舱位后使用。一般填写第一程航班号。例如，填写“MU501”表示第一程由中国东方航空公司 MU501 航班承运。

(9) 转运(To/By)。本栏由航空公司安排舱位后使用，一般填写续程航班、日期、中转港。

(10) 财务说明(Accounting Information)。本栏填制有关财务说明事项。一般填写内容如下。

① 付款方式：现金(Cash)、支票(Check)、旅费证(Miscellaneous Charges Order，MCO)等。

② 用旅费证付款时，还需填上 MCO 号码，旅客客票号码、航班、日期等。

③ 货到目的地无法交付而被退运时，将原运单号填在新运单的本栏中。

④ 货物飞离后运费更改，将更改通知单单号(CCA NO)填在本栏中。

⑤ 运费支付方式：预付(Freight Prepaid)或到付(Freight Collect)。

(11) 货币(Currency)。本栏填制始发站所在国家的货币代号，按国际 ISO 标准组织颁发的。例如，CNY——人民币，USD——美元，HKD——港元。

(12) 运费代码(CHGS Code)。本栏一般不需要填写，仅供电子传送货运单信息时用。

(13) 运费(WT/VAL)。根据付款方式填写。预付在起飞港支付，到付在目的港支付。在 PP 的下方打“×”表示预付；在 CC 的下方打“×”表示到付。

(14) 杂费(Other)。根据付款方式填写。预付在起飞港支付，到付在目的港支付。在 PP 的下方打“×”表示预付；在 CC 的下方打“×”表示到付。

(15) 供运输用声明价值(Declared Value for Carriage)。填写托运人向承运人办理货物声明价值的金额。若托运人不办理货物声明价值，此栏必须打上“NVD(No Value Declaration)”字样。

(16) 供海关用申明价值(Declared Value for Customs)。填写托运人向海关申报的货物价值。托运人不办理此项声明价值，必须打上“NCV(No Customs Value)”字样。

(17) 要求航班日期(Requested Flight Date)。本栏由航空公司安排舱位后使用。填写托运人已经定妥的航班/日期，如有续程，填写定妥续程的航班/日期。

根据 UCP 600 规定，空运单据出具日期将被视为发运日期，除非空运单据载有专门批注注明实际发运日期，此时批注中的日期将视为发运日期。

(18) 处理事项(Handling Information)。此栏一般填写内容如下。

① 如果是危险品，有两种情况。

需要附托运人危险品申报单时，本栏一般打上以下字样：“Dangerous Goods as per Attached Shipper’s Declaration”。

不需要附托运人危险品申报单时，本栏一般打上以下字样：“Shipper’s Declaration Not Required”。

② 除收货人外，另请通知人的名称、地址、国家、电话、传真号码等。

③ 货运单有随机文件的，显示文件名称。例如，“Attached Files Including Commercial Invoice，Packing List，Form A”。

④ 货物上的标志、号码、包装方法等。

⑤ 货物所需要的特殊处理，如：未完税交付“DDU”、完税交付“DDP”等。

⑥ 海关规定的其他事项。

(19) 保险价值(Amount of Insurance)。承运人向托运人提供代办货物保险时，打上货物的投保金额。中国民航不代理国际货物运输保险，此栏必须打上“×××”或“NIL”字样。

(20) 海关信息(Special Customs Invoia，SCI)。填写海关信息，仅在欧盟国家之间运输货物时使用。

(21) 件数和包装方式(No. of Pieces RCP)。填写货物的件数，包装种类。如果使用的货物运价种类不同时，应分别填写，并将总件数相加，包装种类用“PACKAGE”。

(22) 毛重(Gross Weight)。与件数相对应，填写货物实际毛重，重量计量单位为“千克(KG)”或“磅(L)”。

① 以千克为单位时，保留小数后一位，并按 0.5 进位。

② 多项货物时，在下方对应栏内打上毛重之和。

(23) 运价种类(Rate Class)。填写所采用的货物运价种类的代号。见表 3-1。

表 3-1　货物运价种类代号

运价代码	运价英文名称	运价中文名称
M	Minimum	最低运费
N	Normal Rate	45 千克以下普通货物运价
Q	Quantity Rate	45 千克以上普通货物运价
C	Special Commodity Rate	指定商品运价
R	Class Rate Reduction	等级货物附减运价
S	Class Rate Surcharge	等级货物附加运价
U	Unit Load Device Basic Charge or Rate	集装化设备基本运费或运价
E	Unit Load Device Additional Rate	集装化设备附加运价
X	Unit Load Device Additional Information	集装化设备附加说明
Y	Unit Load Device Discount	集装化设备折扣

(24) 商品品名代号(Commodity Item No.)。

① 在使用指定商品运价时，打印指定商品品名代号。例如，水果蔬菜打印“0007”。

② 在使用等级货物运价时，打印附加或附减的比例。例如，书报等减 67%打印“N67”。

③ 如果是集装箱货物，打印集装箱货物运价等级。

(25) 计费重量(Chargeable Weight)。填写据以计收航空运费的货物重量：

① 可以是货物的实际毛重，当货物是重货时。

② 可以是货物的体积重量，当货物是轻泡货时。

③ 可以是较高重量较低运价的分界点的重量。

(26) 费率(Rate)。填写所适用的货物运价：

① 当使用最低运费时，填与运价代号“M”相对应的最低运费。

② 当使用代号“N”、“Q”、“C”运价代号时，填写相对应的运价。

③ 当货物为等级货物时，填写与运价“S”、“R”对应的附加、附减后的运价。

(27) 航空运费(Total)。填写根据货物运价和货物计费重量计算的航空运费额。

(28) 货物品名和数量(Nature & Quantity of Goods Invl. Dimensions or Volume)。填写货物的具体名称和数量。

(29) 签单日期(Executed on Date)。填写出具空运单据的日期，按年，月，日顺序填写。

(30) 签单地点(Executed at Place)。填写填开货运单的地点。

(31) 承运人或其代理人签字、盖章。根据 UCP 600 规定，空运单据由以下人员签署和证实：

① 承运人，或承运人的具名代理人。

② 承运人或其代理人的任何签字必须标明其承运人或代理人的身份。

③ 代理人签字必须标明其系代表承运人签字。

(32) 单据名称(Title)。根据 UCP 600 规定，空运单据，无论名称如何，必须标明承运人名称，并由承运人或承运人的具名代理人签署和证实，表明货物已被收妥待运，表明出具日期和表明信用证规定的起飞机场和目的地机场。

(33) 装运条款(Shipment Terms)。空运单表面必须表明“货物已被接受托运(the goods have been accepted for carriage)”的字样。

6. 保险单

由于国际贸易中，出口商将货物送抵进口商需经过长途运输，中途多次搬运有可能受到自然灾害、意外事故或外来因素导致的货损。为了减少风险，避免损失，往往需要对货物投保运输险，由保险公司承担货物运输途中的损失赔偿。投保后，投保人得到代表保险合同的保险单，保险的目的可概括为补偿损失、分散风险、预防损失。

目前在我国进出口业务中应用的保险单据主要有以下几种。

1) 保险单

保险单(Insurance Policy)又称大保单，它是中国人民保险公司应用于各类海上货物运输保险的标准保险单。

由于海上保险单在我国的保险经营中使用得最为广泛，其内容是比较详尽的。保险单的正面印制了海上保险所需的基本事项，包括被保险人和保险人名称；保险标的名称、数量、包装；保险金额、保险费率和保险费；运输工具开航日期、装运港和目的港；承保险别；检验理赔人或代理人名称；赔款偿付地点；合同签订日期等。而保险单的背面则列明了保险条款，规定保险人与被保险人的各项权利和义务、保险责任范围、除外责任、责任起讫、损失处理、索赔理赔、保险争议处理、时效条款等各项内容。

2) 保险凭证

保险凭证(Insurance Certificate)实质上是一种简化的保险单，用以证明海上货物运输保险合同的有效存在，保险凭证与海上保险单具有同等的法律效力，故又被称为小保单。

保险凭证正面所列内容与海上保险单是一样的。但是，其背面是空白的，没有载明保险条款，而在正面声明以海上保险单所载条款为准。

3) 预约保险单

预约保险单(Open Policy)是保险人与被保险人双方预先签订的、较长期限的一揽子保险合同，合同规定了保险货物的范围、险别、责任、费率和保单范围内的货物一经装运，保险公司自动承保。

用于出口货物的预约保险单，要求出口公司在预约保险合同范围内的出口货物装船出运之前，填制“出口货物装运通知”，将该批出口货物的保险项目通知保险公司，中国人民保险公司据此签发保险凭证。出口公司若因疏漏而未通知的，均应补办保险。补办时货物若已受损的，保险公司仍予赔偿。

用于进口货物的预约保险单，要求进口公司在收到出口商的“装船通知”后，应当填制“国际运输起运通知书”给保险公司。中国人民保险公司据此自动承保。如果进口公司未通知的应予补报，则仍自货物装船时开始享受保险公司的保险保障。

4) 保险批单

保险批单(Endorsement)是保险公司在保险单出立后，根据投保人的需求，对保险内容补充或变更而出具的一种凭证。批单是保险单的组成部分。

保险单据应按信用证规定的内容提交。如信用证规定提交保险单，则只能接受保险单；如信用证规定是预约保险下的保险证明/声明，则保险单可做替代。除非信用证特别授权，暂保单是不能被接受的。无论哪种格式，都包括以下这些主要内容：投保人名称；发票号码和标记；包装及数量(件数)；货物名称；保险金额；运输工具；开航日期；赔付地及币值；运输路程；承保险别；投保单位签章和投保日期。

3.1.3 实训要求

(1) 通过此次实践环节，学生了解一笔出口业务中制单的基本流程。

(2) 掌握汇票、发票、装箱单、海运提单、空运单、保险单及其他收汇单证的缮制。

3.1.4 实训材料

1. 信用证样本

ADVISING BANK: BANK OF COMMUNICATIONS SHANGHAI(HEAD OFFICE)
OPENING BANK: BANGKOK BANK PUBLIC COMPANY LIMITED，BANGKOK

SEQUENCE TOTAL	*	27	1/1
FORM DOC CREDIT	*	40A	IRREVOCABLE
DOC CREDIT NUM	*	20	0011LC123756
DATE OF ISSUE		31C	001103
DATE/PLACE EXPIRY	*	31D	Date 010114 Place BENEFICIARIES' COUNTRY
APPLICANT	*	50	MOUN CO., LTD. NO.443, 249 ROAD BANGKOK THAILAND
BENEFICIARY	*	59	SHANGHAI FOREIGN TRADE CORP . SHANGHAI, CHINA
CURR CODE, AMT	*	32B	Code USD Amount 18 000.00
AVAIL WITH BY	*	41D	ANY BANK IN CHINA BY NEGOTIATION
DRAFTS AT		42C	SIGHT IN DUPLICATE INDICATING THIS L/C NUMBER

DRAWEE	43D	ISSUING BANK
PARTIAL SHIPMTS	43P	NOT ALLOWED
TRANSSHIPMENT	43T	ALLOWED
LOADING ON BRD	44A	CHINA MAIN PORT, CHINA
TRANSPORT TO	44B	BANGKOK, THAILAND
LATEST SHIPMENT	44C	001220
GOODS DESCRIPT.	45A	
		2 000 KGS. ISONIAZID BP98 AT USD 9.00 PER KG. CFR BANGKOK
DOCS REQUIRED	46A	
		DOCUMENTS REQUIRED: +COMMERCIAL INVOICE IN ONE ORIGINAL PLUS 5 COPIES INDICATING F.O.B. VALUE, FREIGHT CHARGES SEPARATELY AND THIS L/C NUMBER, ALL OF WHICH MUST BE MANUALLY SIGNED. +FULL SET OF 3/3 CLEAN ON BOARD OCEAN BILLS OF LADING AND TWO NON-NEGOTIABLE COPIES MADE OUT TO ORDER OF BANGKOK BANK PUBLIC COMPANY LIMITED, BANGKOK. MARKED FREIGHT PREPAID AND NOTIFY APPLICANT AND INDICATING THIS L/C NUMBER. +PACKING LIST IN ONE ORIGINAL PLUS 5 COPIDIES, ALL OF WHICH MUST BE MANUALLY SIGNED. +CERTIFICATE OF ANALYSIS IN ONE ORIGINAL PLUS ONE COPY.
DD. CONDITIONS	47A	
		ADDITIONAL CONDITION: A DISCREPANCY FEE OF USD 50.00 WILL BE IMPOSED ON EACH SET OF DOCUMENTS PRESENT ED FOR NEGOTIATION UNDER THIS L/C WITH DISCREPANCY. THE FEE WILL BE DEDUCTED FROM THE BILL AMOUNT.
CHARGES	71B	
		ALL BANK CHARGES OUTSIDE THAILAND INCLUDING REIMBURSING BANK COMMISSION AND DISCREPANCY FEE (IF ANY) ARE FOR BENEFICIARIES' ACCOUNT.

相关资料：

发票号码：SHE 02/1845	发票日期：2000 年 11 月 26 日
提单号码：SCOISG7564	提单日期：2000 年 11 月 29 日
船名：JENNY V.03	装运港：上海港
货物装箱情况：50KGS/DRUM	总毛重：2 200KGS
集装箱：1×40’ FCL CFS/CFS UXXU4240250 0169255	运费 ：USD 160.00 制单人：李文

(1) 本信用证中要求出具正本清洁已装船海运提单几份？“Shipper”、“Consignee”、“Notify”分别是谁？

(2) 把下列发票(图 3.1)中标有(1)～(5)的地方填写完整。

SHANGHAI FOREIGN TRADE CORP.
SHANGHAI, CHINA

COMMERCIAL INVOICE

MESSERS: (1)________

INVOICE NO : SHE 02/1845
INVOICE DATE : NOV. 26, 2000
L/C NO. : 0011LC123756
L/C DATE : NOV. 03, 2000

SHIPPED BY JENNY V.03 FROM (2)________ TO (3)________

MARKS AND NUMBERS	QUANTITIES AND DESCRIPTIONS	UNIT PRICE	AMOUNT
	2 000KGS		CFR BANGKOK
N/M	ISONIAZID BP98	USD 9.00/KG	USD 18 000.00

PACKED IN 50KGS/DRUM

N.W. :2 000.00KGS
G.W. :2,200.00KGS
40 DRUMS
L/C NO. 0011LC123756
(4)________
(5)________

SHANGHAI FOREIGN TRADE CORP.

图 3.1 商业发票

(3) 根据信用证要求填写下列汇票(图3.2)。

汇　票
BILL OF EXCHANGE

凭

Drawn under ______

信用证　　　　第　　　号

L/C　　　　No. ______

日期　　　年　　月　　日

Dated ______

按　　　　　息　　　　　付款

Payable with interest @ ______ % per annum

号码　　　　　汇票金额　　　　　上海　　　年　　月　　日

No. ______ Exchange for ______

见票　　　　　日后(本汇票之副本未付)付

At ****** sight of this **FIRST** of Exchange (Second of exchange being unpaid)

Pay to the order of BANK OF COMMUNICATIONS SHANGHAI(HEAD OFFICE) 或其指定人 ______

______

金额

The sum of UNITED STATES DOLLARS EIGHTEEN THOUSAND ONLY

此致

To BANGKOK BANK PUBLIC COMPANY

LIMITED BANGKOK

______

SHANGHAI FOREIGN CORP.

AUTHORIED SIGNATURE

图3.2　汇票

(4) 根据信用证要求填写下列装箱单(图 3.3)。

SHANGHAI FOREIGN TRADE CORP.
SHANGHAI, CHINA

PACKING LIST

Exporter:________________ Date:____________________

Invoice No.:______________

To:____________________ Transport Details:__________

标记 SHIPPING MARKS	件数 QUANTITY	货名 DESCRIPTION OF GOODS	净重 NET WEIGHT	毛重 GROSS WEIGHT

TOTAL:

SHANGHAI FOREIGN TRADE CORP.

SIGNATURE

图 3.3 装箱单

2. L/C 样本

Form of Doc. Credit	*40A	: IRREVOCABLE
Doc. Credit Number	*20	: LC-410-046405
Date of Issue	31C	: 981022
Expiry	*31D	: Date 990115 Place CHINA
Applicant	*50	: SUMITOMO CORPORATION
Beneficiary	*59	: GUANGDONG YUE FENG TRADING CO. NO.31 ZHEN AN ROAD GUANGZHOU, CHINA
Amount	*32B	: Currency USD Amount 95，200.00
Pos. / Neg. Tol.(%)	39A	: 5/5
Available with /by	*41D	: ANY BANK BY NEGOTIATION

Draft at …… 42C : DRAFTS AT SIGHT FOR FULL INVOICE VALUE

Drawee 42A : SAIBJPJT

*ASAHI BANK LTD, (FORMERLY THE

*KYOWA SAITAMA BANK , LTD.)

*TOKYO

Partial Shipments 43P : ALLOWED

Transshipment 43T : ALLOWED

Loading in Charge 44A :

SHIPMENT FROM CHINESE MAIN PORT

For Transport to 44B :

OSAKA, JAPAN

Latest Date of Ship. 44C : 981231

Descript. of Goods 45A :

HALF DRIED PRUNE 1998CROP

GRADE	SPEC		QNTY (CASE)	UNIT PRICE (USD/CASE)	
A	L:700CASE	M:700CASE	1 400	26.0	CFR OSAKA
B	L:1 400CASE	M:1 400CASE	2 800	21.0	CFR OSAKA

PACKING: IN WOODEN CASE, 12KGS PER CASE

TRADE TERMS: CFR OSAKA

Documents required 46A :

+2/3 SET OF CLEAN ON BOARD OCEAN BILLS OF LADING MADE OUT TO ORDER OF SHIPPER AND BLANK ENDORSED AND MARKED “FREIGHT PREPAID” AND “ NOTIFY SUMITOMO CORPORATION OSAKA.”

+MANUALLY SIGNED COMMERCIAL INVOICE IN TRIPLICATE(3) INDICATING APPLICANT’S REF. NO. SCLI-98-0474 .

+PACKING LIST IN TRIPLICATE(3) .

+MANUALLY SIGNED CERTIFICATE OF ORIGIN IN TRIPLICATE(3)

+BENEFICIARY’S CERTIFICATE STATING THAT CERTIFICATE OF MANUFACTURING PROCESS AND OF THE INGREDIENTS ISSUED BY GUANGDONG YUE FENG TRADING CO., SHOULD BE SENT TO SUMITOMO CORP ESCLZ SECTION.

+CERTIFICATE OF WEIGHT AND QUALITY IN TRIPLICATE.

Additional Cond. 47A :

1. INSURANCE TO BE EFFECTED BY BUYER .
2. TELEGRAPHIC REIMBURSENMENT CLAIM PROHIBITED .
3. 1/3 ORIGINAL B/L AND OTHER SHIPPING DOCUMENTS MUST BE SENT DIRECTRY TO APPLICANT SUMITOMO CORP ESCLZ SECTION IN 3DAYS AFTER B/L DATE. AND SENT BY FAX.
4. AMOUNT AND QNTY 5PCT MORE OR LESS ALLOWED.
5. THIS COMMODITY FREE FROM RESIN.

Details of Charges 71B : ALL BANKING CHARGES OUTSIDE JAPAN ARE FOR ACCOUNT OF BENEFICIARY

Presentation Pariod 48 : DOCUMENTS TO BE PRESENTED WITHIN 15 DAYS AFTER THE DATE OF SHIPMENT, BUT WITHIN THE VALIDITY OF THE CREDIT.

有关资料：

发票号码：98IN-C314，　　发票日期：1998 年 11 月 18 日

提单号码：GSOK30088，　　提单日期：1998 年 12 月 1 日

船名：CHANG GANG V. 98097H　　装运港：广州港

集装箱：2×20' FCL CY/CY
TRIU 1567537 SEAL 08133
KHLU 6206867 SEAL 08134

FORM A 号：GZ9/80070/0012

商品编号：0813.2000　　原产地证号：981898699

运费：USD 1 700.00

生产厂家：广东农垦丰华食品厂　　出口口岸：广州海关(5100)

净重：12.00KGS/CASE　　毛重：14.00KGS/CASE

尺码：(20×10×10)CM/CASE

SHIPPING MARKS(唛头)

GA
NOS1-2800
OSAKA
MADE IN CHINA

制单人：李文

(1) 本信用证中要求出具正本清洁已装船海运提单几份？“Shipper”、“Consignee”、“Notify”分别是谁？

(2) 把图 3.4 中标有虚线部分填写完整。

汇　票

凭

Drawn under ....

信用证　　　　第　　　号

L/C　　　　No. LC-410-046405

日期　　　年　　月　　日

Dated 981022 ....

按　　　　息　　　　付款

Payable with interest @ .... % per annum

号码　　　　汇票金额　　　　中国　广州　　　年　月　日

No. .... Exchange for .... GUANGZHOU CHINA DEC.03, 1998

见票　　　　日后(本汇票之副本未付)付

At .... sight of this **FIRST** of Exchange (Second of exchange being unpaid)

Pay to the order of BANK OF CHINA, GUANGDONG BRANCH 或其指定人 ....

....

金额

The sum of ....

此致

To ....

....

....

GUANGDONG YUE FENG TRADING CO.

NO. 31 ZHEN AN ROAD GUANGZHOU CHINA

图 3.4　汇票

(3) 把下面的装箱单(图 3.5)补充完整。

广东省粤丰贸易公司

GUANGDONG YUE FENG TRADING CO.

NO. 31 ZHEN AN ROAD GUANGZHOU CHINA

装 箱 单

PACKING LIST

DATE:____________

EXPORTER: GUANGDONG YUE FENG TRADING CO.

NO. 31 ZHEN AN ROAD GUANGZHOU, INVOICE No.:________

CHINA

B/Lading No.: GSCK30088

TRANSPORT DETAILS:FROM GUANGZHOU TO OSAKA BY VESSEL

标记 SHIPPING MARKS	件数 QUANTITY	货名 DESCRIPTION OF GOODS	净重 NET WEIGHT	毛重 GROSS WEIGHT	尺码 MEASUREMENT
		HALF DRIED PRUNE 1998CROP			
		GRADE SPEC			
	1 400CASE	A L:700CASE M:700CASE			
	2 800CASE	B L:1 400CASE M:14 00CASE			
		PACKING IN WOODEN CASE , 12KGS PER CASE			
TOTAL:	4 200CASE				

GUANGDONG YUE FENG TRADING CO.

NO. 31 ZHEN AN ROAD GUANGZHOU CHINA

SIGNATURE

图 3.5 装箱单

(4) 根据信用证要求制作一份商业发票(图3.6)。

广东省粤丰贸易公司

GUANGDONG YUE FENG TRADING CO.

NO. 31 ZHEN AN ROAD GUANGZHOU CHINA

商业发票

COMMERCIAL INVOICE

MESSERS:

INVOICE NO :________________

INVOICE DATE :______________

L/C NO. :__________________

L/C DATE :________________

EXPORTER:

TRANSPORT DETAILS:

TERMS OF PAYMENT :

MARKS AND NUMBERS	DESCRIPTION OF GOODS	QUANTITY	UNIT PRICE (USD/CASE)	AMOUNT (USD)

GUANGDONG YUE FENG TRADING CO.

SIGNATURE

图3.6 商业发票

3.2 托收方式下单证缮制实训

3.2.1 实训目的

要求学生通过本次实训，使学生巩固进出口业务流程，掌握托收方式下的制单技巧，培养学生的实际操作能力，提高制单水平，为毕业后从事相关外贸工作打下坚实的基础。

3.2.2 实训内容

“托收”意指银行根据所收到的指示处理金融单据和/或商业单据，以便取得付款和/或承兑，或者凭付款和/或承兑交付单据，或者按其他条款和条件交单。托收的基本特征是商业信用，而商业信用的可靠性一般不低于银行信用，所以在国际贸易中只能是有条件地使用。在国际贸易中，如买卖双方约定用托收方式结算货款，则一般要经过如下的业务环节。当然，在实际业务中，托收的程序会因托收种类的不同而有所差异。

(1) 订立国际货物买卖合同。出口人和进口人订立国际货物买卖合同，其中明确规定以托收方式支付货款，如“买方应凭卖方开具的即期跟单汇票于见票时立即付款，付款后交单”。

(2) 出口人发货、制单。出口人按照合同的规定备货、装运，然后制作汇票、备妥有关单据。

(3) 出口人填写托收申请书并委托收款。出口人填写托收申请书，连同货运单据和汇票送交托收行，委托其向进口人收款。

(4) 托收行审查申请书及所附单据。托收行收到托收申请书和所附单据后，首先应对其进行审查等。审核无误后，托收行出具回单(Acknowledgement)给委托人，作为托收行接受出口人委托的凭证，又可作为托收行收到托收汇票和有关单据的收据。

(5) 托收行选择并确定代收行。托收行可以选用出口人应进口人请求而提名的银行作为代收行。但如出口人未对代收行作任何提名，则由托收行视具体情况选择在付款人所在国的银行为代收行。

(6) 托收行办理委托代收手续。托收行根据出口人的托收申请书填制托收委托书，之后将托收委托书连同出口人递交的汇票和所附单据一次或分次寄往代收行请其代为收款。

(7) 代收行审查托收委托书和有关单据。代收行核对单据无误，审查托收委托书并愿意接受后，发回单给托收行，作为代收行接受委托的凭证。

(8) 代收行通知进口人并向其提示票据或单据。代收行填制代收通知书，以通知进口人验单付款或承兑。代收行通知进口人时，一般将汇票和通知书一起送交进口人。如为即期付款托收业务，这种通知即为对进口人按汇票金额立即付款的要求，就是付款“提示”；如为远期付款托收业务，这种通知即为对进口人按汇票金额立即付款的要求，就是付款“提示”；如为远期付款托收业务，这种通知即为对进口人在汇票上立即承兑的要求，也就是承兑“提示”。

(9) 进口人验单、付款、承兑和领取单据：进口人接到通知后到银行审核单据。如单据不符合同规定，进口人可以表示拒付，但要说明拒付的理由，即列明单据的不符点，以便代收行及时通过托收行转告委托人，使委托人得以通过托收行向代收行做出进一步的提示；如单据合格，则进口人应向代收行付款或承兑，之后代收行按照托收委托书的指示在进口人付款或承兑后将单据交给进口人。

(10) 代收行将款项交给托收行：代收行收款后，按托收委托书的指示将相关款项划拨托收行账户，并通知托收行款已收妥。

(11) 托收行向出口人交款：托收行收款后，按托收申请书的指示向出口人交款或贷记出口人账户并通知出口人。

(12) 进口人凭单提货：进口人提货后，如发现货物不符，可凭有关单据向各相关责任方提出赔偿要求，若由承运人的失误引起，可凭运输单据向承运人要求赔偿，若属保险公司的承保责任，可凭保险单向保险公司索赔；若货物包装不良系出口人的责任，则可凭到货的检验证书和买卖合同向出口人索赔。

信用证方式下缮制单据是以信用证条款为依据，而托收方式是以出口合同作为缮制单据的主要依据。托收方式下单据的制作，商业发票与装箱单等单据的缮制规范同本章第一节。在海运提单缮制过程中注意，托收方式中海运提单的“收货人”抬头应做成“To Order”或“To Order of Shipper”；“通知人”一栏，要详细列出进口商的名称和地址，以便承运人到货时及时通知；运费支付一般根据成交的价格条件分为两种：若在CIF和CFR条件下，则注明“Freight Prepaid”，FOB条件下则填“Freight Collect”。另外汇票的填制中注意，出票条款与信用证项下的区别，付款期限也存在差异。托收项下的汇票中，“DRAWN UNDER”后是合同号，如可打成：Payment against S/C No…品名，数量等。“To”后面是付款人即客户；信用证项下的汇票中，“DRAWN UNDER”后是开证银行和信用证号及开证日期。“To”后面是付款银行。

3.2.3 实训要求

(1) 通过此次实践环节，学生了解一笔出口托收业务中制单的基本流程。

(2) 掌握在托收收款方式下汇票、发票、装箱单、海运提单、空运单、保险单及其他收汇单证的缮制。

3.2.4 实训材料

根据下列合同及有关资料，缮制单据(图3.7～图3.10)。注意：该批货物于12月12日被装上LANJING V.0123号轮，上海至南非的远洋航线大约2个月，货物所使用的纸箱，每个重0.2KGS，共400箱，体积1M^3。商品编码为0810.1000。

CONTRACT OF STRAWBERRIES

NO: 20041201 YL

DATE: NOV.1, 2004

A. PARTIES CONCERNED IN THIS CONTRACT

THE SELLER: ZHANGJIAGANG HUIYUAN FOODS CO., LTD.

102-1 GREEN GARDEN ZHANGJIAGANG CHINA

THE BUYER: FRUIT INTERNATIONAL PRODUCE LTD.

2102 BRIGHT STREET, LEDBURY HRT 1J, SOUTH AFRICA.

THE SELLER CAN USE AN EXPORT AGENT FOR EXPORTING THE GOODS UNDER THIS CONTRACT

THIS CONTRACT IS MADE BY AND BETWEEN THE SELLER AND THE BUYER, WHERE THE BUYER AGREE TO BUY AND THE SELLER AGREE TO SELL THE STRAWBERRIES SUBJECT TO THE TERMS AND CONDITIONS STIPULATED AS BELOW:

B. GOODS UNDER THIS CONTRACT

IQF (INDIVIDUALLY QUICK FROZEN) CHINESE STRAWBERRIES

C. DESCRIPTION OF GOODS

ALL STRAWBERRIES ARE OF CHINESE ORIGIN, VARIETIES ARE AMERICAN 6, THE STRAWBERRIES TO BE RED INSIDE AND OUTSIDE, PACKED IN 8×2KGS PER CARTON WITH FOOD GRADE POLY-LINERS INSIDE, STRAWBERRIES ARE CLEANLY WASHED, CAREFULLY SORTED, WITHOUT MOLDED STRAWBERRIES, WITHOUT ROTTEN STRAWBERRIES, WITHOUT OVERRIPE STRAWBERRIES

D. PRICE OF THE STRAWBERRIES:

AT USD 720/MT CFR CAPETOWN SOUTH AFRICA

E. QUANTITIES OF THE GOODS:

100MT

F. AMOUNTS OF THIS CONTRACT:

THE TOTAL AMOUNTS IS USD 72 000.00 ONLY (SAY US DOLLARS SEVENTY TWO THOUSAND ONLY). 10% MORE OR LESS IN AMOUNTS IS ALLOWED.

G. SHIPMENT:

IN NOV.-DEC. SHIPMENT

H. STANDARD ANALYTICAL DATA OF STRAWBERRY:

COLOR: FINE REGULAR RED STRAWBERRIES COLOR

TASTE: TYPICAL OF THE STRAWBERRIES, WITHOUT ANY OFF-TASTE.

UNRIPE FRUITS: MAX 2% BY WEIGHT

BROKEN-DAMAGED SQUASHED AND MISSHAPEN FRUITS: MAX 5% BY WEIGHT

CLUMPS MORE THAN 2 FRUITS TOGETHER ARE NOT ALLOWED.

CLUMPS LESS THAN 3 FRUITS: UNDER 3% BY WEIGHT

CALYX MAXIMUM 2 PER 10 KILO-CARTONS.

LEAVES: MAXIMUM 2 PER 10 KILOS.

ICE CRYSTALS ARE NOT ALLOWED AT THE OUTSIDE OF THE IQF STRAWBERRIES.

I. PAYMENT TERMS:

D/P AT SIGHT

THE BUYER:	THE SELLER:
FRUIT INTERNATIONAL PRODUCE LTD. SOUTH AFRICA.	ZHANGJIAGANG HUIYUAN FOODS CO.LTD.
AUTHORIZED SIGNATURE	AUTHORIZED SIGNATURE
MR. ALFO MORELLI	MISS 王小三

有关资料：

1. 发票号：99A99
2. 发票日期：12 月 10 日
3. 唛头：无
4. 提单号：68Y08
5. 提单签发人：张丽

ZHANGJIAGANG HUIYUAN FOODS CO. LTD.
102-1 GREEN GARDEN ZHANGJIAGANG, JIANGSU, CHINA

COMMERCIAL INVOICE

TO: NO.:
DATE:
S/C NO.:

PAYMENT TERMS:
FROM TO BY

MARKS & NO.S	DESCRIPTIONS OF GOODS	QUANTITY	UNIT PRICE	AMOUNT

TOTAL:
SAY ONLY.

图 3.7 发票

ZHANGJIAGANG HUIYUAN FOODS CO. LTD.
102-1 GREEN GARDEN ZHANGJIAGANG, JIANGSU, CHINA

Packing list

TO: NO.:
DATE:
S/C NO.:

PAYMENT TERMS:
FROM TO BY

MARKS & NO.S	DESCRIPTIONS OF GOODS	QUANTITY	UNIT PRICE	AMOUNT

TOTAL:

图 3.8 装箱单

Shipper

B/L NO.

中国对外贸易运输总公司

Consignee or order

CHINA NATIONAL FOREIGN TRADE TRANSPORTATION CORP.

直运或转船提单

Notify address

BILL OF LOADING

DIRECT OR WITH TRANSHIPMENT

SHIPPED on board in apparent good order and condition (unless otherwise indicated) the goods or packages specified herein and to be discharged at the mentioned port of discharge or as near thereto as the vessel may safely get and be always afloat.

The weight, measure, marks and numbers, quality, contents and value. Being particulars furnished by the shipper, are not checked by the currier on loading.
The shipper, consignee and the holder of this bill of lading hereby expressly accept and agree to all printed, written or stamped provisions. Exceptions and conditions of this Bill of Lading, including those on the back hereof.
IM WITNESS whereof the number of original Bills of Lading stated below have been signed,
one of which being accomplished, the other to be void

Pre-carriage by	Place of receipt
Vessel	Port of loading
Port of discharges	Final destination

Container seal No. or marks and Nos.	Number and kind of packages Description of goods	Gross weight(kgs.)	Measurement(m^3)

REGARDING TRANSHIPMENT
INFORMATION PLEASE CONTACT

Freight and charges

Ex. rate	Prepaid at	freight payable at	Place and date of issue
	Total prepaid	Number of original Bs/L	Signed for or on behalf of the Master as Agent

(SINOTRANS STANDARD FORM4)

SUBJECT TO THE TERMS AND CONDITIONS ON BACK 95c No. 0123450

图 3.9 提单

凭
Drawn under ______________________________
信用证 第 号
L/C No ______________________________
日期
Dated ______________________________
按 息 付款
Payable with interest @ ________ % per annum
号码 汇票金额 中国，南京 年 月 日
No: ____________ Exchange for 1 Nan Jing, China
见票 ____________ 日后(本汇票之副本未付)
At ____________ Sight of this FIRST of Exchange (Second of exchange being unpaid)
pay to the order of BANK OF CHINA, NANJING BRANCH 或其指定人
付金额
The sum of

To ______________________________
____

____

图 3.10 汇票

3.3 信用证方式下单证缮制实训

3.3.1 实训目的

要求学生通过本次实训，使学生巩固进出口业务流程，掌握信用证方式下的制单技巧，培养学生的实际操作能力，提高制单水平，为毕业后从事相关外贸工作打下坚实的基础。

3.3.2 实训内容

信用证是开证行根据开证申请人的要求和指示或其为其自身业务需要，向受益人开立的在一定条件下保证付款的凭证，其条件是受益人提交符合信用证条款规定的单据。付款人既可以是开证行自己，也可以是开证行指定的其他银行；收款人既可以是受益人本人，也可以是其指定人，如议付行或其往来银行。

按时开证是买方履行合同应尽的义务，是卖方正常履约的前提，但在实际业务中经常遇到国外进口商拖延开证，或者在行市发生变化或资金发生短缺的情况时故意不开证。因此，卖方应催促对方迅速依约办理开证手续，必要时，也可请驻外机构或有关银行协助代为催证。催证实质上是一种法律步骤，如经催证对方仍不履行，应向对方提出“保留索赔权”的声明；反之，如不及时催证，则事后对方可借词推卸责任。

审核信用证是通知银行和出口商的共同职责，其中，银行着重审核该信用证的真实性，开证行的政治背景、自信能力付款责任和索汇路线等方面的内容；出口商着重审核信用证

性质和内容与原定合同是否一致，并确保没有软条款。审核的项目一般包括：

(1) 审核信用证的种类。

(2) 审核开证申请人和受益人。

(3) 审核信用证的金额及其采用的货币。

(4) 审核信用证有关货物的记载。

(5) 审核信用证到期地点。

(6) 审核装运期和有效期。

(7) 审核转船和分批装运条款。

(8) 审核信用证的付款方式。

(9) 审核要求提交的单据。

(10) 审核信用证上印就的条款和特殊条款。

如审核出一些问题，则一次提出要求对方修改，在收到对方修改通知书审核无误后再备货发运。信用证经审核后，如果发现有影响合同执行和安全收汇等出口方不能接受的条款时，必须及时要求国外客户通过开证行进行修改，并坚持在收到银行修改信用证通知后才能对外发货。

由于修改信用证条款涉及有关当事人权利、义务的改变，因此，对不可撤销信用证中任何条款的修改必须在有关当事人全部同意后才能生效；原证的条款在修改的银行发出接受修改之前，仍然对受益人有效，对同一修改通知中的修改内容不允许部分接受。

在办理改证工作中，凡需要修改的内容应尽可能集中起来一次性明确地向国外客户提出，避免由于我方考虑不周而多次提出修改要求，以致增加双方的手续和费用，并造成不良影响。

一般说来，对于不符合合同规定的，除了非改不可的应该坚决要求改证，而对于可改可不改的或经适当努力可以做到而又不增加太多费用负担的可灵活掌握。

在来证无误的情况下可以按信用证的规定发运货物并正确缮制各种单据，并在有效期内送交银行办理结汇。

3.3.3 实训要求

(1) 通过此次实践环节，学生了解一笔信用证出口业务中制单的基本流程。

(2) 掌握在信用证收款方式下汇票、发票、装箱单、海运提单、空运单、保险单及其他收汇单证的缮制。

3.3.4 实训材料

根据下列国外来证及有关信息制单(图 3.11～图 3.15)。注意：

(1) 托运单号码为 02W-13，托运日期为 13 APR，04；船名：LANJING V.0213

(2) 该批商品有关数据如下：MEAS＝7.2M^3，UNIT PRICE＝USD 24.00

ART NO.425：8CRATES，NW＝8.480MT,GW＝8.800MT;

ART NO.424-2: 8CRATES, NW＝8.480MT, GW＝8.800MT;

(3) 运输路线：FROM SHANGHAI TO TORONTO CANADA VIA HONGKONG.

PLEASE PASS FOLLOWING MESSAGES UNABLE TO CONTACT THANKS

FROM STANDARD CHARTERED BANK, LONDON
TO BANK OF CHINA JIANGSU
AT THE START OF ANY TELEXED REPLAY PLEASE QUOTE 'QQQ'CR
DATE: 22 FEB. 04
700 ISSUED OF L/C
15: TEST 1050
27: MESSAGE SEQUENCE 1/1
40A: FORM OF L/C: IRREVOCABLE
20: L/C NO.: 001/02/14020X
31C: ISSUE DATE 04.02.22
31D: EXPIRY DATE/PLACE: 04.04.30 IN COUNTRY OF BENEFICIARY
50: APPLICANT: ALEXANDER FRASER AND SON LTD.
FRANKLAND MOORE HOUSE, 185/187 HIGH ROAD,
CHADWELL HEATH, ROMFORD, ESSEX. RM6 2NR.
59: BENEFICIARY: CHINA NATIONAL METALS AND MINERALS EXP & IMP CORP., JIANGSU BRANCH. 201 ZHUJIANG ROAD, JIANGSU, CHINA
32B: L/C AMOUNT: USD 15 002.88
39: AMOUNT SPECIFICATION: CIF TORONTO
41D: AVAILABLE WITH/BY: FREELY AVAILABLE BY NEGOTIATION
42: DRAFTS AT SIGHT
DRAWN ON: OURSELVES
43P: PARTIAL SHIPMENT: NOT ALLOWED
43T: TRANSSHIPMENT: ALLOWED
44: TRANSPORT DETAILS: FROM CHINESE PORT WHEN NOT LATER THAN 15TH APRIL 2004 TO TORONTO, CANADA
45A: DESCRIPTION OF GOODS: AS PER APPLICANT ORDER NO. PET/CAN/5
POLISHED MARBLE TILES, 30.5×30.5×1CM. PLUS OR MINUS 0.5 MM.
ART NO.425:312.56 SQM.
ART NO.424-2:312.56 SQM
TOTAL: 625.12 SQM AS PER S/C 87MAF4002-43 AND 87MAF4002-44
THE BUYER'S TELEX NO.422.
46A: DOCUMENTS REQUIRED.
-COMMERCIAL INVOICES IN SIX COPIES QUOTING ORDER NO. MADE OUT IN NAME OF CONSIGNEE SHOWING THE CIF VALUE OF THE GOODS.
-PACKING LIST IN SIX COPIES
-CERTIFICATE OF ORIGIN FORM A IN SIX COPIES.
-ALL RISKS AND WAR RISKS INSURANCE POLICIES OR CERTIFICATE IN DUPLICATE ENDORSED IN BLANK FOR NOT LESS THAN THE FULL CIF VALUE PLUS 10 PERCENT OF THE SHIPMENT IN THE CURRENCY OF THE CREDIT.

TRANSSHIPMENT RISKS TO BE COVERED IF TRANSSHIPMENT EFFECTED.

-COMPLETE SET OF NOT LESS THAN 3 ORIGINAL CLEAN ON BOARD OCEAN BILLS OF LADING MARKED "FREIGHT PAID". NOTIFY PETRICO INTERNATIONAL TRADING CORP.,

1110 SHEPPARD AVENUE EAST SUITE 406 WILLOWDALE ONTARIO, CANADA, M2K2W2.

-BENEFICIARY'S CERTIFICATE IN REQUIRED EVIDENCING THAT ONE COMPLETE SET OF NON-NEGOTIABLE SHIPPING DOCUMENTS HAVE BEEN SENT BY AIRMAIL TO BOTH THE CONSIGNEE AND ALEXANDER FRASER AND SON LTD, NOT LATER THAN DATE OF PRESENTATION OF NEGOTIABLE DOCUMENTS.

-BENEFICIARY'S SIGNED STATEMENT THAT MERCHANDISE PACKED IN WOODEN CRATES WITH PLASTIC FOAM BOX.

47A: CONDITIONS: BILL OF LADING TO EVIDENCE GOODS SHIPPED IN A 20 FEET CONTAINER.

CONSIGNEE-PETRICO INTERNATIONAL TRADING CORPORATION

1110 SHEPPARD AVENUE EAST SUITE 406 WILLOWDALE ONTARIO, CANADA M2K2W2.

71B: CHARGES: ALL BANK CHARGES ARISING OUTSIDE THE UNITED KINGDOM ARE FOR THE BENEFICIARY'S ACCOUNT.

48: PRESENTATION PERIOD: DOCUMENTS TO BE PRESENTED WITHIN 15 DAYS AFTER THE DATE OF ISSUANCE OF THE SHIPPING DOCUMENT(S) BUT WITHIN THE VALIDITY OF THE CREDIT

49: CONFIRMATION INSTRUCTIONS: WITHOUT

78: INSTRUCTIONS: IN REIMBURSEMENT WE SHALL COVER YOU UPON RECEIPT OF DOCUMENTS IN ORDER.NEGOTIATING BANK IS TO DISPATCH ALL DOCUMENTS TO US BY REGISTERED AIRMAIL IN ONE COVER.

THIS CREDIT IS SUBJECT TO UNIFORM CUSTOMS AND PRACTICE FOR DOCUMENTARY CREDITS (1993 REVISION) INTERNATIONAL CHAMBER OF COMMERCE PUBLICATION 500.

THIS TELECOMMUNICATION REPRESENTS THE OPERATIVE INSTRUMENT AND NO MAIL CONFIRMATION WILL BE ISSUED.

72: BANK TO BANK INFO: FOR BANK OF CHINA JIANGSU PEOPLES REPUBLIC OF CHINA

有关资料：

1. 发票号码：888
2. 发票日期：04.03.25
3. 唛头：N/M
4. 制单人：王文
5. 提单日：APR. 14,2004
6. 提单号码：666

CHINA NATIONAL METALS AND MINERALS EXP & IMP CORP., JIANGSU BRANCH.

201 ZHUJIANG ROAD, NANJING, JIANGSU, CHINA

COMMERCIAL INVOICE

TO:

INVOICE NO.:
INVOICE DATE:
ORDER NO:
S/C NO.: 87MAF4002－43

PAYMENT TERMS:
FROM__________________ TO______________BY______________

MARKS & NO.S	DESCRIPTIONS	QUANTITIES	UNIT PRICE	AMOUNT

TOTAL:
SAY ONLY

图 3.11 发票

CHINA NATIONAL METALS AND MINERALS EXP & IMP CORP., JIANGSU BRANCH.

201 ZHUJIANG ROAD, NANJING, JIANGSU, CHINA

PACKING LIST

TO:

INVOICE NO.:
INVOICE DATE:
ORDER NO:
S/C NO.: 87MAF4002－43

PAYMENT TERMS:
FROM__________________ TO______________BY______________

MARKS & NO.S	DESCRIPTIONS	QUANTITIES	UNIT PRICE	AMOUNT

TOTAL:
SAY ONLY

图 3.12 装箱单

中国平安保险股份有限公司
PING AN INSURANCE COMPANY OF CHINA，LTD.

NO. 1000005959 **货物运输保险单**

CARGO TRANPORTATION INSURANCE POLICY

被保险人：

Insured

中国平安保险股份有限公司根据被保险人的要求及其所交付约定的保险费，按照本保险单背面所载条款与下列特款，承保下述货物运输保险，特立本保险单。

This Policy of Insurance witnesses that PING AN INSURANCE COMPANY OF CHINA，LTD.，at the request of the Insured and in consideration of the agreed premium paid by the Insured，undertakes to insure the undermentioned goods in transportation subject to the conditions of Policy as per the clauses printed overleaf and other special clauses attached hereon.

保单号 Policy No.	赔款偿付地点 Claim Payable at
发票或提单号 Invoice No. or B/L No.	
运输工具 per conveyance S.S.	查勘代理人 Survey By：
起运日期 Slg. on or abt.	
自 From　　至 To	
保险金额 Amount Insured	
保险货物项目、标记、数量及包装： Description, Marks, Quantity & Packing of Goods：	承保条件 Conditions：
签单日期 Date：	

COPY

For and on behalf of
PING AN INSURANCE COMPANY OF CHINA，LTD.
authorized signature

Shipper

B/L NO.
中国对外贸易运输总公司

Consignee or Order

CHINA NATIONAL FOREIGN TRADE TRANSPORTATION CORP.

图 3.13　货物运输体险单

直运或转船提单
BILL OF LOADING

Notify address	DIRECT OR WITH TRANSHIPMENT

DIRECT OR WITH TRANSHIPMENT

SHIPPED on board in apparent good order and condition (unless otherwise indicated) the goods or packages specified herein and to be discharged at the mentioned port of discharge or as near thereto as the vessel may safely get and be always afloat.

The weight, measure, marks and numbers, quality, contents and value. Being particulars furnished by the shipper, are not checked by the currier on loading.

The shipper, consignee and the holder of this bill of lading hereby expressly accept and agree to all printed, written or stamped provisions. Exceptions and conditions of this Bill of Lading, including those on the back hereof.

IM WITNESS where of the number of original Bills of Lading stated below have been signed, one of which being accomplished, the other to be void

Pre-carriage by	Place of receipt
Vessel	Port of loading
Port of discharges	Final destination

Container seal No. or marks and Nos.	Number and kind of packages Description of goods	Gross weight(kgs.)	Measurement(m^3)

REGARDING TRANSHIPMENT INFORMATION PLEASE CONTACT			Freight and charges
Ex. rate	Prepaid at	freight payable at	Place and date of issue
	Total prepaid	Number of original	Signed for or on behalf of the Master Bs/L as Agent

(SINOTRANS STANDARD FORM4)

SUBJECT TO THE TERMS AND CONDITIONS ON BACK 95c No. 0123450

图 3.14　直运或转船提单

凭

Drawn under ....

信用证　　　　　　第　　　　　　号

L/C No ....

日期

Dated ....

按　　　　　　息　　　　　　付款

Payable with interest @ .... % per annum

号码　　　　　汇票金额　　　1　　　中国，南京　　　　年　　月　　日

No: .... Exchange for　　　　　　　　　　　Nan Jing, China

见票 .... 日后(本汇票之副本未付)

At .... Sight of this FIRST of Exchange (Second of exchange being unpaid)

pay to the order of BANK OF CHINA, NANJING BRANCH 或其指定人

付金额

The sum of

To ....

....

....

图 3.15　汇票

第 4 章　国际货运与保险模拟实训

知识目标	技能目标
(1) 了解海洋运输班轮货运的基本流程。 (2) 了解海运班轮相关单据的内容。 (3) 了解集装箱班轮运输的操作流程和方法。 (4) 了解进出口业务中办理货运保险的基本方法	(1) 掌握班轮货运的流程及相关角色的职责。 (2) 学会班轮运费的计算。 (3) 学会班轮运输业务相关单据的填制。 (4) 掌握“集装箱货物托运单”、“设备交接单”及“装箱单”的的内容与填制方法。 (5) 掌握保险金额的计算方法。 (6) 熟悉概念营销的运作过程。 (7) 掌握相关保险单据的内容与填制方法

导言

在海运、陆运、空运和多式联运等国际贸易的运输方式中，海运最成熟，也是当前使用最广泛的一种方式。海洋运输又是以班轮运输为主，包括杂货班轮与集装箱班轮。因此，本章实训选取杂货班轮与集装箱班轮进出口业务作为练习的项目，让学生了解与掌握各业务的基本流程与相关货运单据的填写规则，为将来走上货运代理行业的相关岗位打下初步的知识基础。

4.1　海洋杂货班轮货运业务实训

4.1.1　实训目的

通过本节的实训，要求学生掌握进出口业务班轮货运的基本流程、步骤及相关角色定位；熟悉班轮运费的计算规则；了解并初步掌握相关业务单据的内容与填制方法。

4.1.2　实训内容

1. 杂货班轮货物出口运输业务流程

1) 申请托运(订舱)

由出口商向承运人申请托运，在班轮运输中，是向班轮公司申请订舱。此时，出口商是托运人，需要填写海运出口的订舱委托书(Shipping Note)，即托运单(B/N)。班轮公司根据托运申请，结合班轮的仓位情况完成配载后，在订舱委托书上编号，盖章后连同装货联单给予托运人，表示运输合同成立，愿意承运。装货联单包括托运单及其留底，装货单(Shipping Order，S/O)，收货单(Captain’s Receipt；Mates Receipt)。

2) 报检与报关

若货物为法定检验货物，需要托运人根据国家法规要求完成报检后，进而完成报关(这部分在后面章节详细说明，本章不再赘述)。海关放行后，托运人得到“下关纸”，即盖有海关放行章的装货单。

3) 装船

托运人凭“下关纸”向班轮公司申请装船，完成装船、平仓、理仓等工作后，由船长或大副根据货物的外部状况，在收货单上签字，即船长收据(Captain’s Receipt)或大副收据(Mates Receipt)，若货物存在外部损坏或包装不良的情况，需要在大副收据上批注。完成上述步骤后，托运人获得船长或大副收据。

4) 换取提单

完成装船后，托运人凭船长或大副收据，向班轮公司换取正本已装船提单(Bill of Lading，B/L)，并支付运费。获得提单后要依据信用证的要求，连同其他单据，通过银行系统完成与进口方的货款结算。其中提单作为关键的货运单据，进口方凭此单据在目的港找班轮公司换取提货单(Delivery Order，D/O)，以领取合同项下的货物。

由于专业性分工的深化，贸易商的涉外运输通常会委托给货代公司完成，这种情况下，需要与货运代理人签订委托订舱的协议，填写海运出口货物代运委托书(Shipping Note，S/N)，由货代根据委托书的内容，代理完成订舱工作。

2. 杂货班轮货物出口运输业务相关单据

要严格依据合同要求办理相应的运输工作，因此货运单据的相关内容要符合合同要求，在选择信用证作为结算方式的时候，单据的内容要与信用证的要求相符合。

1) 海运出口货物代运委托书

海运出口货物代运委托书如图 4.1 所示。

<table>
<tr><th colspan="4">海运出口货物代运委托书</th></tr>
<tr><td>ENTRUSTING SERIAL NO
(委托编号)</td><td>B/L NO
(提单号)</td><td>CONTRACT NO
(合同号)</td><td>ENTRUSTING DATE
(委托日)</td></tr>
<tr><td>(1)</td><td>(2)</td><td>(3)</td><td>(3)</td></tr>
<tr><td colspan="2">SHIPPER(发货人名称地址)
(4)</td><td colspan="2" rowspan="3">MARKS AND NUMBERS(唛头)
(8)</td></tr>
<tr><td colspan="2">CONSIGNEE(收货人名称地址)
(5)</td></tr>
<tr><td colspan="2">NOTIFY PARTY(通知方名称地址)
(6)</td></tr>
<tr><td>PORT OF LOADING
(装货港)</td><td>PORT OF DESTINATION
(目的港)</td><td colspan="2">VESSEL NAME(船名)</td></tr>
<tr><td>(7)</td><td>(7)</td><td colspan="2">(9)</td></tr>
</table>

图 4.1 海运出口货物代运委托书

<table>
<tr><td>NUMBER
(编号)</td><td>NO. AND KIND OF PACKAGES
(件数与包装)</td><td>DESCRIPTION OF GOOD
(货物说明)</td><td>WEIGHT IN KG (重量)</td><td>MEASUREMENT IN CBM (体积)</td></tr>
<tr><td></td><td>(10)</td><td>(11)</td><td>(12)</td><td>(12)</td></tr>
<tr><td colspan="2">LOADING DATE
(装船日期)</td><td>IF TRANSSHIPMENT ALLOWED
(可否转船)</td><td colspan="2">IF PARTIAL SHIPMENT ALLOWED
(可否分批)</td></tr>
<tr><td colspan="2">(8)</td><td>(8)</td><td colspan="2">(8)</td></tr>
<tr><td colspan="2">L/C EXPIRY DATE
(结汇期限)</td><td>COPIES OF B/L
(提单份数) (13)</td><td>ORIGINAL
(正本)</td><td>COPY
(副本)</td></tr>
<tr><td colspan="5">FREIGHT PAYABLE AT(运费及支付地点)
(14)</td></tr>
<tr><td colspan="5">REMARK(备注):
(15)</td></tr>
<tr><td colspan="2">ENTRUSTING PARTY (委托人签字):</td><td colspan="3">AGENT(代理人签字):</td></tr>
<tr><td colspan="2">ADDRESS:</td><td colspan="3">ADDRESS:</td></tr>
<tr><td colspan="2">TELEPHONE:</td><td colspan="3">TELEPHONE:</td></tr>
</table>

图 4.1 海运出口货物代运委托书(续)

填写说明：

(1) 委托单位编号：出口企业与货运代理间商定的对口编号，一般为出口发票编号。

(2) 提单号：不填，待接受委托，完成订舱后填写。

(3) 合同号和委托日期：如实填写。

(4) 发货人名称地址：按信用证或合同规定填写，一般为信用证的受益人，即出口商。

(5) 收货人名称地址：按信用证或合同规定填写。

(6) 通知人名称地址：按信用证或合同规定填写。若信用证未作具体规定，则一般正本留空不填，副本为信用证的开证申请人。

(7) 装货港和目的港：按信用证或合同规定填写。

(8) 唛头、装船日期、可否转船、可否分批：按贸易合同填写

(9) 船名：不填。

(10) 件数及包装式样：一般杂货以件数作数量单位，如××包，如一批货物有两种或两种以上的包装形式，需标明每种包装的数量和各种包装相加的总数，如 250 木箱(Wooden Cases)和 450 纸箱(Cartons)，总件数为 700 件(Packages)。大宗散装货应注明吨数和散装(In Bulk)字样，如“1 000 MT IN BULK”。

(11) 货物说明：应根据信用证或合同规定填写，这是制单的依据。

(12) 重量、体积：填写实际货物的总毛重和总体积。

(13) 需要的提单份数：按信用证规定填写。若信用证规定为“全套”提单，则填正本 3，副本 3 份。

(14) 运费支付地点：填写信用证规定的缴付方法，运费到付(Freight To Collect)或运费预付(Freight Prepaid)。一般在 CIF 或 CFR 出口方式下，为运费预付，一般在 FOB 方式下，为运费到付。

(15) 填写信用证中对提单的内容的特殊要求，或委托人对货代的要求。

2) 海运出口托运单

海运出口托运单如图 4.2 所示。

海运出口货物托运单

SHIPPER(托运人)________(1)________

NO(编号)_____(2)_____ S/S(船名)_____(2)_____

FOR(目的港)_____(3)________

<table>
<tr><td rowspan="2">MARK AND NOS
(标记及号码)</td><td rowspan="2">QUANTITY(件数)</td><td rowspan="2">DESCRIPTION OF GOODS
(货物名称)</td><td colspan="2">WEIGHT KILOS(重量)</td></tr>
<tr><td>NET(净)</td><td>GROSS(毛)</td></tr>
<tr><td>(4)</td><td>(5)</td><td>(6)</td><td>(8)</td><td>(8)</td></tr>
<tr><td colspan="3" rowspan="2">TOTAL NUMBER OF PACKAGES IN WORDS(共计件数大写)</td><td colspan="2">METHOD OF FREIGHT PAYMENT
(运费付款方式)</td></tr>
<tr><td colspan="2">(7)</td></tr>
</table>

<table>
<tr><td>FREIGHT AND CHARGES
(运费计算)</td><td colspan="2"></td><td>MEASUREMENT(尺码)</td><td colspan="2">(9)</td></tr>
<tr><td>REMARK(备注)</td><td colspan="5">(14)</td></tr>
<tr><td>NOTIFY
(通知)</td><td>(13)</td><td>IF TRANSSHIPMENT ALLOWED
(可否转船)</td><td>(10)</td><td>IF PARTIAL SHIPMENT ALLOWED
(可否转船)</td><td>(10)</td></tr>
<tr><td rowspan="2">CONSIGNEE
(收货人)</td><td rowspan="2">(12)</td><td>DATE OF SHIPMENT
(装期)</td><td>(11)</td><td>DATE OF EXPIRY
(有效期)</td><td>(11)</td></tr>
<tr><td>AMOUT
(金额)</td><td>(15)</td><td>COPIES OF B/L
(提单份数)</td><td>(16)</td></tr>
<tr><td>配货要求</td><td>(16)</td><td>BANK NO.
(银行编号)</td><td>(15)</td><td>L/C NO.
(信用证编号)</td><td>(15)</td></tr>
</table>

AGENT SIGNED TO THE(托运人或代理人签字):

图 4.2 海运出口货物托运单

填写说明：

总体来说，托运单(订舱委托书)的填制要根据出口商(托运人)制作的代运委托书的内容。具体栏目填写方法如下。

(1) 托运人：此处一般填写出口合同的卖方，信用证支付方式下应与信用证受益人的名称、地址一致。

(2) 编号、船名：此为托运单的顺序编号，船名则由船公司配载后填写。

(3) 目的港：按合同、信用证规定填写目的港具体名称，遇世界重名港口时，应在港口名称后面加注国名。

(4) 标记及号码：本栏应按合同或信用证规定的内容和形式填写，如没有规定，可由出口商自己编制，没有唛头则填“N/M”。

(5) 件数：按最大包装实际件数填写，应与唛头中的件数一致。

(6) 货名：本栏填写货物大类名称或统称，与发票(信用证)中的货名一致。

(7) 运费付款方式：运费到付或运费预付。

(8) 重量：本栏内容是计算船只受载吨位和运费的基础资料，以千克为单位，须分别填写整批货物的毛重和净重。

(9) 尺码：本栏填写整批货物的量尺体积，以立方米为单位，是计算运费的主要依据之一，计算应务求准确。

(10) 分批、转船：本栏应严格按合同或信用证填写“允许”或“不允许”。

(11) 装运期、有效期：本栏根据信用证规定的最迟装运期和议付有效期分别填写。

(12) 收货人：本栏一般根据信用证要求填写“TO ORDER/TO ORDER OF SHIPPER”。

(13) 通知人：本栏填写接受船方发出货到通知的人的名称与地址，实践中往往写成“SAME AS CONSIGNEE”(通知方就是收货方)。

(14) 备注栏：填写信用证中有关运输方面的特殊要求。例如，“海关报关文件包括……”；“提单电放，请速开票”，等等。

(15) 金额、银行编号、信用证编号：根据发票、信用证内容填写。

(16) 提单份数、配货要求：根据实际情况填写。

3) 装货单与收货单

这两个单据主要栏目基本相同，完成报关后，用以说明海关放行的装货命令与船方完成装货的凭据。分别如图 4.3 和图 4.4 所示。

装货单

SHIPPER(托运人)______________________________

NO(编号)____________________ S/S(船名)____________________

FOR(目的港)______________________________

Received on board the under mentioned goods apparent in good order and condition and sign the accompanying receipt for the same

(兹将下列完好状况之货物装船后希签署收货单)

MARK and NOS (标记及号码)	QUANTITY (件数)	DESCRIPTION OF GOODS (货物名称)	WEIGHT KILOS (重量 千克)	
			NET(净)	GROSS(毛)

TOTAL NUMBER OF PACKAGES IN WORDS：(共计件数大写：)____________________

Date(日期)____________________ Time(时间)____________________

Stowed(装入何舱)____________________

Received(实收)____________________

Tallied By(理货员签字)____________________ Approved By(经办员签字)____________________

图 4.3 装货单

收货单(大副收据)

SHIPPER(托运人)__________

NO(编号)__________ S/S(船名)__________

FOR(目的港)__________

Received on board the under mentioned goods apparent in good order and condition and sign the accompanying receipt for the same

(兹将下列完好状况之货物装船后希签署收货单)

MARK and NOS (标记及号码)	QUANTITY (件数)	DESCRIPTION OF GOODS (货物名称)	WEIGHT KILOS (重量 公斤)	
			NET(净)	GROSS(毛)

TOTAL NUMBER OF PACKAGES IN WORDS：(共计件数大写：)__________

Date(日期)__________ Time(时间)__________

Stowed(装入何舱)__________

Received (实收)__________

Tallied By(理货员签字)__________ Chief Office(大副签字)__________

图 4.4 收货单(大副收据)

4) 装运通知

按照惯例，完成货物装运后，托运方应当及时向国外的买方发出装运通知，在海运中就是“装船通知”，目的是通知买方备款、赎单以及办理货运保险、进口报关和接货的相关手续，做好提货准备。

装运通知一般要包括如下内容：合同号、发票号、信用证号、货物名称、数量、包装、总值、唛头、装运口岸、装运日期、船民及开航日期、卸货港、提单号等，如图 4.5 所示。

5) 其他单据

(1) 装货清单。装货清单是承运人根据装货单留底，将全船所装货物按目的港和货物性质加以归类，依航次靠港顺序排列而制成的全船装运货物的汇总清单。装货清单是承运货物的大副编制积载计划的重要依据，是现场理货人员进行理货、港口安排驳运、货物进出仓库、货场及承运人掌握托运人备货情况的业务单证。

(2) 载货清单。载货清单又称“舱单”。是在货物装船完毕后，根据大副收据或提单编制的一份按卸货港顺序逐票列明全船实际载运货物的汇总清单。其内容包括船名及国籍、开航日期、装货港及卸货港，同时逐票列明所载货物的详细情况。载货清单是国际航运实践中一份非常重要的通用单证。其作用如下：

① 经船长签字的载货清单送海关，作为办理船舶出(进)口报关手续的依据。

② 船舶载运所列货物的证明。载货清单所列货物必须与船舶实际载运货物一致。

③ 业务联系的单证。载货清单的留底，常用作承运人在装货港的代理人拍发开航货载电报的依据；也是向船长和船公司或卸货港的代理发出更正通知的依据。当承运人在卸货港的代理人尚未收到邮寄的货运资料时，也可复制随船携带的载货清单，用以作为安排泊位、卸货和货物进出库场的依据。

装运通知

SHIPPING ADVICE

FARM：

TO：

DEAR SIRS，

WE HEREBY DECLARE THAT THE FOLLOWING GOODS HAVE BEEN SHIPPED TODAY

L/C NO.：

INVOICE NO.：

B/L NO.：

B/L DATE：

COMMODITY：

QUANTITY/PACKAGE：

VALUE：

PORT OF LOADING：

DESTINATION：

VESSEL NAME：

SHIPPING MARK：

图 4.5 装运通知

(3) 货物积载图。出口货物在货物装船前，必须就货物装船顺序、货物在船上的装载位置等情况做出一个详细的计划，以指导有关方面安排泊位、货物出舱、下驳、搬运等工作。也是卸货港、卸货部门安排泊位，货物进仓、派驳、调车，理货人员进行理货的原始资料。

(4) 危险货物清单。危险货物清单是专门列出船舶所载运全部危险货物的明细表。凡船舶载运危险货物时，船方应向有关部门(我国海事局)申请派员监督装卸。在装货港装船完毕后由监装部门签发给船方一份“危险货物安全装载书”。

3. 杂货班轮货物进口运输业务流程

在需要由进口方办理运输的贸易条件下，出口方应当在交货前的一定时期内，将预计装运日期通知进口方。进口方接到通知后，需要及时办理相关的运输委托工作。

1) 业务流程

(1) 申请托运与催装。由进口商向班轮公司申请订舱，需要填写海运进口的托运单，具体相关手续与出口托运申请类似。在委托货代公司办理进口运输业务的情况下，填写并交予货代的委托单据是进口订舱联系单。办妥申请托运、订舱手续后，进口方应当在规定的期限内将船名、船期、船籍、船舶、吃水深度、转载重量、到达港口等与运输有关的事项及时通知卖方，催告出口方如期装船。

(2) 进口报检与报关。进口货物的报关应于运输工具申报进境之日起 14 日内进行。报关前，进口方需要凭提单向班轮公司换取提货单，作为进口报关的单据之一。完成报关手续后，海关会在提货单上盖章，表示放行。进口方凭此单提取进口货物。法定检验目录中的货物进口，报关前需要到商检机构办理检验登记，商检机构在报关单上加盖“已接受登记”印章，海关凭报关单上的印章验放。

(3) 卸货与提货。进口货物到港后，进口方完成进口报关，凭该有海关放行章的提货单至口岸提货。提货前要详细检查货物，若发现短缺，应填写货物溢短单交予船方签字，如发现残损，则应将货存放在海关指定仓库，通知保险公司、商检局等相关的机构进行检验，确定残损原因、程度及索赔对象，并凭商检机构出具的检验或鉴定证书，向相关责任方提出索赔。

2) 相关单据

(1) 提货单。提货单又称小提单。它是船公司或其代理凭收货人持有的提单或保证书而签发的提货凭证，收货人可凭此单到仓库或船边提取货物，提货单的内容基本与提单所列内容相同。但提货单的性质与提单完全不同，它只不过是船公司指令码头仓库或装卸公司向收货人交付货物的凭证，不具备流通及其他作用。

(2) 过驳清单。过驳清单是采用驳船作业时，作为证明货物交接和表明所交货物实际情况的单证。过驳清单是根据卸货时的理货单证编制的，其内容包括：驳船名、货名、标志、号码、包装、件数、卸货港、卸货日期、舱口号等，并由收货人、卸货公司、驳船经营人等收取货物的一方与船方共同签字确认。

(3) 货物溢短单。货物溢短单是指一票货物所卸下的数字与载货清单上所记载的数字不符，发生溢卸或短卸的证明单据。货物溢短单由理货员编制，并且必须经船方和有关方(收货人、仓库)共同签字确认。

(4) 货物残损单。货物残损单是指卸货完毕后，理货员根据卸货过程中发现的货物破损、水湿、水渍、渗漏、生锈等情况记录编制的，证明货物残损情况的单据。货物残损单必须经船方确认。过驳清单、货物溢短单和货物残损单通常是收货人向船公司提出损害赔偿需求的证明材料，也是船公司处理收货人索赔需求的原始材料和依据。

4.1.3 实训要求

(1) 根据资料一，填写托运单。

(2) 根据资料二、资料三的内容，分组模拟海运出口货运流程，熟悉各步骤所需货运单据，并填写海运出口代运委托书、出口托运单、装运单、收货单及装运通知。

4.1.4 实训材料

练习 1

1) 发票内容

INVOICE

INVOICE NO.：87GS54
DATE：May.15，2002
L/C NO.：CITI9788899030-789
CONTRACT：8MN-34

TO：
G.S.GILL SDN BHD
105 JALAN TRANKU ABDUL，RAHMNAN
70100 KUALA LUMPUR
AMLAYSIA

MARKS & NUMBERS	QUANTITIES AND DESCRIPTIONS	UNIT PRICE	AMOUNT
G.S.GILL 8MN-34 KUALA LUMPUR C/ No .1-235	CLEAN EQUIPMINT FOR BUILDINGS ART NO.：KP3200 125 CTNS KP5464 57 CTNS K42249 53 CTNS TOTAL PACKAGE：235 CARTONS TOTAL MEAS.：23.679M^3 ART NO./ PACKAGE N.W. G.W. KP3200 17KG 19KG KP5464 15KG 18KG K42249 15KG 18KG	CIF KUALA LUMPUR US＄57.00 US＄49.00 US＄22.00	US＄7,125.00 US＄2,793.00 US＄1,166.00 ----- US＄11 084.00

BEIJING XU DA INGERNATIONAL TRADE CO.LTD.

2) 信用证资料

L/C NO.：	CITI9788899030-789
L/C DATE：	APR 25TH，2002
EXPIRY DATE：	JUL 15TH，2002
BENEFICIARY：	BEIJING JIE XU DA INTERNATIONAL TRADE CO.，LTD 680，9TH SECTION JINSONG CHAO YANG DISTRICT BEIJING CHINA
APPLICANT：	S.GILL SDN BHD 105 JALAN TRANKU ABDUL，RAHMNAN 70100 KUALA LUMPUR MALAYSIA
SHIPMENT：	HIPMENT BY STEAMER NOT LATER THAN 30 JUN, 2002 FROM

	CHINA TO KUALA LUMPUR WITH PARTIAL SHIPMENT AND TRANSHIPMENT ALLOWED.
DOCUMENTS REQUIRED：	COMPLETE SET OF NOTLESS THAN TWO CLEAN ON BOARD LINER TERM OCEAN BILL OF LADING MARKED FREIGHT PAID MADE OUT TO THE ORDER OF L/C；ISSUING BANK INDICATING BUYERS AS PARTY TO BE NOTIFIED

练习 2

1) 信用证资料

MT S700	ISSUE OF A DOCUMENTARY CREDIT
FORM OF DOC CREDIT	*40A: IRREVOCABLE
DOC CREDIT NUMBER	*20: T-050616
DATA OF ISSUE	*31C: O5O616
EXPIRY	*31D: DATE 050731 PLACE AT THE NEGO BANK
APPLICANT	*50: ABC TRADING P.O.BOX 1236, 60078 SIBU, MALAYSIA
BENEFICIARY	*59: NANJING ZHICHENG IMPORT AND EXPORT COMPANY LTD.NO.107 WENHUA ROAD NANJING, CHINA
AMOUT	*32B: CURRENCY USD AMOUNT 10 800.00
AVAILABLE WITH/BY	*41D: ANY BANK BY NEGOTIATION
DRAFTS AT …	*42C: SIGHT
DRAWEE	*42A: HOCK HUA BANK BERHAD SIBU, MALAYSIA
PARTIAL SHIPMENTS	43P: ALLOWED
TRANSSHIPMENT	43T: ALLOWED
LOADING IN CHARGE	44A: CHINA
FOR TRANSPORT TO …	44B: SIBU, MALAYSIA
LATEST DATE OF SHIP	44C: 050718
DESCRIPT OF GOODS	45A: AGRICULTURAL IMPLEMENT 300 DOZEN S301B SHOVEL 200 DOZEN S302B SHOVEL AT USD 21.60 PER DOZEN CIF SIBU
DOCUMENTS REQUIRED	46A: *SIGNED COMMERCIAL INVOICE IN THREE FOLD
	*PACKING LIST AND WEIGHT NOTE IN THREE FOLD
	*FULL SET OF CLEAN ON BOARD OCEAN BILLS OF LADING

	MADE OUT TO ORDER OF HOCK HUA BANK BERHAD AND ENDORSED ENDORSED IN BLANK MARKED FREIGHT PREPAID AND NOTIFY APPLICANT
	*MARIE INSURANCE POLICY/CERTIFICATE ENDORSED IN BLANK FOR FULL CIF VALUE PLUS 10 PERCENT SHOWING CLAIMS IF ANY PAYABLE AT DESTINATION IN THE CURRENCY OF THE DRAFT ALL RISKS AND WAR RISK AS PRE CIC
	*CERTIFICATE OF ORIGIN
	*COPY OF FAX SENT BY BENEFICIARY TO THE APPLICANT ADVISING DESPATCH WITH SHIP'S NAME BILL OF LADING NUMBER AND DATE AMOUNT AND DESTINATION PORT
ADDITIONAL COND	47A: *DOCUMENTS MUST BE NEGOTIATED IN CONFORMITY WITH THE CREDIT TERMS
	*A FEE OF USD TO OR EQUIVALENT IS TO BE DEDUCTED FORM EACH DRAWING FOR THE ACCOUNT OF BENEFICIARY IF DOCUMENTS ARE
	PRESENTED WITH DISCREPANCY(IES)
	*COMBINED TRANSPORT B/L ACCEPTABLE
	*ONE FULL SET OF NON-NEGO-TIABLE SHIPPING DOCUMENTS MUST BE FORWARDED TO THE APPLICANT IMMEDIATELY AFTER SHIPMENT A BENEFICIARY'S CERTIFICATE TO THIS DEFECT IS REQUIRED
DETAILS OF CHARGES	71B: ALL BANKING CHARGES INCLUDING REIM CHARGE OUTSIDE MALAYSIA FRE FOR ACCOUNT OF BENEFICIARY
PRESENTATION PERIOD	48: WITHIN 15DAYS AFTER THE DATE OF SHIPMENT BUT WITHIN THE VALIDITY OF THE CREDIT

CONFIRMATION	*49：WITHOUT
REIMBURSING BANK	53A: UNION BANK OF CALIFORNIA INTERNATIONAL NEW YORK, U.S.A
INSTRUCTIONS	78: ALL DOCS MUST BE MAILED TO HOCK HUA BANK BERHAD, SIBU BY COURIER IN ONT LOT
SEND TO REC INFO	72: THIS IS OPERATIVE INSTRUMENT THIS CREDIT IS SUBJECT TO UCP(1993 REV)I.C.CPUB 500 REIMBURSEMENTS UNDER THIS CREDIT ARE SUBJECT TO THE URR NO.525

2) 补充资料

INVDTCE NO: HYL-B008
S/C NO: 2005AG018
B/L NO: CPS5501
INSURANCE POLICY NO: ZC32/20051865
VESSEL: DONGENG V.122
SHIPPING MARK: ABC/SIBU/NOS.I-500
MEASUREMENT: $46M^3$
TOTAL G.W: 120 000.00KGS
T.W: 110 000.00KGS
500 DOZEN IN 500 GUNNY BAGS
PORT OF LOADING: SHANGHAI
代运编号: TBB230
托运单编号: 086
代理人: SINOTRANS JIANGSU CO. NANJING BRANCH 李刚
地址(Address): 16 XINHUA ROAD NANJING, CHINA
电话(Telephone): 028-86753769
委托人电话: 028-87632168

练习 3

货物等级表与费率见表 4-1 和表 4-2。

表 4-1 货物等级表(节选)

COMMODITIES(货物)	CLASS(等级)	BASIS(计费标准)
COMPUTER AND DUPLICATOR	12	W/M
AGRICULTURAL IMPLEMENT	11	W/M
COTTON GOODS AND PIECE GOODS	10	M
COTTON THREAD AND YARN	9	M
……	……	……

表 4-2　费率表(节选)

货物等级	运费率					
	HONGKONG (香港)	TOKYO (东京)	SINGAPORE (新加坡)	SIBU (诗巫)	THAILAND (泰国)	INDONESIA (印度尼西亚)
CLASS	US$/FT	US$/FT	US$/FT	US$/FT	US$/FT	US$/FT
……	……	……	……	……	……	……
9	23.00	50.00	35.00	36.00	35.00	30.00
10	24.00	51.00	36.00	37.00	36.00	31.00
11	25.00	52.00	37.00	38.00	37.00	32.00
……	……	……	……	……	……	……

4.2　海洋集装箱班轮货运业务实训

4.2.1　实训目的

通过本节的实训，要求学生掌握进出口业务中办理海洋集装箱班轮的操作流程和方法；掌握集装箱货物托运单、设备交接单及装箱单的内容与填制方法。

4.2.2　实训内容

1. 集装箱班轮货物进出口运输业务流程

在集装箱货物的流转过程中，其流转形态分为两种：一种为整箱货，另一种为拼箱货。

整箱货是指发货人或其代理人把经报关、检验的货物自行装箱、签封后，以箱为单位进行托运和交付。进口货物，由收货人或其代理人在办理进口报关、提货手续后按约定地点提取未经开封的整箱货并自行安排拆箱卸货。

拼箱货是指承运人或货运代理人接受货主托运的数量不足整箱的小票货运后，根据货类性质和目的地进行分类整理，把去同一目的地的货，集中到一定数量，拼装入箱。由于一个箱内有不同货主的货拼装在一起，所以叫拼箱。这种情况在货主托运的货物数量不足装满整箱时采用。拼箱货的分类、整理、集中、装箱(拆箱)交货等工作均在承运人码头集装箱货运站或内陆集装箱转运站进行。

在集装箱班轮整箱货物进出口中，其运输业务流程与杂货班轮大致相同，但由于涉及集装箱的使用，因此在装船前需要完成货物装箱，而在提货后则还要负责空箱的还箱工作，具体流程如下。

1) 集装箱班轮出口货运业务基本流程

(1) 订舱。出口方(发货人)应根据贸易合同或信用证条款的规定，在货物托运之前一定的时间内，填制托运单向班轮公司或其代理人，申请订舱。通常出口方委托货运代理人办理的，需填写出口货运代理委托书。

(2) 接受托运申请。班轮公司或其代理人，在决定是否接受发货人的托运申请时，首先要考虑其航线、船舶、运输要求、港口条件、运输时间等方面能否满足发货人的要求。一旦接受托运申请，应着手编制订舱清单，然后分送集装箱码头堆场、集装箱货运站，据此办理空箱及货运交接。

(3) 发放空箱。通常，在整箱货运输时，空箱由发货人到集装箱码头堆场领取；在拼箱货运输时，则由集装箱货运站负责领取。在由发货人到集装箱码头堆场领取空箱时，发货人与集装箱码头堆场对空箱办理交接，并填制设备交接单。

(4) 拼箱货装箱。发货人将不足一整箱的货物交由集装箱货运站，并由货运站根据订舱清单的资料，核对货主填写的场站收据，负责整理装箱。

(5) 整箱货交接。由发货人自行负责装箱并加海关封志的整箱货，通过内陆运输至集装箱码头堆场，并由码头堆场根据订舱清单，核对场站收据和装箱单接收货物。

(6) 集装箱交接签证。集装箱码头堆场在验收货箱后，即在场站收据上签字，并将签署的场站收据交还给发货人，由发货人据此换取提单。

(7) 换取提单。发货人凭签署的场站收据，向负责集装箱运输的人或其代理人换取提单，然后去银行结汇。

(8) 装船。集装箱码头堆场或集装箱装卸区根据接受待装的货箱情况，制订装船计划，等船靠泊后即行装船。

2) 集装箱班轮进口货运业务基本流程

(1) 卸货地订舱。如果货物以 FOB 价格成交，出口方就负有尽快向班轮公司订舱的责任，特别是在采用特殊集装箱运输时，更应尽早预订舱位。同样可以委托货运代理来完成相应的运输责任。

(2) 报检报关。根据国家有关法律法规的规定，进口货物必须办理验收手续后，收货人才能提取货物。因此，必须及时办理有关报检、报关等手续。

(3) 申请监管转运。进口货物入境后，一般在港口报关放行后再内运，但经收货人要求，经海关核准也可运往另一设关地点办理海关手续，称为转关运输货物，完成通关之前，该批货物均属于海关监管货物。

(4) 提取货物。货物到港后，收货人完成报关后，凭加盖了海关放行章的提货单至港口装卸区办理提货手续，整箱运输中可能还会涉及空箱的还箱工作。在委托货运代理负责运输的情况下，收货人至与货代约定地点提货，由货代负责空箱的还箱工作。

2. 集装箱班轮出口货运业务相关单据

1) 集装箱货物托运单

现代海洋班轮运输中以集装箱运输为主，为简化手续即以场站收据作为集装箱货物的托运单，该单由货代企业缮制送交船公司或其代理人订舱。集装箱货物托运单(Dock Receipt，D/R)又称“场站收据”联单，各地口岸的联数有所不同，如在上海口岸的集装箱货物托运单，根据有关单位需要设计为一式十联，另加空白纸二联，共 12 联。各联作用如下。

第一联：货主留底(托运单原先由货主初步缮制后将此联留底)。

第二联：船代留底并加注编号和所配载船名(该联盖有货主公章或订舱单，船代据以缮制载货清单，船公司据以编制预配图)。

第三联：运费通知(1)(船代在此联上批注运价，作为船代结算部门办理运费结算的依据)。

第四联：运费通知(2)(作为货代向发货人办理运费结算的依据)。

第五联：装货单，又称场站收据副本(Shipping Order，S/O)，海关联(盖有船公司或其船代的订舱单，表示确认订舱，是船公司发给船上负责人员和集装箱装卸作业区接受装卸的指令，报关时海关查核后在此联盖放行章，船上大副凭以收货)。

第五联(附页)：缴纳出口货物港务费申请书(用以港区核算应收港务费用)。

第六联(浅红色)：场站收据副本——大副联(理货单据，表示大副已代表船方接收单据上的货物，一般由理货公司签署后留存)。

第七联(黄色)：场站收据(Dock Receipt，D/R)，装货完毕后，船长或大副签字批注，也有由码头集装箱堆场签章的情况，表示所列货物已装船，装船结束后，船公司或其代理人凭此联签发提单。

第八联：货运代理留底(货代留存以备查询)。

第九联：配舱回单(1)。

第十联：配舱回单(2)。

第九联和第十联，船公司签章后，经货运代理退给货主用于其缮制提单，若货代统一缮制提单，则无需退还发货人。

场站收据联单的核心单据为第五～七联。第一联为货主留底。第二～四联由船公司或其代理留存，第五联(包括附页)、第六联和第七联，作为报关单使用，第九联和第十联交货主(托运人)作为配舱回执，其余供内部各环节使用。

(1) 场站收据联单的流转过程。一式十联的场站收据联单的流转过程是：

① 货主填制集装箱货物托运单一式十联，委托货运代理人代办托运手续。

② 货运代理人审核托运单后接受委托，将货主留底联退还货主。

③ 货运代理人持其他九联托运单到船公司的指定代理人(船代)处代办托运手续。

④ 船代审核托运单，确认订舱数据无误后，接收订舱；并在托运单上缮制提单号、船名、航次等运输信息。在场站收据副本上盖章确认订舱。船公司或其代理人留下船代留底联、运费通知(1)运费通知(2)联三联，将其余各联退还给货运代理人。

⑤ 代理人留存货代留底联，据以缮制货物业务记录表。

⑥ 货运代理人根据船代退回的配舱回单(1)联缮制提单和其他货运单证。

⑦ 货运代理人持盖有船代订舱章的场站收据副本联第五联(附页)、第六联大副收据副本和第七联场站收据联，随同出口货物报关单和其他出口报关用的单证一起到海关办理货物出口报关手续。

⑧ 海关审核有关报关单证，同意出口的，则在第五联场站收据副本上加盖放行章，然后将经过海关加盖放行章的装货单和其他各三联退还给货运代理人。

⑨ 货运代理人将海关退还的四联单证及配舱回单(2)联同集装箱或待装箱货物转交集装箱堆场或集装箱货运站。

⑩ 集装箱堆场或集装箱货运站验收集装箱或货物后，若无异常状况，则在正本场站收据(D/R)及配舱回单(2)上签章，并退还给货主或货运代理人；如实际收到的集装箱货物与场站收据和配舱回单(2)的记载不符，则须在正本场站收据和配舱回单(2)上作出批注，退还货主或货运代理人，而货主或货运代理人则须根据配舱回单(2)的批注，修改已缮制的提单。

⑪ 集装箱堆场或集装箱货运站收下 S/O。集装箱装船后将大副收据交船方大副；第五联(附页)交港务局计算港建港杂费。

⑫ 货主或货运代理人持正本 D/R 和事先缮制的提单至船公司或其代理人处，办理签发正本提单手续。船公司或船公司代理人收回 D/R，签发提单。

由于集装箱业务的快速发展，海关报关程序的改变，电子数据交换在船公司、船代、货代间的广泛应用，货代为货主代为制作集装箱托运单现象的普遍存在等因素，造成相关原先针对十联单设计的单证流转程序也发生了很大的变化。实际操作中已将场站收据联单，由原先的一式十联单，简化为一式四联，即第五联装货单，第五联(附页)缴纳出口货物港务申请书，第六联场站收据副本大副联和第七联场站收据联；货物进港，也不再遵循必须先将集装箱送交船公司的集装箱堆场的惯例，而是直接送交集装箱码头；海关予以盖章放行的场站收据副本等四联单据，由货运代理人直接送交船公司在码头的现场经办人员，码头配载会据此安排集装箱装船；船公司或其代理人依据从码头现场理货公司返还的正本场站收据缮制并签发提单；货运代理人或货主直接到船公司或其代理人处申领提单；集装箱货物的运费通过船公司或其代理人向货主或货运代理人收取。

(2) 场站收据联单(图 4.6)的填制方法。

<table>
<tr><th colspan="10">集装箱货物托运单(场站收据托运联)</th></tr>
<tr><td colspan="6">Shipper</td><td colspan="4" rowspan="2">D/R NO. ①
集装箱货物托运单
货主留底</td></tr>
<tr><td colspan="6">Notify Party</td></tr>
<tr><td colspan="3">Pre-carriage by
(前程运输)</td><td colspan="3">Place of Receipt
(收货地点)</td><td colspan="4" rowspan="2"></td></tr>
<tr><td colspan="3">Ocean Vessel
Voy No.</td><td colspan="3">Port of Loading
(装运港)</td></tr>
<tr><td colspan="3">Port of Discharge
(卸货港)</td><td colspan="3">Place of Delivery
(交货地点)</td><td colspan="4">Final Destination
(目的地)</td></tr>
<tr><td>Container No.
(集装箱号)</td><td colspan="2">Seal No. Mark&Nos.(封志号、标记与号码)</td><td colspan="2">No of Containers or Packages
(箱数与件数)</td><td colspan="2">Kind of Packages; Description of Goods
(包装种类与货名)</td><td colspan="2">Gross Weight
(毛重/千克)</td><td>Measurement
(尺码/立方米)</td></tr>
<tr><td>②</td><td colspan="2"></td><td colspan="2">③</td><td colspan="2"></td><td colspan="2">④</td><td>⑤</td></tr>
<tr><td colspan="5">Total Number of Containers or Packages(in Words)</td><td colspan="5">⑥</td></tr>
<tr><td>Freight& Charges
(运费与附加费)</td><td>Revenue Tons
(运费吨)</td><td></td><td>Rate
(运费率)</td><td></td><td>Per
(每)</td><td></td><td>Prepaid
(预付)</td><td colspan="2">Collect
(到付)</td></tr>
<tr><td colspan="2">Ex Rate(兑换率)</td><td colspan="3">Prepaid at(预付地点)</td><td colspan="3">Payable at(到付地点)</td><td colspan="2">Place of Issue
(签发地点)</td></tr>
<tr><td colspan="2"></td><td colspan="3">Total Prepaid(预付总额)</td><td colspan="3">No. of Original B/L
(正本提单份数)</td><td colspan="2"></td></tr>
<tr><td colspan="5">Service Type on Receiving(收货方式)</td><td colspan="2">Service Type on Delivery
(交货方式)</td><td colspan="3">Reefer Temperature(冷藏温度)</td></tr>
<tr><td colspan="5">[ ]-CY [ ]-CFS [ ]-DOOR</td><td colspan="2">[ ]-CY [ ]-CFS
[ ]-DOOR</td><td colspan="3"></td></tr>
<tr><td rowspan="2">Type of Goods
(货物种类)</td><td colspan="5">[ ]Ordinary [ ]Reefer
[ ]Dangerous [ ]Auto</td><td colspan="2" rowspan="2">危险品</td><td colspan="2" rowspan="2">Class:
Property:
IMDG Code Page:
UN No.:</td></tr>
<tr><td colspan="5">[ ]Liquid [ ]Live animal
[ ]Bulk</td></tr>
<tr><td colspan="4">可否转船</td><td colspan="3">可否分批</td><td colspan="3"></td></tr>
</table>

图 4.6 集装箱货物托运单(场站收据托运联)

填写说明：

集装箱货物托运单的填写与海运杂货出口托运单基本相同，按照贸易合同、发票、信用证等文件写明的内容填写，有几点需要注意。

① 集装箱号：应列明所有集装箱编号。

② D/ R 编号：即提单号。

③ 箱数或件数：一般为集装箱中所装载货物件数，如 1 800CARTONS。

④ 毛重：每一类货物的包装毛重，单位是 KGS(千克)；两类以上，要有合计数。

⑤ 尺码：每一类货物的包装尺码(体积)，单位是 CBM(立方米)；两类以上要有合计数。

⑥ 集装箱数或件数大写：若是多票托单自拼整箱，则相应托单上根据货物的件数、包装用英文大写字母予以表示托单上的件数(如 3 票托单拼 1×20'GP，其中 1 票的货物包装是 10CTNS，则大写为 SAY TEN CARTONS ONLY)；若是 1 票托单中多个集装箱，则用英文大写字母予以表示集装箱数量或包装件数(如 100CTNS，装 2×20' 普箱，FCL CY/CY 交接，可以表示为 SAY TWO CONTAINERS ONLY；或 SAY ONE HUNDRED CARTONS ONLY)。

2) 设备交接单

集装箱设备交接单(Equipment Interchange Receipt，E/R)，是进、出场站时，集装箱所有人或经营人委托集装箱堆场、码头、仓库(集装箱货运站)装箱人(或用箱人)等使用集装箱的各关系人之间交接集装箱设备的凭证。

(1) 设备交接单的流转过程。

① 由集装箱代理人根据船代的预配清单，填制设备交接单。

② 由用箱人、运箱人凭船代预先告知的相应提单号，向集装箱代理人申领设备交接单。一般集装箱代理人会与用箱人、运箱人签订领取设备交接单的用箱协议，并收取一定数额的押金。

③ 用箱人、运箱人到指定的集装箱堆场，与堆场经办人员对照设备交接单、检查集装箱的外表状况后，双方在设备交接单上签字，出场联中的第一、第二联(船代歇；码头、堆场联)留在堆场，第三联由用箱人、运箱人保管。

④ 用箱人、运箱人在装完货后，根据箱封号等据实填写设备交接单的进场联相关内容。将集装箱重箱及设备交接单一同转交集装箱码头作业区的收货道口。

⑤ 码头与用箱人、运箱人对设备交接单、集装箱重箱检查后，双方签字确认。码头将进场联的第一、第二联(货代联；码头、堆场联)留下，将第三联交用箱人、运箱人保存。

⑥ 堆场、码头分别将留下的出场第一联、进场第一联转交船代，据以结算上下车费等。

(2) 设备交接单(图 4.7)的填制方法。

集装箱设备交接单(出场联)

OUT

NO:

CONTAINER USER/HAULIER(用箱人/运箱人)	PLACE OF DELIVERY(提箱地点)
DELIVERED TO(发往地点)	PLACE OF RETURN(返回/收箱地点)

VESSEL/VOY NO.	CONTAINER NO. (集装箱号)	SIZE/TYPE (尺寸/类型)	CNTROPTR(营运人)
B/L NO	SEAL NO (铅封号)	FREE TIME PERIOD(免费期限)	TRUCK，WAGON，BAGE NO. (运输工具牌号)

PPS OF GATE-OUT/STATUS (出场目的/状况)	PPS OF GATE-IN/STATUS (进场目的/状况)	TIME-OUT(出场日期)
		月 日 时

INSPECTION AT THE TIME OF INTERCHANGE(出场检查记录)			
GP CONTAINER (普通集装箱)	RF CONTAINER (冷藏集装箱)	SP CONTAINER (特种集装箱)	GEN SET (发电机)
SOUND(正常)	SOUND	SOUND	SOUND
DEFECTIVE(异常)	DEFECTIVE	DEFECTIVE	DEFECTIVE

DAMAGE&CODE (损坏记录及代号)	BR	D	M	DR	DL
	BROKEN (破损)	DENT (凹损)	MISSING (丢失)	DIRTY (污箱)	DGLABEL (危标)

左侧(LEFT SIDE)

右侧(RIGHT SIDE)

前部(FRONT)

集装箱内部(CONTAINER INSIDE)

顶部(TOP)

底部(FLOOR BASE)

箱门(REAR)

如有异状，请注明程度尺寸

(REMARK)

除列明者外，集装箱及集装箱设备交接时完好无损，铅封完好

用箱人/运箱人： 码头/堆场值班员：

图 4.7 集装箱设备交接单(出场联)

填写说明：

设备交接单分进场联、出场联各三联。三联出场联依序：船代联；码头、堆场联；用箱人、运箱人联。三联进场联依序：船代联；码头、堆场联；用箱人、运箱人联。

设备交接单的各栏分别由集装箱代理人(一般是船公司指定的船舶代理人)码头或堆场、用箱人或运箱人等工作经办人员填写。

由集装箱代理人填写的内容：用箱人/运箱人；提箱地点；船名/航次；集装箱尺寸/类型；免费期限；出场目的/状态等。

由码头、堆场填写的内容：集装箱出场、进场日期；检查记录；出场联还要填写提箱地点和集装箱号等栏目。

由用箱人、运箱人填写的内容：运输工具的车辆牌照号；进场联还要填写来自地点；集装箱号；提单号；铅封号等栏目。

具体填写方法如下。

① 交接单号码：按船公司(船代)编制的号码填制。

② 经办日期：指制单日期。

③ 经办人：要箱单位的经办人员。

④ 用箱人：一般为订舱代理单位名称。

⑤ 提箱点：空箱存放点。

⑥ 船名、航次、提单号、货物发放地点：必须与关单相关项目一致。

⑦ 经营人：集装箱经营人。

⑧ 尺寸、类型：可简写，如20/DC，即20英尺干货箱。

⑨ 集装箱号：提取空箱箱号。

⑩ 用箱点：货运代理人或货主的装箱地址。

⑪ 收箱点：出口装船的港口作业区。

⑫ 运箱工具：集卡车号。

⑬ 出场目的/状态：如提取空箱，目的是装箱，状态是空箱。

⑭ 进场目的/状态：如重箱进区，目的是装船，状态是重箱。

⑮ 出场日期：空箱提离堆场日期。

⑯ 进场日期：重箱进入港口作业区日期。

⑰ 集装箱设备交接单的下半部分是出场或进场检查记录，由用箱人(运箱人)及集装箱堆场/码头工作人员在双方交接空箱或重箱时验明箱体记录情况，用以分清双方的责任。

(3) 装箱单(Container Load Plan)。集装箱装箱单是托运人向承运人提供箱内所装货物的明细清单。此外，它也是集装箱船舶进出口报关时向海关提交的载货清单的补充文件资料，是船舶积、配载的依据，是装、卸港的集装箱装卸作业编制装卸计划的依据，是发生货损时处理索赔事故的原始依据之一。装箱单的填制数据准确与否与货物能否正常出运、能否正常退税核销有很重要的关系。

集装箱装箱单有五联，依序为第一联(码头联)、第二联(承运人联)、第三联(船代联)、第四联(发货人联)、第五联(装箱人联)。整箱货由发货人缮制装箱单，拼箱货由作为装箱人的集装箱货运站缮制装箱单。

(4) 集装箱装箱单的流转过程。

① 发货人或装箱人将货物装箱后，依据装箱顺序(由里至外)填制装箱货物的船名/航次、箱号、封号、箱型、箱类、提单号、件数与包装、毛重、尺码、货名和唛头(标志)和其他货运资料。对于特种货物还应加注特定要求，如对冷藏货物要求注明对箱内温度的要求等。

② 将集装箱和五联装箱单一起送集装箱堆场或码头。码头或堆场的业务人员在五联单上签收后，留下第一～三联，将第四联和第五联退还给送交集装箱货物的发货人或装箱人留存。

③ 码头或堆场留下的三联中，码头联用以编制装船计划；船代联交船代缮制积载计划；承运人联作为处理货损事故的依据。

(5) 集装箱装箱单(图 4.8)的填制方法。

集装箱装箱单

Container No.(集装箱号)	Type of Container(集装箱规格)	Seal No.(铅封号)
Ocean Vessel(船名)	Voy No.(航次)	Port of Discharging(卸货港)

B/L NO.(提单号)	Shipping Marks(运输标志)	Packing & Numbers(件数及包装)	Description of Goods(货名)	G.W (kgs)(毛重)	Container G.W(kgs)(整箱重)	Measurement (M^3)(尺码)	Consignee & Notify Party(收货人及通知人)

Loading Spot(装箱地点)	Loading Date(装箱时间)	Shipper(发货人)

图 4.8 集装箱装箱单

填写说明：

装箱单记载的内容必须与场站收据保持一致；所装货物如品种不同必须按箱子前部到箱门的顺序填写。

4.2.3 实训要求

(1) 以第一节 海洋杂货班轮货运业务实训中资料二的资料为背景，分组模拟海运集装箱整箱出口业务流程，熟悉业务流程与相关单据流转过程，并结合本节资料一，完成集装箱货物托运单、设备交接单及装箱单的填写。

(2) 根据资料二的内容，分组模拟分组模拟海运集装箱进口货运业务流程，熟悉业务流程与相关单据流转过程，并画出流程图。

4.2.4 实训材料

以第一节资料二中的信用证资料为背景，分组模拟海运集装箱整箱出口业务流程，熟悉业务流程与相关单据流转过程，并结合下列材料，完成集装箱货物托运单、设备交接单及装箱单的填写。

练习 1

(1) 装箱方式：500 GUNNY BAGS LOAD IN 20 FOOT CONTAINER，PER CONTAINER LOAD 250 GUNNY BAGS(CY-CY)。

(2) 集装箱箱号(Container No.)：COSU8001215 HJCU8747654。

(3) 集装箱尺寸：20 英尺普通箱(20GP)，空箱重 2 500KGS。

(4) 封志号(Seal No.)：XH156879 MU7865。

(5) 集装箱货物托运单编号(D/R NO.)：086。

(6) 设备交接单号：D-356。

(7) 提箱地点：NO.68 HONGJIAN ROAD SHANGHA，CHINA。

(8) 发往地点：NO.87 WENHUA ROAD SHANGHA，CHINA。

(9) 返回/收箱地点：NO.66 YENGQI ROAD SHANGHA，CHINA。

(10) 集装箱营运人：CHINA OCEAN SHIPPING (GROUP) CO.。

(11) 运输工具牌号：TRUCK 沪 B 0280236。

(12) 发往地点：NO.87 WENHUA ROAD SHANGHA，CHINA。

(13) 集装箱免费期限：5 天。

(14) 出场日期：7 月 10 日 8 时。

(15) 上海—诗巫集装箱整箱运费率：$750/FCL。

练习 2

南京志成进出口公司委托远航货代公司从日本大阪代理运输一批集装箱货物到宁波。

4.3 海洋货物运输进出口保险业务实训

4.3.1 实训目的

通过本节的实训，要求学生掌握进出口业务中办理货运保险的基本方法；练习保险金额的计算方法，了解并初步掌握相关保险单据的内容与填制方法。

4.3.2 实训内容

在出口货物运输中，在装运前，买卖合同要求由卖方购买保险的(如 CIF、CIP 条件)，需要向保险公司办理投保手续。而在进口货物运输中，选择由进口方承担风险的贸易术语时(CIF、CIP 除外)，进口方也需要考虑通过购买保险转移货运风险给保险公司。投保时，投保人要与保险人双方约定一个保险金额，并根据具体的货运情况选择保险的险别，不同险别的承保范围有所不同，保险人以保险金额为限，在承保险种的保险责任以内，为保险标的(运输的货物)的损毁进行赔付。

本部分内容主要介绍投保单据的内容与填写方式。

1. 货物运输投保单的格式与填写方法

各协会保险条款规定的保单格式有所不同，由于我国贸易商主要向本国的保险公司投保，因此主要介绍我国海洋运输货物保险条款规定的保单的内容。

1) 格式

货物运输保险投保单的格式如图 4.9 所示。

货物运输保险投保单

The PEOPLE'S INSURANCE COMPANY OF CHINA，SHANGHAI BRANCE

APPLICATION FORM FOR CARGO TRANSPORTATION INSURANCE

被保险人(INSURED)：________________

发票编号(INVOICE NO.)：________________

合同编号(CONTRACT NO.)：________________

信用证编号 (L/C NO.)：________________

发票金额(INVOICE AMOUNT)：________________

投保加成(PLUS)：________________

兹有下列货物向中国人民保险公司上海分公司投保：(INSURANCE IS REQUIRED ON THE FOLLOWING COMMODITIES：)

标记 (MARK & NOS.)	数量及包装 (PACKING & QUANTITY)	货物名称 (DESCRIPTION OF GOODS)	保险金额 (AMOUNT INSURED)

总保险金额(TOTAL AMOUNT INSURED) ________________

保费(PREMIUM) ________________

启运日期(DATA OF COMMENCEMENT) ________________

装载运输工具(PER CONVEYANCE) ________________

自(FORM)________________经(VIA)________________至(TO) ________________

提单编号(B/L NO.)________________赔付地点(CLAIM PAYABLE AT) ________________

保险险别：(PLEASE INDICATE THE CONDITIONS &/OR SPECIAL COVERAGES：)

____

请如实相告下列情况：(如“是”在[ ]中打“√”，如“不是”打“×”)
(IF ANY，PLEASE MARK“√”OR“×”)

1．GOODS：(货物种类) BAG/JUMBO [ ] (袋装) BULK [ ] (散装) REEFER [ ] (冷藏) LIQUID [ ] (液体) LIVE ANIMAL [ ] (活动物) MACHINE/AUTO [ ] (机器/汽车) DANGEROUS CLASS[ ] (危险品等级)

2．CONTAINER：(集装箱种类) ORDINARY[ ] (普通) OPEN[ ] (开顶) FRAME[ ] (框架) FLAT[ ] (平板) REFRIGERATOR[ ] (冷藏)

3．BY TRANSIT：(转运工具) SHIP[ ] (海轮) PLANE[ ] (飞机) BARGE[ ] (驳船) TRAIN[ ] (火车) TRUCK[ ] (汽车)

4．PARTICULAR OF SHIP：(船舶信息) REGISTRY [ ] (船籍) AGE [ ] (船龄)

THE ASSURED CONFIRMS HEREWITH THE TERMS AND CONDITIONS OF THESE INSURANCE CONTRACT FULLY UNDERSTOOD(被保险人确认本保险合同条款和内容已完全了解)

APPLICANTS'SIGNATURE(投保人签名盖章)：

TEL(电话)：

DATE(投保日期)：

ADD(地址)：

图 4.9 货物运输保险投保单

2) 填写方法

货物运输投保单是保险公司接受投保人(被保险人)的投保申请和开立保险单的依据。投保单内容正确与否，不仅影响保险公司出具的保险单内容的正确性，同时还会影响出口商的顺利结汇。货物运输投保单用英文填写，方法如下。

(1) 被保险人：此栏填写投保人(外贸公司)，一般与合同卖方或信用证受益人一致。信用证有要求时应按信用证要求填写。

(2) 发票、合同、信用证号码：此处按实际情况如实填写。

(3) 发票金额：发票金额应按发票实际金额填写(不超过信用证规定的额度)。

(4) 投保加成：根据实际合同要求填写，一般情况下为 10%。

(5) 标记：填写实际发运货物包装唛头，应与发票、提单保持一致。

(6) 数量及包装：填写实际发运货物的(最大)包装及件数。

(7) 货物说明：此处可以使用大类货物名称，但应与提单、发票保持一致(与信用证相符)。

(8) 保险金额：此处按约定的投保加成率投保，一般按合同或信用证规定的发票金额的 110%计打(小数点后尾数进为整数，使用货币与信用证币种相同)。

(9) 启运日期、装载运输工具、运输起讫地、提单号码：按实际填写，与提单保持一致。

(10) 赔款偿付地点：一般为货物最终目的地。

(11) 投保险别：按合同、信用证填写。

(12) 货物种类、集装箱种类、转运工具和船舶信息。按所给选项及实际情况划“√”。

2. 进口贸易中的预约保险

进口贸易中，当需要我国进口商承担风险时，我国进口商投保目前有两种做法：预约保险与逐笔保险。逐笔保险可按照出口投保的方式为各笔买卖合同的标的向保险人要求投保。而对于经常有货物进口的外贸企业，则倾向于采用预约保险的方式投保。

预约保险的做法是外贸公司或企业同保险公司签订预约保险合同(图 4.10)，规定总的保险范围、保险期限、保险种类种类、总保险限额、运输工具、航程区域、保险条件、保险费率、适用条款、赔偿结算支付办法。只要有属于预约保险合同规定的承保范围内的货物进口，投保单位在接到国外出口商的装船通知后，填写“国际运输预约保险起运通知书”(一式五份，图 4.11)送交保险公司，保险公司签章确认办妥保险手续，并退还投保人一份。

进口货物运输预约保险合同

合同号 GD-98-858 年/号 2009.7.13

南京志成进出口有限公司为甲方　　　　　　中国人民保险公司南京分公司为乙方

双方就进口货物的运输预约保险议定下列各条以资共同遵守：

① 保险范围

甲方从国外进口的全部货物，不论运输方式，凡贸易条件规定由买方办理保险的，都属于本合同范围之内。甲方应根据本合同规定，向乙方办理投保手续并支付保险费。

乙方对上述保险范围内的货物，负有自动承保的责任，在发生本合同规定范围内的损失时，均按本合同的规定负责赔偿。

② 保险金额

保险金额以进口货物的到岸价格(CIF)即货价加运费加保险费为准(运费可用实际运费，亦可由双方协定一个平均运费率计算)。

③ 保险险别和费率

各种货物需要投保的险别由甲方选定并在投保单中填明。乙方根据不同的险别规定不同的费率。现暂订如下

货物种类	运输方式	保险险别	保险费率
HUCK FASTENING PRODUCTS	BY SEA	ALL TISKS AND WAR RISK	0.6%＋0.06

④ 保险责任

各种险别的责任范围，按照所属乙方制定的《海洋货物运输保险条款》、《海洋货物运输战争险条款》、《航空运输综合险条款》和其他有关条款的规定为准。

⑤ 投保手续

甲方一经掌握货物发运情况，即应向乙方寄送起运通知书，办理投保。通知书一式五份，由保险公司签字确认后，退回一份。如果不办理投保，货物发生损失，乙方不予理赔。

⑥ 保险费

乙方按甲方寄送的起运通知书，照前列相应的费率逐笔计收保费，甲方应及时付费。

⑦ 索赔手续和期限

本合同所保货物发生保险范围以内的损失时，乙方应按制订的《关于海运进口保险货物残损检验和赔款给付办法》迅速处理。甲方应尽力采取防止货物扩大受损的措施，对已遭受摺失的货物必须积极抢救，尽量减少货物的损失。向乙方办理索赔的有效期限，以保险货物卸离海轮之日起满一年终止。如有特殊需要可向乙方提出延长索赔期。

⑧ 合同期限

本合同自 2005 年 7 月 25 日开始生效。

图 4.10　进口物运输预约保险合同

中国人民保险公司南京分公司
国际运输预约保险起运通知书

被保险人：　　　　　　　　　　　　　　　编号　　字 第　号

保险货物项目(唛头)	包装及数量	价格条件	货价(原币)

合同号	发票号码	提单号码
运输方式	运输工具名称	运　费

开航日期　　年　月　日　　运输路线　　自　　至

投保险别		费率		保险金额		保险费	

中国人民保险公司	被保险人签章	备注
年　月　日	年　月　日	

图 4.11　预约保险起运通知书

4.3.3　实训要求

(1) 以第一节 海洋杂货班轮货运业务实训中资料一的资料为背景，分组模拟出口货运保险业务流程，熟悉业务流程与相关单据，完成出口货物运输投保单的填写。

(2) 以本节资料一的资料为背景，分组模拟进口货运保险业务流程，熟悉业务流程与相关单据，并完成进口货物运输预约保险合同和预约保险起运通知书的填制。

4.3.4　实训材料

用下列装船资料填制预约保险起运通知书。

TO: NANJING ZHICHENG IMPORT AND EXPORT COMPANY LTD DEAR SIRS,

WE HEREBY DECLARE THAT THE FOLLOWING GOODS HAVE BEEN SHIPPED TODAY:

L/C NO: T-057651

INVOICE NO: HYL-B008

B/L NO: CPS5501

B/L DATE: JULY 16, 2005

COMMODITY: AGRICULTURAL IMPLEMENT

QUANTITY/PACKAGE: 500 DOZEN/500 GUNNY BAGS, PACKING IN A 20 FOOT CONTAINER.(CONTAINER NO: S.O.C802376; SEAL NO: G2086531)

VALUE: USD 10 800.00

PORT OF LOADING: SIBU

DESTINATION: SHANGHAI

VESSEL NAME: DONGENG V.122

SHIPPING MARK:

ABC
SIBU
NOS.1-500

贸易条件：CFR

保险险别：ALL RISKS AND WAR RISK

保险费率：0.5%＋0.04%

预约保险人：PICC 中国人民保险公司上海分公司(THE PEOPLE'S INSURANCE COMPANY OF CHINA, SHANGHAI BRANCH)

SHIPMENT OF CONTRACT NO.: H-531

第 5 章　外贸跟单模拟实训

知识目标	技能目标
(1) 了解外贸产品生产流程。 (2) 了解外贸的跟单环节。 (3) 了解原材料、生产环节和品质的跟单要求。 (4) 了解出口包装跟单	(1) 掌握外贸跟单的操作流程。 (2) 学会选择生产企业和签订加工合同的跟单。 (3) 学会原材料、生产环节和品质的跟单。 (4) 掌握出口包装跟单流程操作

导言

外贸跟单是外贸行业一个细分的从业岗位，其主要职责是围绕着外贸订单，将国外的订单按质、按量、按时交到国外采购商手中，也是外贸公司内部多部门之间、外贸公司与生产企业、外贸公司与客户、生产企业与客户的桥梁。而外贸跟单员则是指在进出口业务员，签订贸易合同后，依据相关合同或单证对货物生产加工、装运、保险、报检、报关、结汇等部分或全部环节进行跟踪或操作，协助履行贸易合同的外贸从业人员。作为订单的跟进者，跟单员的工作跨越了企业运作的每个环节，它是一项综合性的工作。既要了解企业生产、管理流程，又要熟悉企业对外交往、出口贸易的运作方式，更要有高效的沟通协调能力。因此，跟单工作涉及国际贸易的各个环节，贯穿于出口业务全过程，是国际贸易知识的综合运用。

5.1 实 训 目 的

本章实训致力于培养应用型高级外贸人才——外贸跟单员，秉承可持续发展就业理念，注重学生学习方法的获得和情意体验。通过本章内容的掌握做到外贸纺织品跟单员零距离直接上岗，其他产品外贸跟单近距离高效上岗，通过模拟实训，直接强化了外贸跟单实务课程开发内动力，以合格的外贸全程跟单的岗位人才为培养目标设计课程项目内容，以项目任务接轨岗位与教学，通过工学结合的深入细化来实现教学方法的根本变革，选择地域主导产业和出口主导产品纺织品为主要案例展开跟单流程，旨在强化学生对于纺织品外贸跟单的核心技能，实现相应岗位的零距离就业。

5.2 实 训 内 容

本章实训内容由外贸生产流程、产品特点与生产流程和高效沟通技巧构成，并在此基础上细分为新手上岗基础、审单跟单、打样跟单、大货生产跟单、结算与交付跟单、工厂及客户的管理与服务跟单等跟单一般流程。

5.3 实训要求

学生通过该章的学习，借助纺织品这一具体的外贸商品载体，进一步知晓外贸产品生产流程，学会外贸的跟单环节及其产品质量的把控和过程中的部分单证制作；掌握纺织材料这一具体产品特性以构建国际贸易业务链的产品知识基础；通过校企结合的实训使得学生作为新手能够直接上岗，而且胜任基本的外贸纺织品跟单岗位工作，同时促使学生举一反三得以掌握其他产品的外贸跟单实务岗位操作能力。

5.4 实训材料

江苏开元贸易公司与英国的 C&K 贸易公司之间的业务往来。江苏开元贸易公司的业务经理李华先生是本次业务的主负责人。该公司是流通性外贸公司，主要经营纺织服装、五金机械和手工艺品等进出口业务，在欧洲、北美和亚洲地区拥有众多客户。

练习 1　外贸合同的洽谈与订立

1．书写建立业务关系的英文信函。

背景介绍：李华先生率领的一批业务员参加了 2007 年 10 月的广交会，在会上他们主要是展示自己经营范围内的一批高档女裙(Ladies Skirt)。在会上他们发现英国的 C&K 贸易公司对这批货物感兴趣。于是在会后，江苏开元贸易公司打算主动出击，积极建立业务关系。请代李华先生书写一份建立业务关系的英文信函。

请按照以下提纲修改并完善你的信函：

(1) 表明愿意和对方建立业务关系的意愿。

(2) 介绍本公司大致的情况。

(3) 介绍相关产品的信息，取得对方的信任。

2．10 月 26 日，李华先生收到 C&K 公司业务主办布朗先生对款号为 MA212129 的棉制梭织女装裙的询盘。请用中英文代上述双方草拟询盘、发盘、还盘、受盘信函。

3．11 月 5 日，李华先生收到 C&K 贸易公司的棉制梭织女装裙订单。具体内容如下。

LETTER OF CREDIT NO.：DX-0

C&K　TRADING　CO. LTD

38 QUEE WAY, 2008　NSW　LONDON

PURCHASE　ORDER

<table>
<tr><td>ORDER .NO.
2007115</td><td>SUPPLIER:
JIANGSU　KAIYUAN .TRADING CO.LTD</td><td>STYLE NO.
MA212129</td></tr>
<tr><td colspan="2">DESCRIPTION:
Women's cotton woven skirts
EXACTLY LIKE ARTWORK,BUT CHANGE THE MAIN LABEL POSITION TO CENTER BACK .
FABRIC:
75% COTTON 23% POLYESTER 2% SPANDEX
WASHING:
BLUE-GREY LIKE OUR SAMPLE NO. MA212090</td><td>PACKING:
FLAT PACK WITHOUT FOLDING 6 PIECES ASSORTED SIZES PER POLYBAG,3 POLYBAGS IN A MASTER POLYBAG AND THEN INTO AN EXPORT CARTON.
6 PCS (1/36、2/38、2/40、1/42)X3 LOTSX1 000 CARTONS =18 000 PIECES
COLOR :BLUE/GREY
MARKING OF THE CARTONS:</td></tr>
</table>

CHANGING: PLEASE PUT THE C&K HANGTAG NOT IN CENTER BACK,BUT IN SEAM PLEASE PRINT AT THE BACK SIDE OF THE CARE LABEL: PRODUCT FROM C&K TRADING CO. LTD/ LONDON	AS PER OUR INFORMATION HANGTAG: C&K MAIN LABEL: C&K CARE LABEL: WITH CORRECT COMPOSITION & WASHING INSTRUCTION

SAMPLES: COUNTER SAMPLES:3 PIECES IN SIZE 38 EX JIANGSU 2008.0315 PHOTO SAMPLES: 2 PIECES IN SIZE 38 EX JIANGSU 2008.04.15	PAYMENT: BY CINFIRMED AND IRREVOCABLE L/C PAYABLE BY BENEFICIARY'S DRAFTS AT 60 DAYS AFTER B/L DATE SIGHT ANG REMAIN VALID IN CHINA FOR FURTHER 16 DAYS AFTER SHIPMENT . PRICE TERMS: USD 10.00 PER PIECE FOB SHANGHAI AMOUNT:USD 180 000.00 QUANTITY:18 000 PIECES	DELIVERY DATE : 2008.5.30EX SHANGHAI BY SEA AND/MAERSK TO LONDON, UK WITH PARTIAL AND TRANSSHIPMENT ALLOWED DELIVERY ADDRESS: C&K TRADING CO. LTD ATTN:LONDON

SHIPPING AGENT: NATIONAL CONTAINERS LTD.	

women's cotton woven skirts	36	38	40	42
A. WAIST	36	38	40	42
B. WAIST HEIGHT	4	4	4	4
C. HIP.18 CM INCL. WAISTBAND, STRAIGHT	47	49	51	53
D. BOTTOM COMPLETE ROUND MEASURED	209	213	217	221
E. LENGTH AT CF	58	58	58	58
F. BACK LENGTH AT CB	60	60	60	60

PURCHASE CONDITIONS:

IT IS PROHIBITED TO IMPORT AND SELL THE GOODS WHICH INVOLVES WORK BY CHILDREN, IN AN EXPLOITING, HEALTH-ENDANGERING OR SLAVE-LIKE MANNER, FORCED LABOR OR EXPLOITATIVE PRISON WORK IN ENGLAND.

要求：请你将此订单译成中文，然后以跟单员的身份根据上述订单回答下列问题。

(1) 订单对货物规格和样品的要求有何具体规定？

(2) 订单规定的支付方式及内容如何？

(3) 订单对包装有哪些具体要求？

(4) 订单对运输条件有哪些具体规定？

4．2007 年 12 月 1 日，江苏开元贸易公司李华先生根据订单拟订售货合同(合同号为 TXT264)一式两份，签章后寄送至英国的 C&K 贸易公司会签。

要求：请你以跟单员的身份根据上述资料及订单拟订一份对外销售合同书(中英文)，要求格式完整、内容正确并签章。

练习 2　选择生产企业与签订加工合同

背景介绍：江苏开元贸易公司收到 C&K TRADING CO.LTD 的保兑不可撤销跟单远期信用证(L/C NO. XT370)。具体内容如下。

CONFIRMED IRREVOCABLE DOCUMENTARY CREDIT

SEQUENCE OF TOTAL	*27: 1 / 1
FORM OF DOC,CREDIT	*40A: IRREVOCABLE
DOC. CREDIT NUMBER	*20: XT370
DATE OF ISSUE	31C: 071220
DATE AND PLACE OF EXPIRY	*31D: DATE 080630 AT LONDON
APPLICANT	*50: C&K TRADING CO.LTD 38 QUEEN WAY,2008 NSW LONDON
ISSUING BANK	52A: ANZ BANKING 161 QUEEN WAY NSW 211 LONDON
BENEFICIARY	*59: SHANGHAI yong sheng business CO 21 WEST ZHONGSHAN ROAD SHANGHAI CHINA
AMOUNT	*32B: CURRENCY USD AMOUNT 180 000.00
AVAILABLE WITH / BY	*41D: ANY BANK AT BENEFICIARY'S COUNTRY BY NEGOTIATION
DRAFTS AT …	42C: AT SIGHT
DRAWEE	42A: ANZ BANKING
PARTIAL SHIPMENTS	43P: ALLOWED
TRANSSHIPMENT	43T: NOT ALLOWED
PORT OF LOADING/	44 A: SHANGHAI PORT
FOR TRANSPORTATION TO …	44B: LONDON
LATEST DATE OF SHIPMENT	44C: 080530
DESCRIPT OF GOODS	45A: women's cotton woven SKIRT AS PER SALE CONTRACT NO. TXT264 FOB SHANGHAI
DOCUMENTS REQUIRED	46A: + SIGNED COMMERCIAL INVOICE IN RIPLICATE + PACKING LIST IN TRIPLICATE
CHARGES	71B: ALL BANKING CHARGES OUTSIDE AUSTRALIA ARE FOR ACCOUNT OF BENEFICIARY
PERIOD FOR PRESENTATION	48: DOCUMENTS MUST BE PRESENTED WITHIN 15 DAYS AFTER THE DATE OF SHIPMENT BUT WITHIN THE VALIDITY OF THE CREDIT

补充资料：

加工合同编号：TXT888

加工单位：苏州纺织厂

加工单位的地址：苏州市人民路 11 号(TEL：0512-88364201)

加工内容：蓝灰色棉制梭织女裙 18 000 件(36、38、40、42)

加工费：每件 15 元

交货时间与地点：2008 年 5 月 25 日前将加工后的成品 18 000 件运至吴淞港口

要求：

(1) 请你翻译此信用证，并以跟单员的身份根据销售合同书进行审证。

(2) 江苏开元贸易公司李华先生在收到通知行寄送的信用证改证书，并经审核无误后开始寻找合适的加工生产企业。通过电话及查询公司网站信息，跟单员汇总了四家企业的基本经营信息，见表 5-1，请根据上述材料分析如何选择合适的供应商。

表 5-1 供应商对比

项目 公司	公司注册资本/万元	产能/(件/月)	来回车程/小时	欧美订单熟悉程度	经营时间/年
嘉兴天龙服装公司	100	16 000	4	不熟悉	2
苏州纺织厂	80	20 000	2	熟悉	10
绍兴宏伟服装厂	80	25 000	2	不熟悉	3
昆山伟业服装公司	200	20 000	3.5	熟悉	6

(3) 通过对多家服装企业的生产规模、生产能力和企业管理现状等的调查，江苏开元贸易公司最终选择了苏州纺织厂作为棉制梭织女裙的加工企业，并与其业务负责人张群签订加工合同。请你以跟单员的身份根据销售合同书和信用证签订加工合同。

练习 3 原材料、生产进度与品质跟单

背景介绍：江苏开元贸易公司根据 C&K 贸易公司提供的样品或款式对原材料(面料)型号、规格等质量标准要求，选择合适的原材料(面料)供应商，保证加工生产的供给。通过对原材料市场价格、品质等方面的调查，江苏开元贸易公司决定选定南通纺织厂为棉制梭织布料供应商，并与其签订采购合同，确保出口货物按时按质顺利完成。南通纺织厂业务负责人是丁辉先生。

补充资料：

(1) 采购合同编号：06A5111。

(2) 供应商：南通纺织厂。

(3) 采购货品：棉制梭织布料。

(4) 单价：17.00 元/米。

(5) 数量：22 032 米。

(6) 交货期限：2008 年 4 月 10 日。

(7) 交货地点：买方指定地点。

(8) 包装方式：卷筒包装。

(9) 付款方式：交货后一个月凭增值税发票。

(10) 不合格品处理：另议。

(11) 开户行：中国农业银行南通分行。

账号：NRB838383873。

地址：大同路 1 号。

电话：0513-222222。

传真：0513-222223。

(1) 请你以跟单员的身份根据上述资料、订单及加工合同的要求，拟订原材料采购合同。

(2) 作为跟单员，你与苏州纺织厂生产部门协商后计划每天生产棉制梭织女裙 600 件，一周工作 5 天，5 月 23 日完成该订单的生产。请你根据生产进度，编制生产进度日报表。若五一假期后，由于苏州纺织厂又接到几个大单，为此调整了生产计划，减少了用于龙华公司订单生产的车位数量，致使工厂连续 6 天每天各少生产 36 码和 42 码女裙各 40 件，40 码和 38 码女裙各 80 件。跟单员通过生产日报表发现了该异常情况。请针对这种情况进行分析。

(3) 该订单的产品质量抽查使用中华人民共和国国家标准 GB/T 2828.1—2012《计数抽样检验程序第 1 部分：按接收质量限(AQL)检索的逐批检验抽样计划》，且不合格品的 AQL(acceptance quality limit，接收质量限)为 1.0，检验水平(inspect level，IL)为Ⅱ，采用一次正常抽样方案。如果实际抽样中的不合格产品的数量为 4 件，请问检验是否通过并列出具体步骤。而如果重大缺陷的 AQL 为 1.0，次要缺陷的 AQL 为 4.0，又该如何判断呢？

练习 4　出口包装跟单

背景介绍：江苏开元贸易公司根据信用证(L/C NO.AB111)、合同(S/C No.TXT264)和订单(ORDER No.2007115)的要求进行运输包装跟单，保证在交货期内碙装运。

补充资料：

(1) 客户对纸箱要求如下：耐破强度为 1 100kPa，边压强度为 7 400N/M，戳穿强度为 80kg/cm。

(2) 该批货物体用的纸箱尺寸为 600×400×200mm，每箱毛重为 25kg，每箱净重为 23.5kg，装 40 英尺钢质集装箱，尺寸为 12 050×2 343×2 386mm，容积为 67.4m^3，最大载重量为 27380KGS。

要求：

(1) 请你以跟单员的身份，根据信用证、合同、订单和上述资料选择最合适的包装材料，并列出具体步骤。

(2) 请你以跟单员的身份，根据信用证、合同和上述资料，计算一个 40 英尺的集装箱最多能装多少只上述纸箱，应如何装？

(3) 请将在纸箱上印制的正唛和侧唛设计好并写出来。

练习 5　货运、报检、保险、报关跟单

背景介绍：江苏开元贸易公司根据信用证(L/C No. XT370)、合同(S/C No.TXT264)和订单(ORDER No. 2007115)规定的交货期及时办理货运、报检和报关手续。

补充资料：

(1) 报检单位登记号：5678Q。

(2) H.S.编码：6204620029。

(3) 运输工具名称：MAMGING V.086。

(4) 贸易方式：一般贸易。

(5) 货物存放地点：逸仙路 1 号。

(6) 生产单位注册号：12345522222。

(7) 集装箱规格、数量有号码：1X40`TEXU2264222。

(8) 证书名称：品质证书 1 正 2 副。

(9) 出口口岸：吴淞海关 2202。

(10) 经营单位：江苏开元贸易公司(0387124666)。

(11) 运输方式：江海运输。

(12) 征免性质：一般征税。

(13) 海关编号：SH0328866451。

要求：请你以跟单员的身份根据信用证、合同和订单的要求缮制以下单据(图 5.1～图 5.4)。

投保单

×××公司 货运委托书					联系人		
					电话		
					传真		
日期：							
SHIPPER (发货人)			运输方式		外运编号		
			发票号码				
CONSIGEER (抬头人)			合同号码				
			核销单号		收汇方式		
			贸易性质		贸易国别		
NOTIFY PARTY (通知人)			出口口岸				
			目的港口				
			转运港				
			转运		分批		
			装运期限	20080530	有效期限		
标记唛头	货名规格或型号	件数及包装	数量及单位	毛重	净重	金额	

图 5.1　投保单

中华人民共和国出入境检验检疫

出境货物报检单

报检单位(加盖公章):　　　　　　　　　　　　　　　　*编号 ________

报检单位登记号:　　　　　联系人:　　　　电话:　　　　报检日期:　　年　月　日

发货人	(中文)××××××有限公司						
	(外文)××××××CO.,LTD						
收货人	(中文)						
	(外文)						
货物名称(中/外文)	H.S.编码	产地	数/重量	货物总值	包装种类及数量		
运输工具名称号码		贸易方式		货物存放地点			
合同号		信用证号		用途			
发货日期		输往国家(地区)		许可证/审批号			
启运地		到达口岸		生产单位注册号			
集装箱规格、数量及号码							

合同、信用证订立的检验检疫条款或特殊要求	标记及号码	随附单据(划“✓”或补填)	
		□合同	□包装性能结果单
		□信用证	□许可/审批文件
		□发票	□
		□换证凭单	□
		□装箱单	□
		□厂检单	□

需要证单名称(划“✓”或补填)				*检验检疫费	
□品质证书	__正__副	□植物检疫证书		总金额(人民币元)	
□重量证书	__正__副	□熏蒸/消毒证书			
□数量证书	__正__副	□出境货物换证凭单	__正__副	计费人	
□兽医卫生证书	__正__副	□	__正__副		
□健康证书	__正__副	□	__正__副		
□卫生证书	__正__副	□		收费人	
□动物卫生证书	__正__副	□			

报检人郑重声明:	领取证单	
1. 本人被授权报检。	日期	
2. 上列填写内容正确属实，货物无伪造或冒用他人的厂名、标志、认证标志，并承担货物质量责任。		
签名: ________	签名	

注：有“*”号栏由出入境检验检疫机关填写。　　　　　◆国家出入境检验检疫局制

图 5.2　出境货物报检单

中华人民共和国海关出口货物报关单

预录入编号： 海关编号：

出口口岸		备案号	出口日期	申报日期
经营单位		运输方式	运输工具名称	提运单号
发货单位		贸易方式	征免性质	结汇方式
许可证号	运抵国(地区)		指运港	境内货源地
批准文号	成交方式	运费	保费	杂费
合同协议号	件数	包装种类	毛重(千克)	净重(千克)
集装箱号	随附单据			生产厂家
标记唛码及备注				

项号	商品编号	商品名称	规格型号	数量及单位	最终目的国(地区)	单价	总价	币制	征免

税费征收情况

录入员 录入单位

兹声明以上申报无讹并承担法律责任

海关审单批注及放行日期(签章)

审单 审单

报关员

申报单位(签章)

征税 统计

单位地址：

查验 放行

邮编 电话 填制日期

图 5.3 海关出口货物报关单

海洋货物运输保险投保单

APPLICATION FORM FOR MARINE CARGO TRANSPORTATION INSURANCE

Beijing 2008 PICC 中国人保财险

北京2008年奥运会保险合作伙伴
OFFICIAL INSURANCE PARTNER OF THE BEIJING 2008 OLYMPIC GAMES

中国人民财产保险股份有限公司
PICC PROPERTY AND CASUALTY COMPANY LIMITED
大连市分公司国际保险部
DALIAN BRANCE INTERNATIONAL DEPARTMENT
地址：中国大连市中山区港湾街 2 号 邮编：116001
NO 2,GANGWAN STREET,ZHONGSHAN DISTRICT,DALIAN, CHINA
电话(TEL)：(0411)82707340 传真(FAX)：(0411)82724262

被保险人 ASSURED'S NAME: ______________________
提单号(B/L NO.)：______________ 发票号(INVOICE NO.)：______________
合同号(CONTRACT NO.)：______________ 信用证号(CREDIT NO.)：______________
发票金额 INVOICE AMOUNT：______________________
投保加成 ADDITION OF INV.AMOUNT：______________________
保险金额 AMOUNT INSURED：______________________

兹有下列物品向中保财险大连分公司国际保险部投保 INSURANCE IS REQUIRED ON THE FOLLOWING CONDITIONS：

标记 MARKS & NOS.	包装及数量 QUANTITY	保险货物项目描述 DESCRIPTION OF GOODS

装载运输工具(PER CONVEYANCE)：______________________
启运日期(DATE OF COMMENCEMENT)：______________________
自(FROM)：______________ 经(VIA)：______________ 到(TO)：______________
正本保单数量(ORIGINAL)：______________ 赔款偿付地点(CLAIM PAYABLE AT)：______________
承保险别(CONDITIONS)：______________________
请如实告知下类情况：(如“是”在[]中打“√”，“不是”打“×”)IF ANY,PLEASE MARK“√”OR“×”
1．货物种类：袋装[ ] 散装[ ] 冷藏[ ] 液体[ ] 活动物[ ] 机器/车辆[ ] 危险品等级[ ]
GOODS：BAG/JUMBO BULK REEFER LIQUID LIVE ANIMAL MACHINE/AUTO DANGEROUS CLASS
2．集装箱类型：普通[ ] 开顶[ ] 框架[ ] 平板[ ] 冷藏[ ]
CONTAINER：ORIDINARY OPEN FRAME FLAT REFRIGERATOR
3．转运工具：海轮[ ] 飞机[ ] 驳船[ ] 火车[ ] 汽车[ ]
BY TRANSIT：SHIP PLANE BARGE TRAIN TREUCK
4．船舶资料：PARTICULAR OF SHIP：
船籍 RIGISTRY[ ] 船龄 AGE[ ]
备注：被保险人确认本保险合同条款和内容已经完全了解。
投保人(签字盖章)：
THE ASSURED CONFIRMS HEREWITH THE TERMS AND 电话 TEL.NO.：
CONDITIONS OF THESE INSURANCE CONTRACT FULLY UNDERSTOOD 传真 FAX.NO.：

图 5.4 海洋货物运输保险投保单

练习 6　出口结汇、核销、退税跟单

背景介绍：江苏开元贸易公司的跟单员根据信用证(L/C No.AB1111)的规定，及时办理结汇手续。

补充资料：发票编号为 XH0567。单位编码为 0387124666。

要求：请你以跟单员的身份根据信用证的要求缮制汇票(图 5.5)和核销单(图 5.6)。

商业汇票

BILL OF EXCHANG

No.__________

For

Date__________________

At____________________sight of this SECOND BILL of EXCHANGE (first of the same tenor and date unpaid) pay to the order of____the sum of

Drawn under____

L/C No.______________________________ Dated______________________

To.______________________________

____

____

Authoried signature

图 5.5　商业汇票

核销单

出口收汇核销单
存根
(锡)编号：325623454

出口单位：
单位编码：
出口币种总价：
收汇方式：
约计收款日：
报关日期：
备注：
此单报关有效截止到

出口单位盖章

出口收汇核销单
(锡)编号：325623454

出口单位：			
单位编码：			
银行签注栏	类别	币种金额	盖章
海关签注栏： 该票货物已于　　结关			
外汇局签注栏： 年　月　日(盖章)			

出口单位盖章

出口收汇核销单
出口退税　　用
(锡)编号：325623454

出口单位：		
单位编码：		
货物名称	数量	币种总价
报关单编号：		
外汇局签注栏： 年　月　日(盖章)		

图 5.6　核销单

练习 7　客户管理

背景介绍：江苏开元贸易公司办理好本票货物结汇手续后，认真地跟踪客户的各种情况，为客户进行良好的售后服务。

要求：请你以跟单员的身份根据有关信息缮制客户满意度调查表。

第 6 章 报关模拟实训

知识目标	技能目标
(1) 了解出口报关单的主要内容。 (2) 了解进口报关单的主要内容。 (3) 了解进出口报关单的填制规范	(1) 掌握出口报关单的填制方法与技巧。 (2) 学会对错误的报关单找出错误。 (3) 掌握进口报关单的填制方法与技巧

导言

通过货物进出口报关模拟实训使学生进一步了解我国海关与商检的主要法律法规，进出口货物贸易管制政策，以及通过模拟操作使学生熟练掌握普通货物、保税货物、特殊货物的进出口通关程序，能独立完成报关单的填报工作。通过实训为学生日后参加报关员资格全国统一考试打下坚实基础，为从事报关等相关工作做好准备。

6.1 实训目的

要求学生看懂提单、发票、装箱单等单据，根据提单、发票等单据，并能按照报关单填制规范正确填写进出口报关单的各个栏目。对填制错误的进出口报关单能正确找出错误，并加以改正。通过本章实训，为学生日后参加报关员资格全国统一考试打下坚实基础，为从事报关等相关工作做好准备。

6.2 实训内容

掌握进出口报关单各个栏目的填制规范。

1. 预录入编号

预录入编号(又称报关单号，基本与海关编号相同)，指申报单位或预录入单位对该单位填制录入的报关单的编号，用于该单位与海关之间引用其申报后尚未批准放行的报关单。

2. 海关编号

海关接受申报时的报关单编号。海关编号标识在报关单的每一联上，海关编号为 10 位数码。

3. 进口口岸/出口口岸

货物实际进(出)我国关境口岸海关的名称。本栏目应根据货物实际进(出)境的口岸海关选择《关区代码表》中相应的口岸海关名称及代码填报。

4. 备案号

进出口企业在海关办理加工贸易合同备案或征、减、免税审批备案等手续时，海关给予《进料加工登记手册》、《来料加工及中小型补偿贸易登记手册》、《外商投资企业履行产品出口合同进口料件及加工出口成品登记手册》(以下均简称《登记手册》)、《进出口货物征免税证明》(以下简称《征免税证明》)或其他有关备案审批文件的编号。一份报关单只允许填报一个备案号。无备案审批文件的报关单，本栏目免于填报。

5. 进口日期/出口日期

进口日期指运载所申报货物的运输工具申报进境的日期。本栏目填报的日期必须与相应的运输工具进境日期一致。出口日期指运载所申报货物的运输工具办结出境手续的日期。本栏目供海关打印报关单证明联用，预录入报关单及 EDI 报关单均免于填报。无实际进出口的报关单填报办理申报手续的日期。本栏目为 6 位数，顺序为年、月、日各 2 位。

6. 申报日期

海关接受进(出)口货物的收、发货人或其代理人申请办理货物进(出)口手续的日期。预录入及 EDI 报关单填写向海关申报的日期，与实际情况不符时，由审单关员按实际日期修改、批注。本栏目为 6 位数，顺序为年、月、日各 2 位。

7. 经营单位

经营单位指对外签订并执行进出口贸易合同的中国境内企业或单位。本栏目应填报经营单位名称及经营单位编码。经营单位编码为十位数字，指进出口企业在所在地主管海关办理注册登记手续时，海关给企业设置的注册登记编码。经营单位编码由 10 位数组成，规则如下：第 1～4 位为行政区域代码，3～4 位表示省辖市(地区、省直辖行政单位)，包括省会城市、计划单列城市、沿海开放城市。第 5 位表示市内经济区域(1—经济特区；2—经济技术开发区；3—高新技术开发区；4—保税区；9—其他未列名地区)。第 6 位表示企业性质：1—国有企业，(包括外贸专业公司、工贸公司及其他有进出口经营权的国有企业)；2—中外合作企业；3—中外合资企业；4—外商独资企业；5—有进出口经营权的集体企业；6—有进出口经营权的个体企业；8—有报关权而无进出口经营权的企业；9—其他(包括外商企业驻华机构和临时有外贸经营权的企业，外国驻华使领馆等机构)。第 7～10 位为顺序号。

8. 运输方式

运输方式指载运货物进出关境所使用的运输工具的分类。本栏目应根据实际运输方式按海关规定的《运输方式代码表》选择填报相应的运输方式。

9. 运输工具名称

运输工具名称指载运货物进出境的运输工具的名称或运输工具编号。本栏目填制内容应与运输部门向海关申报的载货清单所列相应内容一致。一份报关单只允许填报一个运输工具名称。

10. 提运单号

提运单号指进出口货物提单或运单的编号。本栏目填报的内容应与运输部门向海关申报的载货清单所列相应内容一致。一份报关单只允许填报一个提运单号，一票货物对应多个提运单时，应分单填报。

11. 收货单位/发货单位

收货单位指已知的进口货物在境内的最终消费、使用单位，包括：①自行从境外进口货物的单位；②委托有外贸进出口经营权的企业进口货物的单位。发货单位指出口货物在境内的生产或销售单位，包括：①自行出口货物的单位；②委托有外贸进出口经营权的企业出口货物的单位。本栏目应填报收、发货单位的中文名称和其海关注册编码。

12. 贸易方式

本栏目应根据实际情况，并按海关规定的《贸易方式代码表》选择填报相应的贸易方式简称或代码。一份报关单只允许填报一种贸易方式。

13. 征免性质

征免性质指海关对进出口货物实施征、减、免税管理的性质类别。本栏目应按照海关核发的《征免税证明》中批注的征免性质填报，或根据实际情况按海关规定的《征免性质代码表》选择填报相应的征免性质简称或代码。

14. 征税比例/结汇方式

征税比例免填。出口报关单应填报结汇方式，即出口货物的发货人或其代理人收结外汇的方式。

15. 许可证号

应申领进(出)口许可证的货物，此类货物必须填报商务部及其授权发证机关签发的进(出)口货物许可证的编号，不得为空。一份报关单只允许填报一个许可证号。

16. 起运国(地区)/运抵国(地区)

起运国(地区)指进口货物起始发出的国家(地区)。运抵国(地区)指出口货物直接运抵的国家(地区)。对发生运输中转的货物，如中转地未发生任何商业性交易，则起运抵地不变，如中转地发生商业性交易，则以中转地为起运/运抵国(地区)填报。

17. 装货港/指运港

装货港指进口货物在运抵我国关境前的最后一个境外装运港。指运港指出口货物运往境外的最终目的港；最终目的港不可预知的，可按尽可能预知的目的港填报。无实际进出境的，本栏目为空。

18. 境内目的地/境内货源地

境内目的地指已知的进口货物在国内的消费、使用地或最终运抵地。境内货源地指出口货物在国内的产地或原始发货地。本栏目应根据进口货物的收货单位、出口货物生产厂家或发货单位所属国内地区，并按海关规定的《国内地区代码表》选择填报相应的国内地区名称或代码。

19. 批准文号

进口报关单本栏目用于填报《进口付汇核销单》编号。目前不必填报，今后将与国家外汇管理局协商后制定填报管理规定。出口报关单本栏目用于填报《出口收汇核销单》编号。

20. 成交方式

本栏目应根据实际成交价格条款按海关规定的《成交方式代码表》选择填报相应的成交方式代码。无实际进出境的，进口填报 CIF 价，出口填报 FOB 价。

21. 运费

本栏目用于成交价格中不包含运费的进口货物或成交价格中含有运费的出口货物，应填报该份报关单所含全部货物的国际运输费用。可按运费单价、总价或运费率三种方式之一填报，同时注明运费标记，并按海关规定的《货币代码表》选择填报相应的币种代码。运保费合并计算的，运保费填报在本栏目。运费标记“1”表示运费率，“2”表示每吨货物的运费单价，“3”表示运费总价。例如，5%的运费率填报为 5/1；24 美元的运费单价填报为 502/24/2；7 000 美元的运费总价填报为 502/7 000/3。

22. 保费

本栏目用于成交价格中不包含保险费的进口货物或成交价格中含有保险费的出口货物，应填报该份报关单所含全部货物国际运输的保险费用。可按保险费总价或保险费率两种方式之一填报，同时注明保险费标记，并按海关规定的《货币代码表》选择填报相应的币种代码。运保费合并计算的，运保费填报在运费栏中。保险费标记“1”表示保险费率，“3”表示保险费总价。例如，10 000 港元保险费总价填报为 110/10 000/3。

23. 杂费

指成交价格以外的、应计入完税价格或应从完税价格中扣除的费用，如手续费、佣金、回扣等，可按杂费总价或杂费率两种方式之一填报，同时注明杂费标记，并按海关规定的《货币代码表》。

24. 合同协议号

本栏目应填报进(出)口货物合同(协议)全部字头和号码。

25. 件数

本栏目应填报有外包装的进(出)口货物的实际件数。特殊情况下填报要求如下：舱单件数为集装箱(TEU)的，填报集装箱个数；舱单件数为托盘的，填报托盘数。本栏目不得填报为 0，裸装货物填报为 1。

26. 包装种类

本栏目应根据进(出)口货物的实际外包装种类。

27. 毛重(千克)

毛重指货物及其包装材料的重量之和。本栏目填报进(出)口货物实际毛重，计量单位为千克，不足一千克的填报为 1。

28. 净重(千克)

净重指货物的毛重减去外包装材料后的重量，即商品本身的实际重量。本栏目填报进(出)口货物的实际净重，计量单位为千克，不足一千克的填报为 1。

29. 集装箱号

集装箱号是在每个集装箱箱体两侧标示的全球唯一的编号。集装箱数量四舍五入填报整数，非集装箱货物填报为0。集装箱号/尺寸/自重，例如，MOFU0455307/40/4500，在多于一个集装箱的情况下，其余集装箱编号打印在备注栏。

30. 随附单据

随附单据指随进(出)口货物报关单一并向海关递交的单证或文件。合同、发票、装箱单、许可证等必备的随附单证不在本栏目填报。本栏目应按海关规定的《监管证件名称代码表》选择填报相应证件的代码。

31. 用途/生产厂家

进口货物填报用途，生产厂家指出口货物的境内生产企业。

32. 标记唛码及备注

本栏目上部用于打印以下内容。

(1) 标记唛码中除图形以外的文字、数字。

(2) 受外商投资企业委托代理其进口投资设备、物品的外贸企业名称。

(3) 加工贸易结转货物及凭《征免税证明》转内销货物，其对应的备案号应填报在本栏目，即“转至(自)××××××手册”。

(4) 其他申报时必须说明的事项。

本栏目下部供填报随附单据栏中监管证件的编号，具体填报要求：监管证件代码＋“：”＋监管证件号码。一份报关单多个监管证件的，连续填写。一票货物多个集装箱的，在本栏目打印其余的集装箱号。

33. 项号

本栏目分两行填报及打印。第一行打印报关单中的商品排列序号。第二行专用于加工贸易等已备案的货物，填报和打印该项货物在《登记手册》中的项号。加工贸易合同项下进出口货物，必须填报与《登记手册》一致的商品项号，所填报项号用于核销对应项号下的料件或成品数量。

34. 商品编号

商品编号指按海关规定的商品分类编码规则确定的进(出)口货物的商品编号。加工贸易《登记手册》中商品编号与实际商品编号不符的，应按实际商品编号填报。

35. 商品名称、规格型号

本栏目分两行填报及打印。第一行打印进(出)口货物规范的中文商品名称，第二行打印规格型号，必要时可加注原文。

36. 原产国(地区)/最终目的国(地区)

原产国(地区)指进口货物的生产、开采或加工制造国家(地区)。最终目的国(地区)指已知的出口货物的最终实际消费、使用或进一步加工制造国家(地区)。本栏目应按海关规定的《国别(地区)代码表》选择填报相应的国家(地区)名称或代码。

37. 数量及单位

数量及单位指进(出)口商品的实际数量及计量单位。本栏目分三行填报及打印。具体填报要求如下：①进出口货物必须按海关法定计量单位填报。法定第一计量单位及数量打印在本栏目第一行。②凡海关列明第二计量单位的，必须报明该商品第二计量单位及数量，打印在本栏目第二行。无第二计量单位的，本栏目第二行为空。③成交计量单位与海关法定计量单位不一致时，还需填报成交计量单位及数量，打印在商品名称、规格型号栏下方(第三行)。成交计量单位与海关法定计量单位一致时，本栏目第三行为空。

38. 单价

本栏目应填报同一项号下进(出)口货物实际成交的商品单位价格。无实际成交价格的，本栏目填报货值。

39. 总价

本栏目应填报同一项号下进(出)口货物实际成交的商品总价。无实际成交价格的，本栏目填报货值。

40. 币制

币制指进(出)口货物实际成交价格的币种。本栏目应根据实际成交情况按海关规定的《货币代码表》选择填报相应的货币名称或代码，如《货币代码表》中无实际成交币种，需转换后填报。

41. 征免

征免指海关对进(出)口货物进行征税、减税、免税或特案处理的实际操作方式。本栏目应按照海关核发的《征免税证明》或有关政策规定，对报关单所列每项商品选择填抿海关规定的《征减免税方式代码表》中相应的征减免税方式。加工贸易报关单应根据《登记手册》中备案的征免规定填报。

42. 税费征收情况

本栏目供海关批注进(出)口货物税费征收及减免情况。

43. 录入员

本栏目用于预录入和 EDI 报关单，打印录入人员的姓名。

44. 录入单位

本栏目用于预录入和 EDI 报关单，打印录入单位名称。

45. 填制日期

填制日期指报关单的填制日期。预录入和 EDI 报关单由计算机自动打印。本栏目为 6 位数，顺序为年、月、日各 2 位。

46. 申报单位

本栏目指报关单左下方用填报申报单位有关情况的总栏目。申报单位指对申报内容的真实性直接向海关负责的企业或单位。自理报关的，应填报进(出)口货物的经营单位名称及代码；委托代理报关的，应填报经海关批准的专业或代理报关企业名称及代码。本栏目还包括报关单位地址、邮编和电话等分项目，由申报单位的报关员填报。

47. 海关审单批注栏

本栏目指供海关内部作业时签注的总栏目，由海关关员手工填写在预录入报关单上。

6.3 实训要求

(1) 能根据所提供的发票、提单、装箱单等单据，按照进出口报关单填制规范，能在规定时间内正确填写各类进出口报关单。

(2) 互相审阅所填制的进出口报关单，指出填写错误之处，并能加以改正。

6.4 实训材料

练习 1

1．特定商品进口登记证明：3100-00-00111。

代码：7。

预录入编号：107039381。

载运货物的运输工具于 2002 年 8 月 20 日申报进境，于 8 月 23 日由经营单位自行向上海海关申报，装入集装箱，箱号为 UXXU425916-9(1×40’)，自重为 2 250kg，计量单位为台。

2．

YANMAR AGRICULTURAL EQUIPMENT CO.,LTD.
1—32, Chayamchi, Kita-ku, OSAKA 530, JAPAN
Tel:06-376-6336-8 Cable:YANMAR OSAKA Telex:5233623
Fax:06-373-9474

INVOICE　　No.YFTSH970821
AUG .15., 2002

Invoice of　YANMAR COMBINE HARVESTER WITH SPARE PARTS
Shipped from　OSAKA, JAPAN to DALIAN, CHINA VIA
Per　TRADE WORLDER VOY . 9704　Sailing Date AUG . 19 , 2002.
CONTRACT NO:97SL-14936JP
Sold to:Merssrs HANGHAI SHENLONG INT’L TRAD ING CORP。上海申隆国际贸易公司 31222101196(注册于上海浦东新区)
Address 5F, FU YUAN MANSION，42 XING FU ROAD，SHANGHAI，CHINA FAX: 0086-21-62834560 TEL：0086-21-62837077

Marks & No	Description	Quantity	Unit CIF DALIAN port (IN US $)	price	Amount
	YANMAR 公司				
97SL-14936JP	YANMAR COMBINE HARVESTER 联合收割机及附件				2units

US$22 400.00　US$ 44 800.00
YANMAR COMBINE MODEL: CA355CEX
DALIAN , CHINA
C/NO.1—6　F:USD 3 000.00
MADE IN JAPAN I:0.3%
DISCOUNT:USD 2 240

TOTAL: US$44 800.00　2units

YANMAR AGRICULTURAL EQUIPEMENT CO. ,LTD.________________

TARAHARU NOZOE

3.

YANMAR AGRICULTURAL EQUIPMENT CO., LTD.

1-32,Chayamchi, Kita-ku, OSAKA 530, JAPAN

Tel:06-376-6336-8 Cable: YANMAR OSAKA Telex:5233623

Fax:06-373-9474 NO.YFTSH970821

PACKING LIST Osaka, AUG. 21, 2000

SHIPPING MARK

	Number of PACKAGES: 6PACKAGES(2 UNITS & 4 CARTONS)
97SL-I4936JP	Name of Commodity: YANMAR COMBINE HARVESTER WITH SPARE PARTS
YANMAR COMBINE	Name of Vessel: "TRADE WORLDER" VOY. 9704
DALIAN CHINA	Destination: DALIAN, CHINA
C/NO.1—6	Notify:Messrs. CHINA ZHONGFU ENTERPRISE CORPORATION
MADE IN JAPAN	191 CHANGLE ROAD. NINGBO, CHINA

Package No.	Description	Quantity	N/Weight	G/Weight	
	YANMAR COMBINE HARVESTER WITH SPARE PARTS(MODEL:CA355CEX)				
NO.1-2	YANMAR COMBINE	@1UNIT	@1 792KG	@1 792KG	@12.00M^3
		2UNITS	3 584KG	3 584KG	24.00M^3
NO3-4	SPARE PARTS	@1 SET	@11.5KG	@11.5KG	@0.1M^3
	-DETAILS AS PER PARTS LIST-	2 SETS	23.0KG	25.0KG	0.2M^3
NO.5-6	SPARE PARTS	@ 1PC	@14.5KG	@15.5KG	@0.029M^3
	NO.3)1E8391-17501	2PCS	29.0KG	31.0KG	0.058M^3
	EDGE COMP.REAPING				
	TOTAL: 6PACKAGES (2UNITS & 4 CARTONS)		3 631KG	3 640KG	24.258M^3

YANMAR AGRICULTURAL EQUIPEMENT CO., LTD.

TARAHARU NOZOE

Manager

Foreign Trade Division

4.

B/L NO.
Shipper
OSSH-1360
YANMA AGRICULTURAL EQUIPMENT
CO., LTD., OSAKA, JAPAN

Consignee of order
CHINA ZHONGRU ENTERPRISE COPR.
191 CHANGLE ROAD
TRANSPORTATION CORP.
NINGBO, CHINA

中国对外贸易运输总公司
CHINA NATIONAL FOREIGN TRADE

Notify address
CHINA ZHONGFU ENTERPRISE CORP.
191 CHANGLE ROAD
NINGBO, CHINA

直运或转船提单
BILL OF LANDING
DIRECT OR WITH TRANSHIPMENT

Pre-carriage by	Port of loading OSAKA CY
Vessel "TRADE WORLDER"9704	Port of transhipment OSAKA, JAPAN
Port of discharge DALIAN, CHINA	Final destination DALIAN CY

SECOND ORIGINAL

Number and kind of packages Description of goods (Gross weight Kgs.) Measurement(m')

97SL-I4963 JP　　"SHIPPERS LOAD & COUNT""SAID TO CONTAIN"
YANMAR COMBINE
DALIAN CHINA　　1CONTAINER (40')　　3 640KGS　　24.258M^3
C/NO.1-6　　(2UNITS)
MADE IN JAPAN

YANMAR COMBINE4 HARVESTER
-SAY:ONE(1)CONTAINER ONLY.-

Freight and charges

RECARDING TRANSHIPMENT
INFORMATION PLEASE CONTACT
FREIGHT PREPAID

EX. Rate　Prepaid at　　Freight payable at　　Place and date of issue
OSAKA, JAPAN　　OSAKA, JAPAN

Total Prepaid　Number of original B/L
THREE(3)

中华人民共和国海关进口货物报关单

预录入编号：10703981　　　　　　　　　　　　　　　　海关编号：

进口口岸	备案号	进口日期	申报日期	
经营单位	运输方式	运输工具名称	提运单号	
收货单位	贸易方式	征免性质	征税比例	
许可证号	起运国(地区)	装货港	境内目的地	
批准文号	成交方式	运费	保费	杂费
合同协议号	件数	包装种类	毛重(千克)	净重(千克)
集装箱号	随附单据	用途		
标记唛码及备注				

项号	商品编号	商品名称、规格型号	数量及单位	原产国(地区)	单价	总价	币制	征免

税费征收情况

练习 2

1．上海兰生股份有限公司编码为 3109915020。生产、发货单位为上海服装厂：3109915034(上海虹口区)。该货于 2002 年 10 月 26 日向上海浦江海关办理报关手续，于 10 月 28 日离境。核销单为 2346386。HSCODE 62114300。计量单位：件/千克。出口配额证号：1019453 代码为 G。出口许可证：02-AA-101406。预录入号：527677365。

2.

TO: M/S
NORMA CREATION GMBH & CO., KG
AM REHMENGRABEN 10
31582 HAMBURG GERMANY
PAYMENT: L/C
VESSEL: HANJIN DALIAN/014E

INVOICE
发票号码
INVOICE NO:OOSA0145
日期
DATE: OCT. 26, 2002
合同号
SBG342834

FROM SHANGHAI TO HAMBURG BY VESSEL

MARKS & NUMBERS 唛头及号数	QUANTITIES AND DESCRIPTIONS 数量及品名	UNIT PRICE 单价	AMOUNT 总价
	化纤女背心	CIF SHANGHAI	
NORMA	LADIE'S VEST	1 734PCS	
		@ USD 9.10	USD 15 779.40
CARTON NO.	100% POLYESTER		
S/C N			

ORDER NO.
STYLE NO. TOTAL:1 734.00PCS USD 15 779.40
PACKED IN 22 CTNS
SAY U. S. DOLLARS FIFTEEN THOUSAND SEVEN HUNDRED AND SEVENTY-NINE&.
CENTS FORTY ONLY.
FRIGHT CHARGE: USD 1 500
INSURANCE:0.3%

上海兰生股份有限公司
SHANGHAI LANDSHENG, CO., LTD
企业编码：3109915020

ADDRESS: NO.2 STANDARD BUILDING CHINA
TEXTILE INT, SCI & TECH
INDUSTRY CITY, HONGKOU .XHANGHAI. CHINA.

AUTHORIZED XIGNATURE

3.

PACKING LIST

B/L NO. KOSHE867431

日期
DATE：OCT. 26.2002
发票号码
INVOICE NO: OOSA10145
合同号
S/C NO: SBG342834
TO: NORMA CREATION GMBH & CO., KG
AM REHMENGRABEN 10
31582 HAMBURG GERMANY

PAYMENT TERM: L/C

DESCRIPTIONS	QUANTITY	PACKAGE	G.W(KGS)	N.W(KGS)	MEASUREMENT
LADIE'S VEST	1 734PCS	22CTNS	@14KGS	@10KGS	3 388M^3
	TOTAL: 1 734.00PCS	22CTNS	308.00KGS	220.00KGS	3.388M^3

ADDRESS:NO.2 STANDARD BUILDING CHINA
TEXTILE INT. SCI & TECH
INDUSTRY CITY. HONGKOU .SHANGHAI. CHINA

上海兰生股份有限公司
SHANGHAI LANDSHENG CO.， LTD

AUTHORIZED XIGNATURE

中华人民共和国海关出口货物报关单

预录入编号：527677365　　　　海关编号：

出口口岸	备案号	出口日期	申报日期	
经营单位	运输方式	运输工具名称	提运单号	
发货单位	贸易方式	征免性质	结汇方式	
许可证号	抵运国(地区)	装货港	境内货源地	
批准文号	成交方式	运费	保费	杂费
合同协议号	件数	包装种类	毛重(千克)	净重(千克)
集装箱号	随附单据	生产厂家		
标记唛码及备注				

项号	商品编号	商品名称、规格型号	数量及单位	最终目的国(地区)	单价	总价	币制	征免

练习 3

1.

SHANGHAI TIANYE TOOLS MANUFACTURE CO.,LTD

GANXIANG TOWN,JINSHAN DISTRICT,SHANGHAI,CHINA

TEL: 0086-21-65756125 INV.NO: TY068

FAX: 0086-21-65756155 DATE: MAR.17,2005

P/I NO: 20050228

S/C NO: 20051166

TERMS OF PAYMENT: Telegraphic Transfer

COMMERCIAL INVOICE

TO:

PT.HYCO LANGGENG

310 VIRA SEMARANG INDONESIA

FROM SHANGHAI,CHINA TO SEMARANG,INDONESIA

SHIPPING MARK	DESCRIPTIONS OF GOODS	QTY (PCS)	UNIT PRICE (USD)	AMOUNT (USD)
N/M	TOOLS DOUBLE OPEN END SPANNER 8×10MM(MTM) 10×12MM(MTM) HS CODE:82041100 CONTAINER NO. CBHV075206(40'),TARE WEIGHT:2 250kg CBHU075231(40'),TARE WEIGHT:2 250kg	 60 000 80 000	CPT SEMARANG 0.5 0.4	 30 000.00 32 000.00 F:USD4800 I:USD300
TOTAL:140 000				62 000.00

TOTAL AMOUNT:SAY U.S.DOLLARS SIXTY TWO THOUSAND ONLY.

WE HEREBY CERTIFY THAT THE ABOVE MENTIONED

GOODS ARE OF CHINESE ORIGIN

SHANGHAI TIANYE TOOLS MANUFACTURE CO.,LTD

2.

PACKING LIST

TO: SHIPPING MARK
PT.HYCO LANGGENG
N/M

DESCRIPTIONS OF GOODS	QTY(PCS)	CTNS	G.W(KGS)	N.W(KGS)	MEAS.(CBM)
TOOLS					
DOUBLE OPEN END SPANNER	60 000	600	1 200	1 080	12
8×10mm(MTM)	80 000	800	2 000	1 760	8
10×12mm(MTM)					
TOTAL:	140 000	1 400	3 200	2 840	20

SAY TOTAL PACKING IN ONE THOUSAND FOUR HUNDRED CARTONS.
SHANGHAI TIANYE TOOLS MANUFACTURE CO.,LTD

3.

上海田野工具制造有限公司(3105226441)委托上海机械进出口公司(3122210642)出口手工工具(扳手)，委托上海田野报关公司(3122668874)向浦东机场 2233 报关，载运货物的运输工具于 2005 年 5 月 1 日申报出境，2005 年 4 月 24 日向海关申报。外汇核销单号：31/1771315。计量单位：千克。航班号：CA0001。MAWB：99971172312。HAWB：50318881。出境货物通关单：541786256。生产厂家：上海田野工具制造有限公司，位于上海虹口区。

中华人民共和国海关出口货物报关单

预录入编号：　　　　　　　　　　　　　　海关编号：

出口口岸	备案号	出口日期	申报日期	
经营单位	运输方式	运输工具名称	提运单号	
发货单位	贸易方式	征免性质	结汇方式	
许可证号	抵运国(地区)	装货港	境内货源地	
批准文号	成交方式	运费	保费	杂费
合同协议号	件数	包装种类	毛重(千克)	净重(千克)
集装箱号	随附单据	生产厂家		
标记唛码及备注				

项号	商品编号	商品名称、规格型号	数量及单位	最终目的国(地区)	单价	总价	币制	征免

练习 4

1.

上海进出口贸易公司
SHANGHAI IMPORT & EXPORT TRADE CORPORATION

1321 ZHONGSHAN ROAD SHANGHAI CHINA

COMMERCIAL INVOICE

TEL: 021-65788877 INV NO:XH051111

FAX: 021-65788876 DATE:OCT.01,2005

E-MAIL:SMTIC@168.COM S/C NO:ST303

L/C NO:TH2003

TO:YIYANG TRADING CORPORATION

88MARAHALL AVE

DONCASTER VIC 3108

MONTREAL,CANADA

FROM SHANGHAI,CHINA TO MONTREAL,CANADA

MARKS & NO	DESCRIPTIONS OF GOODS	QUANTITY	UNIT PRICE	AMOUNT
	COTTON TEATOWELS		CFR	
	10’×10’	16 000DOZS	MONTREAL	USD 20 960.00
Y.Y.T.C	20’×20’	6 000DOZS	USD1.31	USD 15 060.00
MONTREAL	30’×30’	11 000DOZS	USD2.51	USD 51 700.00
C/NO.1-330			USD4.70	

2.

上海进出口贸易公司
SHANGHAI IMPORT & EXPORT TRADE CORPORATION

1321 ZHONGSHAN ROAD SHANGHAI CHINA

PACKING LIST

TEL:021-65788877 INV NO:XH051111

FAX:021-65788876 DATE:OCT.01,2005

E-MAIL:SMTIC@168.COM S/C NO:ST303

B/L NO:COSO 052860

VESSEL:NANGXING

VOYAGE NO :881

TO:YIYANG TRADING CORPORATION

88MARAHALL AVE

DONCASTER VIC 3108

MONTREAL,CANADA

CASE NO	GOODS DESCRIPTION & PACKING	QTY(DOZS)	G.W(KGS)	N.W(KGS)	MEAS(m^3)
	COTTON TEATOWELS				
1-160	10’×10’	16 000	400	320	3.2
161-220	20’×20’	6 000	150	120	1.2
221-330	30’×30’	11 000	270	220	2.2
TOTAL:		33 000	820	660	6.6

PACKED IN 330WOODEN CASES TERMS OF PAYMENT:DOCUMENTS AGAINST ACCEPTANCE HS CODE:63205900

FREIGHE CHARGE:GBP3000 INSURANCE:0.3%

CONTAINER NO	SEAL NO	SIZE	TARE
SCZU8543434	SA34316	40	4 000
TRIU5269090	SB54321	40	4 000
TEXU2263978	SC67821	40	4 000

计量单位：千克。外汇核销单号：31/1771345。该船于 2005 年 10 月 10 日申报出境，2005 年 10 月 6 日向吴淞海关(2202)申报。经营单位海关注册编码：0387124666。发货单位同经营单位，生产厂家为上海毛巾厂。

中华人民共和国海关出口货物报关单

预录入编号： 海关编号：7896866423

出口口岸	备案号	出口日期	申报日期	
经营单位	运输方式	运输工具名称	提运单号	
发货单位	贸易方式	征免性质	结汇方式	
许可证号	抵运国(地区)	装货港	境内货源地	
批准文号	成交方式	运费	保费	杂费
合同协议号	件数	包装种类	毛重(千克)	净重(千克)
集装箱号	随附单据	生产厂家		
标记唛码及备注				

项号	商品编号	商品名称、规格型号	数量及单位	最终目的国(地区)	单价	总价	币制	征免

税费征收情况

练习 5

1.

BILL OF LADING

NO:CSC04118

<table>
<tr><td colspan="2">CONSIGNOR:MAMUT ENTERPRISESAN TARRAGONA75-3ER BARCELONA,SPAIN</td><td colspan="2" rowspan="2">无锡昌瑞电子有限公司 320234××××委托无锡阳光公司 320291××××进口在企业投资总额以外的自有基金内的注塑模具，载货运输工具2004 年 5 月 20 日申报进境，次日货物向吴淞海关 2202 申报进境</td></tr>
<tr><td colspan="2">CONSIGNEE:WUXI CHANGRUI ENERGY CO.LTD WUXI,P.R.CHINA</td></tr>
<tr><td>PORT OF LOADING:
BARCELONA</td><td>PORTOF DISCHARGE:
SHANGHAI CHINA</td><td>VIA:
HONGKONG</td><td>FINAL DESTINATION:
SHANGHAI ,CHINA</td></tr>
<tr><td>VESSEL:DONGFAN112</td><td>VOYAGE:112</td><td colspan="2"></td></tr>
<tr><td>MARKS & NO OF PKGS
RT05342
BARCELONA
VIA
HONGKONG
CONTAINER NO:
1×20':COSU1234502
SEAL:ACLO421570
TARE :2 277kg
1×20':COSU1234501
SEAL:ACL0421571
TARE:2 277kg
1×20':COSU1234503
SEAL:ACLO421572
TARE :2 277kg</td><td>DESCRIPTION OF GOODS 注塑模具
DDJ11E001F-M1C-02
DDJ11E001F-M1D-01
DDJ11E001F-M1D-02
HS CODE: 8480710090
计量单位：套/千克。
该货《征免税证明》号：Z23040H11512。分别列其 6～8 项。DETAILS AS PER THE CONTRACT NO: RT05342
TOTAL: 1 WOODEN CASE/3 SETS</td><td>GROSS WEIGHT
114KG</td><td>NET WEIGHT MEASUREMENT
85KG</td></tr>
</table>

2.

AUTOMATIC IMPORT LICENCE OF THE PEOPLE'S REPUBLIC OF CHINA

IMPORTER： WUXI CHANGRUI ENERGY CO.LTD	AUTOMATIC IMPORT LICENCE NO 3200-2004-04130
CONSINGNEE： WUXI CHANGRUI ENERGY CO.LTD	AUTOMATIC IMPORT LICENCE EXPIRY DATE 2004 年 8 月 6 日
TERMS OF TRADE：	COUNTY/REGION OF TRADING SPAIN
TERMS OF FOREIGN EXCHANGE	COUNTRY /REGION OF ORIGIN SPAIN
PLACE OF CLEARANCE： 上海吴淞海关	USE OF GOODS

DESCRIPTION OF GOODS 注塑模具		CODE OF GOODS 8480710090		STATUS OF EQUIPMENT	
SPECIFICATION	UNIT	QUANTITY	UNIT PRICE	AMOUNT	AMOUNT IN USD
DDJ11E001F-M1C-02	SET	1 SET 27.000KG	32 870.370 0	32 870.370 0	
DDJ11E001F-M1D-01	SET	1 SET 27.000KG	38 240.740 0	38 240.740 0	
DDJ11E001F-M1D-02	SET	1 SET 31.000KG	34 722.220 0	34 722.220 0	
TOTAL		3 SET		105 833.33	
SUPPLEMENTARY DETAILS			ISSUING AUTHORITY'S STAMP SINATURE DATE		

中华人民共和国海关进口货物报关单

预录入编号：　　　　　　　　　　　　　　　　　　　　　　海关编号：

进口口岸	备案号		进口日期	申报日期
经营单位	运输方式	运输工具名称		提运单号
收货单位	贸易方式		征免性质	征税比例
许可证号	起运国(地区)	装货港		境内目的地
批准文号	成交方式	运费	保费	杂费
合同协议号	件数	包装种类	毛重(千克)	净重(千克)
集装箱号	随附单据			用途
标记唛码及备注				

项号	商品编号	商品名称、规格型号	数量及单位	原产国(地区)	单价	总价	币制	征免

税费征收情况

练习 6

1.

PACKING LIST

INVOICE NO: 00001

SALES CONTRACT NO:CFG-02-01

B/L NO: COSU66089803

CARRIED BY: BLUE STAR

VOY: PO1938

PORT OF DESTINATION:

KEELUNG

C/NO	QUANTITIES & DESCRIPTIONS	NET WEIGHT (KGS)	GROSS WEIGHT (KGS)	CUFT (CBM)
1-40	锂电池板 1 4S2 LI-ION BATTERY PACK	364	429.74	1.024
41-65	锂电池板 2 4S3P LI-ION BATTERY PACK	302.5	336.825	0.384
1×40' TEXU2263978,TARE: 3 560	TOTAL: 70CTNS	666.5	766.565	1.408CBM

2.

INVOICE

INVOICE NO: 00001

SALES CONTRACT NO: CFG-02-01

DATE OF PACKING:

TERMS OF PAYMENT: Telegraphic Transfer

PORT OF SHIPMENT:

SAILING ON ABT:

PORT OF DESTINATION:

KEELUNG

MARK	DESCRIPTIONS	QUANTITY	UNIT PRICE	AMOUNT (USD)	PROCESSING CHARGE
CFG C/NO 1-70	锂电池板 1 4S2P LI-ION BATTERY PACK 锂电池板 2 4S3P LI-ION BATTERY PACK	800PCS 300PCS	42.42 52.88	CIF KEELUNG 33 936 15 864 F:3% I:0.3%	
TOTAL:		1 100PCS		49 800	

外汇核销单号：32C66676。计量单位：个/千克。HS CODE：8507802090。随附手册C23253411641，列手册第 4 项和第 5 项。附出境货物通关单：896541231，载货运输工具于 2006 年 3 月 4 日申报出境，货物于 3 月 2 日由申达报关公司向吴淞海关申报出口。

SELLER：日旺达电子有限公司 322394××××

中华人民共和国海关出口货物报关单

预录入编号：　　　　　　　　　　　　　　　　　　　　　　海关编号：

出口口岸	备案号	出口日期	申报日期					
经营单位	运输方式	运输工具名称	提运单号					
发货单位	贸易方式	征免性质	结汇方式					
许可证号	抵运国(地区)	装货港	境内货源地					
批准文号	成交方式	运费	保费	杂费				
合同协议号	件数	包装种类	毛重(千克)	净重(千克)				
集装箱号	随附单据	生产厂家						
标记唛码及备注								
项号	商品编号	商品名称、规格型号	数量及单位	最终目的国(地区)	单价	总价	币制	征免
税费征收情况								

练习 7

1.

SHIPPER FORMOSA HEAVY INDUSTRIES CORP. 201,TUNG HWA N.RD,TAIPEI, TAIWAN.	TONAN SHIPPING CO.,LTD. BILL OF LADING
CONSIGNEE HUA YANG ELECTRIC POWER CO, LTD.2/F 201,HUBIN NORTH ROAD,XIAMEN TEL(592)511-4403 FAX: (592)511-4404	华阳电业有限公司 3506941136 委托厦门机械 进出口公司 3506915501 进口投资总额内自用设备 载运货物的运输工具于 2005 年 2 月 28 日申报进境 次日由上海讯池国际运输公司向上海吴淞海关申报
NOTIFY PARTY SAME AS CONSIGNEE	

OCEAN VESSEL	VOYAGE NO
STELLAFAIRY	229
PORT OF LOADING KAOHSIUNG,TAIWAN	PORT OF DISCHARGE SHANGHAI

MARKS & NUMBERS MEASUREMENT	DESCRIPTION OF GOODS	GROSS WEIGHT
HYEC 8ET74 IN DIAMOND MADE IN TAIWAN	FLAT BAR SS-400 “F.I.O.TERM” “FRIGHT PREPAID”	20 270.00KGS

SAY TOTAL:FOURTEEN(14)PACKAGES ONLY

B/L NO GUK-6

2.

INVOICE

INVOICE NO: J88508

DATE: AUG.10.1998

SHIPPED PER:STELIA FAIRY 229

FROM:KAOHSIVNG TO SHANGHAI

FOR ACCOUNT AND RISED OF MESSES:HUA YANG ELECTRIC POWER CO.,LTD.2/F 201.HUBIN NORTH ROAD,XIAMEN TEL:

DRAWN UNDER L/C NO:

ISSUED BY O/A 30 DAYS AFTER B/L

MARKS & NOS DESCRIPTION OF GOODS QUANTITY UNIT PRICE AMOUNT

HYEC 8ET74	FLAT BAR SS-400 4.5mmTX25mmW	20 270KG	USD 0.52 USD 10 540.40	CIF SHANGHAI

MADE IN TAIWANG

HS CODE 72111900

计量单位：千克

CONTAINER: CCLU8377425

(1×20')2 250KG

SAY: TOTAL CIF VALUE V.S.DOLLARS TEN THOUSAND FIVE HUNDRED FOURTY AND CENTS FOURTY ONLY

FREIGHT: GBP300

INSURANCE: 0.3%

征免税表编号：Z37018A03980

预录入编号：028320742

资料 3

PACKING LIST

INVOICE NO:J88508

ORDER NO:8ET74

MARKS & NUMBERS

HYEC
8ET74

CONSIGNEES:HUA YANG ELECTRIC POWER CO.,LTD

SHIPPING DATE:AUG.10,1998

NAME OF VESSEL:STELLA FAIRT 229

MADE IN TAIWANG

PORT OF SHIPMENT:KAOHSIUNG

DESTINATION:SHANGHAI

PACKING NO.	QUANTITY	DESCRIPTION	NET WEIGHT	GROSS WEIGHT	MEASUREMENT
	14PKG	FLAT BAR SS-400 4.5mmTX25mmW	20 270KG		

附：特定商品进口登记证明：3504980629。

入境货物通关单：556078321。

中华人民共和国海关进口货物报关单

预录入编号：　　　　　　　　　　　　　　　　　　海关编号：

<table>
<tr><td>进口口岸</td><td>备案号</td><td>进口日期</td><td>申报日期</td></tr>
<tr><td>经营单位</td><td>运输方式</td><td>运输工具名称</td><td>提运单号</td></tr>
<tr><td>收货单位</td><td>贸易方式</td><td>征免性质</td><td>征税比例</td></tr>
<tr><td>许可证号</td><td>起运国(地区)</td><td>装货港</td><td>境内目的地</td></tr>
<tr><td>批准文号</td><td>成交方式</td><td>运费</td><td>保费</td><td>杂费</td></tr>
<tr><td>合同协议号</td><td>件数</td><td>包装种类</td><td>毛重(千克)</td><td>净重(千克)</td></tr>
<tr><td>集装箱号</td><td>随附单据</td><td>用途</td></tr>
<tr><td colspan="5">标记唛码及备注</td></tr>
</table>

项号	商品编号	商品名称、规格型号	数量及单位	原产国(地区)	单价	总价	币制	征免

<table>
<tr><td>税费征收情况</td></tr>
</table>

第 7 章　报检模拟实训

知识目标	技能目标
(1) 了解入境货物检验检疫的一般工作程序。 (2) 了解出境货物检验检疫的一般工作程序。 (3) 了解出入境货物报检单填制规范	(1) 掌握进出境货物检验检疫操作流程。 (2) 学会填制进口报检单。 (3) 学会填制出口报检单。 (4) 能够正确找出填制错误的进出口报检单中的错误，并加以改正

导言

通过货物进出口报检模拟实训使学生进一步了解我国进出口商品检验检疫的主要法律法规，进出口货物贸易管制政策，以及通过模拟操作使学生熟练掌握普通货物、保税货物、特殊货物的进出口报检程序，能独立完成报检单的填报工作。通过实训为学生日后参加报检员资格全国统一考试打下坚实基础，为从事报检等相关工作做好准备。

7.1　实 训 目 的

要求学生了解进出境货物检验检疫的一般工作程序，能根据提单、发票、装箱单等单据，按照报检单填制规范正确填写进出口报检的各个栏目。对填制错误的进出口报检单能正确找出错误，并加以改正，通过本节实训，为学生日后参加报检员资格全国统一考试打下坚实基础，为从事报检等相关工作做好准备。

7.2　实 训 内 容

1. *熟悉进出境货物检验检疫程序*

出境货物检验检疫的一般工作程序：先报检，后进行检验检疫，再通关，其检验检疫工作程序如图 7.1 所示。

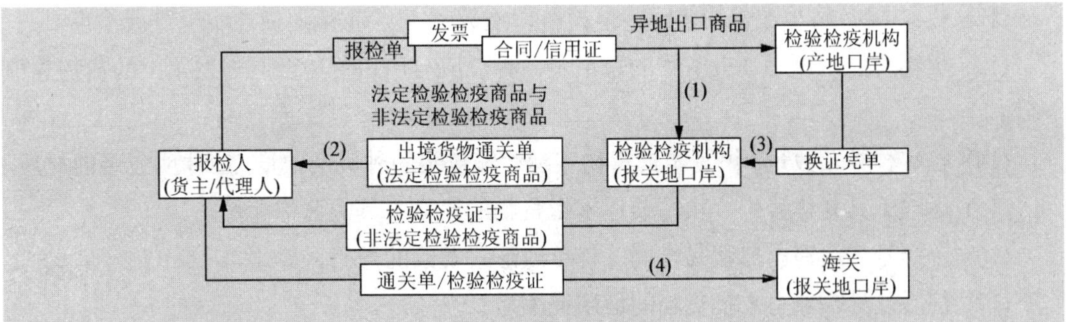

图 7.1　检验检疫程序

说明：

(1) 货主或其代理人即报检人应在规定时限内向当地出入境检疫机构报检，异地出口商品向产地出入境检疫机构报检，并按有关规定和要求提供有关单证资料。

(2) 检验检疫机构按有关规定审核报检资料，符合要求的，受理报检并计收费，并由施检部门实施检验检疫。对产地和报关地相一致的出境货物，经检验检疫合格后出具出境货物通关单或检验检疫证书，不合格的签发不合格通知单。

(3) 异地出口商品向产地出入境检疫机构报检后，经检验检疫合格的出具换证凭单，并向出境口岸出入境检疫机构换取出境货物通关单或检验检疫证书，不合格的签发不合格通知单。

(4) 报检人凭检验检疫机构签发的出境货物通关单或检验检疫证书办理通关手续，海关进行验放。

2. 出口货物报检单的缮制

出境货物报检时，报检单位应按照出口贸易合同、商业发票等内容准确填写出境货物报检单，不得涂改。具体填制要求如下，范本如图 7.2 所示。

(1) 编号。由检验检疫机构报检受理人员填写，前 6 位为检验检疫机构代码，第 7 位为报检类代目，第 8 位和 9 位为年代码，第 10～15 位为流水号。实行电子报检后，该编号可在受理电子报检的回执中自动生成。

(2) 报检单位。填写报检单位的全称，并盖报检单位印章。

(3) 报检单位登记号。填写报检单位在检验检疫机构备案或注册登记的代码。

(4) 联系人。填写报检人员姓名。

(5) 电话。填写报检人员的联系电话。

(6) 报检日期。检验检疫机构实际受理报检的日期，由检验检疫机构受理报检人员填写。

(7) 发货人。预检报检的，可填写生产单位；出口报检的，应填写外贸合同中的卖方。

(8) 收货人。填写外贸合同中的买方名称。

(9) 货物名称。填写出口贸易合同上的货物名称及规格。

(10) H.S 编码。填写本批货物的商品编码(8 位数或 10 位数编码)，以当年海关公布的商品税则编码分类为准。

(11) 产地。填写本货物的生产或加工地的省、市和县名称。

(12) 数/重量。填写本货物实际申请检验检疫数/重量，重量还应注明毛重或净重。

(13) 货物总值。填写本批货物的总值及币种，应与出口贸易合同与发票上的货物总值一致。

(14) 包装种类及数量。填写本批货物实际运输包装的种类及数量，应注明包装的材质。

(15) 运输工具名称号码。填写装运本批货物的运输工具的名称和号码。

(16) 合同号。填写出口贸易合同、订单或形式发票的号码。

(17) 信用证号。填写本批货物的信用证编号。

(18) 贸易方式。根据实际情况填写一般贸易、来料加工、进料加工、易货贸易、补偿贸易、边境贸易、无偿援助、外商投资、对外承包工程进出口货物、出口加工区进出境货物、出口加工区进出区货物、退运货物、过境货物、保税区进出境仓储、转口货物、保税区进出区货物、暂时进出口货物、暂时进出口留购货物、展览品、样品、其他非贸易性物品、其他贸易性货物等。

(19) 货物存放地点。填写本批货物存放的具体地点、厂库。

(20) 发货日期。填写出口装运日期，预检报检可不填。

(21) 输往国家和地区。填写出口贸易合同中买方所在国家和地区，或合同注明的最终输往国家和地区。

(22) 许可证/审批号。如为实施许可/审批制度管理的货物，必须填写其编号，不得留空。

(23) 生产单位注册号。填写本批货物生产、加工的单位在检验检疫机构注册登记编号，如卫生注册登记号、质量许可证号等。

(24) 启运地。填写装运本批货物离境的交通工具的启运口岸/城市地区名称。

(25) 到达口岸。填写本批货物最终抵达目的地停靠口岸的名称。

(26) 集装箱规格、数量及号码。货物若以集装箱运输，应填写集装箱的规格、数量及号码。

(27) 合同订立的特殊条款及其他要求。填写在出口贸易合同中特别订立的有关质量、卫生等条款，或报检单位对本批货物检验检疫的特别要求。

(28) 标记及号码。填写本批货物的标记号码，若没有标记号码，则填“N/M”。

(29) 用途。根据实际情况，选填食用、奶用、观赏或演艺、伴侣动物、试验、药用、其他等。

(30) 随附单据。根据向检验检疫机构提供的实际单据，在同名的“□”上打“√”，或在“□”后补填其名称。

(31) 需要证单名称。根据所需由检验检疫机构出具的证单，在对应的“□”上打“√”或补填，并注明所需证单的正副本数量。

(32) 报检人郑重声明。报检人员必须亲笔签名。

(33) 检验检疫费。由检验检疫机构计费人员填写。

(34) 领取证单。报检人在领取证单时填写领证日期并签名。

中华人民共和国出入境检验检疫
出境货物报检单

上海进出口贸易公司

报检单位(加盖公章)：　　　　　　　　　　　　　　*编号：896541231

报检单位登记号:12345O　　联系人:李莉　　电话:65788877　　报检日期:2006年6月3日

发货人	(中文)上海进出口贸易公司
	(外文)SHANGHA IMPORT&EXPORTTRADE CORPORATION
收货人	(中文)
	(外文)TKAMLA CORPORTION

货物名称(中/外文)	H.S.编码	产地	数/重量	货物总值	包装种类及数量
中国绿茶 CHINESE GREEN TEA	0902.1090	中国 上海	毛重416千克 净重330千克	32 800美元	66箱

运输工具名称号码	PUDONG V.503	贸易方式	一般贸易	货物存放地点	逸仙路9号
合同号	TXT264	信用证号	XT173	用途	自营内销
发货日期	2006.06.10	输往国家(地区)	日本	许可证/审批证	06AB122433
启运地	上海	到达口岸	大阪	生产单位注册号	
集装箱规格、数量及号码	1×20’拼箱GATU0506118				

合同、信用证定立的检验检疫条款或特殊要求	标记及号码	随附单据(划“√”或补填)	
	T.C TXT264 OSAKA C/NO.1-66	☑ 合同 ☑ 信用证 ☑ 发票 □ 换证凭单 ☑ 装箱单 □ 厂检单	□ 包装性能结果单 ☑ 许可/审批文件 □ □ □ □

需要证单名称(划“√”或补填)		*检验检疫费	
□ 品质证书 __正__副 ☑ 重量证书 1 正 2 副 □ 数量证书 __正__副 □ 兽医卫生证书 __正__副 □ 健康证书 __正__副 □ 卫生证书 __正__副 □ 动物卫生证书 __正__副	□ 植物检疫证书 __正__副 □ 熏蒸/消毒证书 __正__副 □ 出境货物换证凭单 __正__副 □ □ □ □	总金额 (人民币元)	
		计费人	
		收费人	

报检人郑重声明： 1. 本人被授权报检。 2. 上列填写内容正确属实，货物无伪造或冒用他人的厂名、标志、认证标志，并承担货物质量责任。 签名：李莉	领取证单	
	日期	
	签名	

注：有“*”号栏由出入境检验检疫机关填写。　　　　◆国家出入境检验检疫局制

图 7.2　出境货物报检单

3. 出入境检验检疫局出境货物通关单

出境货物通关单如图 7.3 所示。

中华人民共和国出入境检验检疫
出境货物通关单

编号：060688

1. 收货人　TKAMLA CORPORTION			5. 标记及唛码 T.C
2. 发货人　上海进出口贸易公司			TXT264 OSAKA
3. 合同/提(运)单号 TXT264		4. 输出国家或地区 日本	C/NO.1-66
6. 运输工具名称及号码 PUDONG V503		7. 目的地 大阪	8. 集装箱规格及数量 1×20'
9. 货物名称及规格	10. H.S.编码	11. 申报总值	12. 数/重量、包装数量及种类
CHINESE GREEN TEA ART NO.555 ART NO.666 ART NO.777	0902.1090	32 800.0美元	330千克 66箱
13. 证明 上述货物业已报检/申报，请海关予以放行。 本通关单有效期至2006年7月4日 签字：丁鸣　　日期：2006年6月4日			
14. 备注			

图 7.3　出境货物通关单

7.3 实训要求

(1) 能根据所提供的发票、提单、装箱单等单据，按照进出口报关单填制规范，能在规定时间内正确填写各类进出口报关单。

(2) 互相审阅所填制的进出口报关单，指出填写错误之处，并能加以改正。

7.4 实训材料

1. 请根据所提供的单据，判断填制出境货物报检单各项内容的正误，完成判断题136～150题(见报检单上标注的题号)。

SALES CONTRACT

No.: QJ760125

Date: Oct. 10, 2005

The Buyer: Moon River Import & Export Corporation, Busan, Korea

The Seller: JiangSu HongJing Industrial & Trade Corporation

This contract is made by and between the Seller and the Buyer, whereby the Seller agrees to sell and the Buyer agrees to buy the under-mentioned goods according to the terms and conditions stipulated below:

(1)

Name of Commodity	Quantity	Unit Price	Total price
TV SET 52CM (Dragon Brand)	1 000 SETS 1 000 CTNS	USD 80/SET	USD 80 000

(2) Packing: In Cartons

(3) Port of Loading: LIANYUNGANG PORT, JiangSu , China

(4) Port of Destination: BUSAN PORT, Korea

(5) Shipping Mark: N/ M

(6) Date of shipment: Apr. 2006 / By Vessel

(7) Terms of Payment: Letter of Credit (No.: WE570346)

(8) Documents Required: Certificate of Quality issued by CIQ indicating the No. of L / C

中华人民共和国出入境检验检疫
出境货物报检单

报检单位(加盖公章)：江苏宏景工贸公司　　　　*编　号：

报检单位登记号：3200600018 联系人：李红 电话：66860088　　　　报检日期：2006 年 04 月 02 日

发货人	(136)(中文)江苏宏景工贸公司
	(外文)JiangSu HongJing Industrial & Trade Corporation
收货人	(中文)韩国月亮河进出口公司
	(137)(外文)Moon River Import & Export Corporation, Busan, Korea

(138)货物名称 (中/外文)	H.S 编码	产地	(139)数/重量	(140)货物总值	(141)包装种类及数量
电视机	8415101000 L.M/N	南京	1 000 纸箱	80 美元	1 000 台/1 000 箱

运输工具名称号码	船舶	贸易方式	一般贸易	货物存放 地点	本公司仓库
(142)合同号	QJ760125	(143)信用证号	WE570346	用途	其他
发货日期	2006.04.09	(144)输往国家(地区)	韩国	许可证/审批号	×××
(145)起运地	上海	(146)到达口岸	韩国	生产单位注册号	×××
集装箱规格、数量及号码	×××				

(147)合同、信用证订立的检验检疫条款或特殊要求	(148)标记及号码	(149)随附单据(划“√”或补填)	
×××	×××	☑ 合同 ☐ 信用证 ☑ 发票 ☐ 换证凭单 ☑ 装箱单 ☑ 厂检单	☐ 包装性能结果单 ☐ 许可/审批文件 ☐ ☐ ☐ ☐

(150)需要证单名称(划“√”或补填)		*检验检疫费	
☐ 品质证书 _正_副 ☐ 重量证书 _正_副 ☐ 数量证书 _正_副 ☐ 兽医卫生证书 _正_副 ☐ 健康证书 _正_副 ☐ 卫生证书 _正_副 ☐ 动物卫生证书 _正_副	☐ 植物检疫证书_正_副 ☐ 熏蒸/消毒证书_正_副 ☑ 出境货物换证凭单_正_副 ☐ ☐ ☐ ☐	总金额 (人民币元)	
		计费人	
		收费人	

报检人郑重声明： 1. 本人被授权报检。 2. 上列填写内容正确属实，货物无伪造或冒用他人的厂名、标志、认证标志，并承担货物质量责任。 签名：李红	领取证单	
	日期	
	签名	

注：有“*”号栏由出入境检验检疫机关填写　　　　◆国家出入境检验检疫局制

判断

136.(　　) 141.(　　) 146.(　　) 137.(　　) 142.(　　) 147.(　　) 138.(　　) 143.(　　) 148.(　　) 139.(　　) 144.(　　) 149.(　　) 140.(　　) 145.(　　) 150.(　　)

2．根据合同及下述提供资料，制作入境货物报检单。

CONTRACT

卖方(Sellers)：
A.B.C. TRADING CO. LTD.
P.O.BOX8935,NEW TERMINAL,LATA.VISTA,OTTAWA,CANADA

Contract No.: AB44001
Date: FEB.12,2009
Signed at: GUANGZHOU

买方(Buyers)：
GUANGDONG FOREIGN TRADE IMP.AND EXP. GRANDTON
267 TIANHE ROAD GUANGZHOU, CHINA
TEL: 86-20-31872589
兹经买卖双方同意按下列条款成交：
The undersigned sellers and buyers have agreed to close the following transactions according to the terms and conditions stipulated below:

货号 Art. No.	品名及规格 Description	数量 Quantity	单价 Unit Price	金额 Amount
ART NO. P09811 ART NO. P09801	AIR CONDITIONER(BREAK BRAND) KF-23GW KF-25GW	500PCS 500PCS	@USD 1 000.00 @USD 1 000.00	FOBC2 TORONTO USD 500 000.00 USD 500 000.00
		1 000PCS		USD 1 000 000.00

数量及总值均得有　　　　%的增减，由卖方决定。

With　5　% more or less both in amount and quantity allowed at the seller's option.

总值

Total Value: USD 1 000 000.00(U. S. Dollars ONE MILLION ONLY)

包装

Packing: 1 PC PER CARTON

装运期

Time of Shipment: APR. 30,2009

装运口岸和目的地

Loading port & Destination: FROM TORONTO TO GUANGZHOU

保险由卖方按发票全部金额110%投保至　　　　为止的　　　　险。

Insurance: To be effected by sellers for 110% of full invoice value covering　　　　up to　　　　only.

付款条件：买方须于2009年3月10日前将不可撤销的，即期信用证开到卖方，议付有效期延至上列装运期后15天在中国到期，该信用证中必须注明允许分运及装运。

Terms of payment:

By Irrevocable, and Divisible Letter of Credit to be available by sight draft to reach the sellers before MAR.10,2009 and to remain valid for negotiation in China until the 15th day after the foresaid Time of Shipment. The L/C must specify that transshipment and partial shipments are allowed.

装船标记

Shipment Mark:A.B.C./GUANGZHOU/NOSI-1000/MADE IN CANADA

开立信用证时请注明我成交确认书号码。

When opening L/C, please mention our contract number.

备注

Remarks: THE CREDIT IS SUBJECT TO UCP600 (2007 REVISION)

THE SELLER:　　　　　　　　　　THE BUYER:

2009年3月15日，广东国际进出口贸易公司(单位登记号：5124785269，联系人：李平)收到提单号为SOCO92588的进口货物到货通知，计划3月20日卸货。公司于3月19日填制入境货物报检单，随附合同、发票箱单及提单向检验机关申请检验。进口商品为AIR CONDITIONER (BREAK BRAND) (BREAK牌空调)，海关编码8415102100，用于外贸自营内销。本次运输的船名航次为Volendam Voy. 0932，用3个40尺集装箱装运，现存放于广州市第二码头。

3．根据合同、信用证及下述提供资料，制作出境货物报检单。

售货确认书
SALES CONFIRMATION

卖方(Sellers)：
NANJING LANXING CO.,LTD
ROOM 2501,JIAFA MANSTION, BEIJING WEST ROAD , NANJING

Contract No.: 09TG28711
Date: JULY,22,2009
Signed at: NANJING

买方(Buyers)：
EAST AGENT COMPANY
3-72,OHTAMACHI,NAKA-KU,YOKOHAMA,JAPAN231

This Sales Contract is made by and between the Sellers and Buyers, whereby the sellers agree to sell and the buyers agree to buy the under-mentioned goods according to the terms and conditions stipulated below:

品名及规格 NAME OF COMMODITY & SPECIFICATION	单价 UNIT PRICE	数量 QUAN	金额及术语 AMOUNT & PRICE TERMS
H6-59940BS GOLF CAPS	CIF AKITA USD 8.10	1 800DOZS	CIF AKITA USD 14 580.00

10% more or less both in amount and quantity allowed at the seller's option　Total value　USD 14 580.00

Packing: CARTON
Delivery From NANJING to AKITA
Shipping Marks: V.H
LAS PLAMS
C/NO.

Time of Shipment: Within 30 days after receipt of L/C. allowing transshipment and partial shipment.

Terms of Payment: By 100% Irrevocable Letter of Credit on favor of the Sellers to be available. By sight draft to be opened and to reach China before JUL. 30, 2009 and to remain valid for negotiation in China until the 15th days after the foresaid Time of Shipment.

L/C must mention this contract number L/C advised by BANK OF CHINA NANJING BRANCH.

TLX: 44U4K NJBC, CN. ALL banking Charges outside China (the mainland of China) are for account of the Drawee.

Insurance: To be effected by Sellers for 110% of full invoice value covering F.P.A up to AKITA only.

Arbitration: All disputes arising from the execution of or in connection with this contract shall be settled amicable by negotiation. In case of settlement can be reached through negotiation the case shall then be submitted to China International Economic & Trade Arbitration Commission. In Nanjing for arbitration in act with its sure of procedures. The arbitral award is final and binding upon both parties for setting the Dispute. The fee, for arbitration shall be borne by the losing party unless otherwise awarded.

THE SELLER:　　　　THE BUYER:

ISSUE OF DOCUMENTARY CREDIT

ISSUING BANK	METITABANKLED., JAPAN
DOC. CREDIT NUMBER	LTR0505457
DATE OF ISSUE	090727
EXPIRY	DATE 090908 PLACE NANJING, CHINA
APPLICANT	EAST AGENT COMPANY 3-72,OHTAMACHI,NAKA-KU,YOKOHAMA,JAPAN231
BENEFICIARY	NANJING LANXING CO.,LTD ROOM 2501,JIAFA MANSTION, BEIJING WEST ROAD , NANJING
AMOUNT	CURRENCY USD AMOUNT 14 580.00
POS. /NEG. TOL. (%)	5/5
AVAILABLE WITH/BY	ANY BANK IN ADVISING COUNTRY BU NEGOTIATION
DRAFT AT…	DRAFTS AT SIGHT FOR FULL INVOICE VALUE
PARTIAL SHIPMENTS	ALLOWED
TRANSSHIPMENT	ALLOWED
LOADING IN CHARGE	NANJING
FOR TRANSPORT TO	AKITA
SHIPMENT PERIOD	AT THE LATEST AUG 30,2009
DESCRIPT. OF GOODS	1 800 DOZS OF H6-59940BS GOLF CAPS,USD 8.10 PER DOZ AS PER SALES CONTRACT 09TG28711 DD 22,7,09 CIF AKITA
DOCUMENTS REQUIRED	*COMMERCIAL INVOICE 1 SIGNED ORIGINAL AND 5 COPIES *PACKING LIST IN 2 COPIES *FULL SET OF CLEAN ON BOARD,MARKED"FREIGHT PREPAID"AND NOTIFY APPLICANT (AS INDICATE ABOVE) *GSP CERTIFICATE OF ORIGIN FORM A, CERTIFYING GOODS OF ORIGIN IN CHINA, ISSUED BY COMPETENT AUTHORITIES *INSURANCE POLICY/CERTIFICATE COVERING F.P.A. OF PICC. INCLUDING WARWHOUSE TO WAREHOUSE CLAUSE UP TO FINAL DESTINATION AT AKITA, FOR AT LEAST 110 PCT OF CIF-VALUE. *SHIPPING ADVICES MUST BE SENT TO APPLICANT WITH 2 DAYS AFTER SHIPMENT ADVISING NUMBERE OF PACKAGES, GROSS & NET WEIGHT, VESSEL NAME,BILL OF LADING NO. AND DATE, CONTRACT NO., VALUE.
PRESENTATION PERIOD	21 DAYS AFTER ISSUANCE DATE OF SHIPPING DOCUMENT
CONFIRMATION	WITHOUT
INSTRUCTIONS	THE NEGOTIATION BANK MUST FORWARD THE DRAFTS AND ALL DOCUMENTS BY REGISTERED AIRMAIL.DIRECT TO US IN TWO CONSECUTIVE LOTS, UPON RECEIPT OF THE DRAFTS AND DOCUMENTS IN ORDER, WE WILL REMIT THE PROCEEDS AS INSTRUCTED BY THE NEGOTIATING BANK.

2009 年 8 月 12 日，南京蓝星贸易公司填写出境货物报检单，随附合同、信用证、发

票、箱单等申请报检，要求签发出境货物换证凭单与品质证书。出口商品为 GOLF CAPS (高尔夫球帽)，1 800 打，20 打装一箱，存放于工厂仓库。商品海关编码为 5901909110，用一个 20 尺集装箱装运。

中华人民共和国出入境检验检疫
入境货物报检单

报检单位 (加盖公章):　　　　　　　　　　　　　　　　*编　　号 ____________

报检单位登记号:　　　　　　联系人:　　　　　电话:　　　　　报检日期:　　　年　　月　　日

<table>
<tr><td rowspan="2">收货人</td><td colspan="4">(中文)</td><td colspan="2">企业性质(划“√”)</td><td colspan="3">□合资　□合作　□外资</td></tr>
<tr><td colspan="9">(外文)</td></tr>
<tr><td rowspan="2">发货人</td><td colspan="9">(中文)</td></tr>
<tr><td colspan="9">(外文)</td></tr>
<tr><td colspan="2">货物名称(中/外文)</td><td>H.S.编码</td><td colspan="2">原产国(地区)</td><td>数/重量</td><td colspan="2">货物总值</td><td colspan="2">包装种类及数量</td></tr>
<tr><td colspan="2"></td><td></td><td colspan="2"></td><td></td><td colspan="2"></td><td colspan="2"></td></tr>
<tr><td colspan="2">运输工具名称号码</td><td colspan="5"></td><td colspan="2">合同号</td><td></td></tr>
<tr><td>贸易方式</td><td></td><td>贸易国别(地区)</td><td colspan="2"></td><td colspan="2">提单/运单号</td><td colspan="3"></td></tr>
<tr><td>到货日期</td><td></td><td>启运国家(地区)</td><td colspan="2"></td><td colspan="2">许可证/审批号</td><td colspan="3"></td></tr>
<tr><td>卸货日期</td><td></td><td>启运口岸</td><td colspan="2"></td><td colspan="2">入境口岸</td><td colspan="3"></td></tr>
<tr><td>索赔有效期至</td><td></td><td>经停口岸</td><td colspan="2"></td><td colspan="2">目的地</td><td colspan="3"></td></tr>
<tr><td colspan="2">集装箱规格、数量及号码</td><td colspan="8"></td></tr>
<tr><td colspan="2" rowspan="2">合同、信用证订立的检验检疫条款或特殊要求</td><td colspan="3" rowspan="2"></td><td colspan="2">货物存放地点</td><td colspan="3"></td></tr>
<tr><td colspan="2">用　　途</td><td colspan="3"></td></tr>
<tr><td colspan="2">随附单据(划“√”或补填)</td><td colspan="3">标记及号码</td><td colspan="4">*外商投资资产(划“√”)</td><td>□是□否</td></tr>
<tr><td rowspan="4">□合同
□发票
□提/运单
□兽医卫生证书
□植物检疫证书
□动物检疫证书
□卫生证书
□原产地证
□许可/审批文件</td><td rowspan="4">□到货通知
□装箱单
□质保书
□理货清单
□磅码单
□验收报告
□
□
□</td><td colspan="3" rowspan="4"></td><td colspan="5">*检验检疫费</td></tr>
<tr><td colspan="2">总金额
(人民币元)</td><td colspan="3"></td></tr>
<tr><td colspan="2">计费人</td><td colspan="3"></td></tr>
<tr><td colspan="2">收费人</td><td colspan="3"></td></tr>
<tr><td colspan="6" rowspan="3">报检人郑重声明：
1．本人被授权报检。
2．上列填写内容正确属实。
签名：____________</td><td colspan="4">领取证单</td></tr>
<tr><td>日期</td><td colspan="3"></td></tr>
<tr><td>签名</td><td colspan="3"></td></tr>
</table>

注：有“*”号栏由出入境检验检疫机关填写。　　　　　　　　◆国家出入境检验检疫局制

[1-2 (2000.1.1)]

中华人民共和国出入境检验检疫
出境货物报检单

报检单位(加盖公章): *编 号 ____________

报检单位登记号: 联系人: 电话: 报检日期: 年 月 日

发货人	(中文)	
	(外文)	
收货人	(中文)	
	(外文)	

货物名称(中/外文)	H.S.编码	产地	数/重量	货物总值	包装种类及数量

运输工具名称号码		贸易方式		货物存放地点	
合同号		信用证号		用途	
发货日期		输往国家(地区)		许可证/审批号	
启运地		到达口岸		生产单位注册号	
集装箱规格、数量及号码					

合同、信用证订立的检验检疫条款或特殊要求	标记及号码	随附单据(划“✓”或补填)	
		□合同	□包装性能结果单
		□信用证	□许可/审批文件
		□发票	□
		□换证凭单	□
		□装箱单	□
		□厂检单	□

需要证单名称(划“✓”或补填)				*检验检疫费	
□品质证书	__正__副	□植物检疫证书	__正__副	总金额(人民币元)	
□重量证书	__正__副	□熏蒸/消毒证书	__正__副		
□数量证书	__正__副	□出境货物换证凭单	__正__副	计费人	
□兽医卫生证书	__正__副	□			
□健康证书	__正__副	□			
□卫生证书	__正__副	□		收费人	
□动物卫生证书	__正__副	□			

报检人郑重声明:	领取证单	
1. 本人被授权报检。	日期	
2. 上列填写内容正确属实，货物无伪造或冒用他人的厂名、标志、认证标志，并承担货物质量责任。		
签名: ____________	签名	

注：有“*”号栏由出入境检验检疫机关填写。 ◆国家出入境检验检疫局制

[1-2 (2000.1.1)]

第 8 章　进出口业务综合实训

知识目标	技能目标
(1) 了解建立业务联系的基本方法和途径。 (2) 了解建立业务联系信函的写作方法。 (3) 了解贸易磋商的基本流程。 (4) 了解国际货物买卖合同价格的构成。 (5) 了解出口商品的成本核算方法。 (6) 了解出口商品的费用核算方法。 (7) 了解出口商品的利润核算方法。 (8) 了解国际货物买卖合同签订的基本程序。 (9) 了解合同的结构和内容。 (10) 了解合同签订过程中应注意的问题	(1) 能够运用外贸函电相关知识撰写建交函电。 (2) 学会撰写询盘、发盘、还盘和接受等磋商信函。 (3) 掌握贸易磋商流程操作。 (4) 学会计算出口商品成本。 (5) 学会计算出口商品费用。 (6) 学会计算出口商品利润。 (7) 熟悉国际货物买卖合同签订的程序。 (8) 能够正确填制国际货物买卖合同

导言

根据进出口业务操作的流程安排实训环节，可以让学生模拟操作进出口业务的整个流程。学生在网上进行国际货物买卖实务的具体操作，能很快掌握进出口的成本核算、询盘、发盘与还盘等各种基本技巧；切身体会到国际贸易中不同当事人面临的具体工作与他们之间的互动关系；学会外贸公司利用各种方式控制成本以达到利润最大化的思路；认识供求平衡、竞争等宏观经济现象，并且能够合理地加以利用。教师通过在网站发布新闻、调整商品成本与价格、调整汇率及各项费率等方式对国际贸易环境实施宏观调控，使学生在实训中充分发挥主观能动性，真正理解并吸收课堂中所学到的知识，为将来走上工作岗位打下良好基础。

8.1　建立业务联系实训

8.1.1　实训目的

要求学生通过本节实训，巩固进出口业务的基本知识，掌握寻找潜在交易伙伴的渠道，掌握与交易伙伴建立业务联系的方法，掌握谈判的方法和基本技巧，掌握建交函的写法和基本技巧，为毕业后从事相关外贸工作打下坚实的基础。

8.1.2　实训内容

业务关系的建立是开始进行交易和发展贸易的基础。因此，在国际贸易中，建立业务关系就是一项非常重要的工作。建立和发展客户关系，必须对客户的情况，包括资信情况、经营范围、企业实力及是否愿意与我方建立业务往来有所了解。一般情况下，可以通过以下渠道来获取相关信息：

(1) 银行(Banks)。

(2) 商会(Chamber of Commerce)。

(3) 贸易行行名录(Trade Direction)。

(4) 同业商行(Business Association of the Same Trade)。

(5) 我国驻外商赞处(Chinese Commercial Counselor's Office in Foreign Country)。

(6) 外国驻华商赞处(Foreign Commercial Counselor's Office in China)。

(7) 广告(Advertisement)。

建立贸易关系既可以利用展销会、交易会等机会开展当面建交，也可以利用书面的方式建立联系。在国际贸易的实践中，更多地是采用信函方式建立贸易关系。建立贸易关系的信函一般应表达以下内容：

(1) 告诉对方我方如何获悉对方的经营范围和地址。

(2) 表示我方有与对方建立业务关系、与对方合作的强烈愿望。

(3) 介绍本公司或企业的性质、基本业务情况、经营商品的范围。

(4) 说明希望推销或希望购买什么样的产品。

(5) 必要时可向对方提供资信证明人，以便对方了解我方的资信情况。

(6) 附寄公司简介、商品目录、价目表和小册子等以便对方全面了解我方信息。

假如我方收到类似的国外来信，应及时礼貌地按对方的要求答复。即使不能满足对方的要求，也应及时答复，婉言说明原因，为以后可能的交易留下余地。

另外，国际贸易与国内贸易相比，一次失败的交易往往会带来更为沉痛的损失，所以对国际贸易一定要慎之又慎。在建立贸易关系之初应同时开展信用调查即针对“4C”(Credit, Character, Capital, Capacity)调查。就以上几个方面，做缜密的调查是很重要的。在做资信调查时，可分为向银行调查(Bank Reference)，向客户查询(Trade Reference)两种。银行调查一般正确而且讲究信誉，但有时过于简略，不易对对方的实际情况有深刻的理解。客户查询较为详细，但有时又限于主观。所以我们必须视其情况取其一或两种都用。获得这些信息可通过如下渠道：

(1) 委托本国驻外经济商赞处查询。

(2) 委托信用咨询社。

(3) 自行派调查团。

(4) 外国驻华商务机构。

(5) 商会或其他的行业公会。

(6) 委任本公司驻外人员调查。

(7) 函请对方担供资信证明人。

关于信用查询这一类信函，在撰写时，一般包括以下几个方面的内容：

(1) 先提对方的名称和地址。

(2) 再述其与我方的关系，声明调查原因。

(3) 允许绝对保密，不损害对方的信誉。

(4) 谢辞。

8.1.3 实训要求

(1) 通过此次实践环节，学生应对建交信函的写作有进一步了解，掌握建交信函写作的要点并熟练运用一些常用的表达语句。

(2) 掌握资信调查信函写作的要点并熟练运用一些常用的表达语句。

8.1.4 实训材料

1．你作为一家进口杂货的业务员，想要采购一批印花衬衫布，请给你的潜在客户写一封建交函。

【样例】

Dear Sirs,

We owe your name and address to the Bank of China, New York Branch, which told us that you specialize in the export of Chinese textiles and cotton piece goods.

Our company imports general merchandise. We have been in business since 1949, and therefore have wide experience in all the lines we handle. Now we are in the market for Printed Shirting from your country.

If you can assure us of workable prices, excellent quality and prompt delivery, we shall be able to deal in these goods on a substantial scale.

Our bankers are Chase Manhattan Bank and the Hong Kong & Shanghai Banking Corporation of Hong Kong. They can provide you information about our business and finances.

We would highly appreciate it if you would send us by airmail catalogues, sample books and all necessary information regarding Printed Shirting, so as to acquaint us with the material and workmanship of your supplies.

We await your early reply.

Yours faithfully,

2．你作为一家经营食品出口公司的外销员，请写一封建交函给你的潜在客户。

【样例】

Dear Sirs,

Through the courtesy of the Chamber of Commerce in Tokyo, Japan, we have learned that you have been supplying the best quality foods all over the world, and we are sure that there is a large demand for various foreign foods in our country. We are writing to you in the hope of establishing business relations with you.

We are the largest food trading company in China, and have offices or representatives in all major cities and towns in China. We have already imported a number of foods from Europe and U.S.A., therefore we have considerable experience in this field.

We should be obliged if you would advise us whether you have a mind to deal with us by return mail.

Yours faithfully,

3．作为一家公司的外销员，你打算与国外厂商建立业务联系，但对方提出信贷要求，请你写一封调查函给其资信证明人。

【样例】

Dear Sirs,

As we are on the point of executing a considerable order from Messrs. J. A.Hussain & Co., P. O. Box 386, Karachi, we should be much obliged if you would inform us, in confidence, of their financial standing and modes of business.

The reference they have given us is the Standard Chartered Bank, Karachi Branch. Will you please be good enough to approach the said bank for all possible information we require.

It goes without saying that any information you may obtain for us will be treated as strictly confidential and without any responsibility on your part.

We thank you in advance.

Yours faithfully,

8.2 贸易磋商谈判实训

8.2.1 实训目的

要求学生通过本节实训，巩固进出口业务的基本知识，掌握贸易合同中商品名称、数量、包装，国际货物运输、国际货物运输保险、国际货款结算、检验、索赔、不可抗力、仲裁条款的签订注意事项，掌握商务谈判的基本内容，掌握谈判的方法和基本技巧，为毕业后从事相关外贸工作打下坚实的基础。

8.2.2 实训内容

进出口交易的磋商通常是通过口头或书面方式进行。口头磋商主要指交易双方当面直接协商或通过电话协商，书面磋商则是交易双方通过信函、电报、电传、电子邮件等通信方式磋商。

磋商的内容包括商品名称、数量、品质、规格或花色品种，包装、价格、交货方式、运输方式、付款方式、发生意外的处理方式，保险的办理、发生纠纷的处理方式。这些问题在磋商中都要明确下来。

交易磋商的一般程序可概括为询盘、发盘、还盘、接受四个环节。其中发盘和接受是必不可少的环节。

1. 询盘

国际贸易双方在订立合同之前必须就买卖的有关条件进行磋商，并达成一致。交易磋商一般始于买卖双方的一方主动向对方发出询盘(Enquiry)或发盘。询盘又称询价，是指交易的一方向另一方询问是否买进或卖出某种商品及要求什么样的交易条件的口头或书面表示。询盘的内容可以涉及价格、品名、规格、数量、包装、交货期及索取商品目录、价目单、样本和样品等。采用书面形式的询盘除书信、电报、电传、电邮外，还常采用一种询价单进行询盘。

询盘按其询问内容的不同，可分为一般函询和具体询盘。一般函询是买方仅仅为了解情况向卖方索要商品目录本、价目单、样本和样品、作报价单用的形式、发票等。具体询盘是买方或卖方有买卖的要求，指定商品要求对方报盘。

询盘时要仔细考虑向哪些地区发出询盘及同一地区与几家客户联系。一般不宜同时向同一地区三家以上客户询盘，以免使对方认为写信人需求迫切，从而对以后交易的价格等条件产生不良影响。一般询价信应以简单、清楚和切题为原则，最好在信的开头就开门见山地写出想问的问题。因为买卖双方在交易中处于平等地位，所以不必使用过分客气的词句。如果内容很短，可以用名信片代替。

向以前没有业务往来的出口商或供应商询盘，应说明是如何得到对方商行的名称和地址的，写信人经营什么业务，对什么商品感兴趣，一般的经营方针，要求对方提供什么等。

对于对方的询盘则应迅速、客气而有针对性地答复，以期带来更多的生意。

2. 发盘与还盘

发盘(Offer)是指交易的一方向另一方提出具体的交易条件，并表示愿意按这些条件达成交易的一种行为。发盘在合同法中称为要约，对发盘人来说具有法律约束力。发盘可以是应对方的询盘作出的答复，也可以未经邀请直接发出。发盘多由卖方发出，称为售货发盘。也可以由买方发出，称为购货发盘。从我国进出口业务的实践来看，发盘报价对磋商成败至关重要，对此我们必须做到慎之又慎。发盘即是订购意旨的表示，其内容必须明确无误，避免使用意义含糊的词语。一般应包括交易的主要条件，如品名、规格、价格、数量、交货期、包装、付款方式等。

在实际业务中，出口人常用寄送报价单的形式兜售商品邀请对方发盘。报价单可用印就的格式也可用列表式，后者特别适用于商品繁多的情况。而在寄送报价单时，常用一封专函，告知对方信内附寄报价单，并对询盘表示感谢或介绍所报商品和希望获得对方的订单。

还盘(Counter Offer)是指受盘人不同意或不完全同意发盘人在发盘中提出的条件，为了进一步协商，对发盘提出修改性意见。还盘可以用口头方式或书面方式，一般与发盘采用的方式相同。还盘可以针对价格，也可以针对品质、数量、包装、交货时间及地点、检验、支付方式等重要条件提出修改意见。需要注意的是，还盘是一项新的发盘，是对原发盘的拒绝，还盘一经作出，原发盘即失效，原发盘人不再受其约束。因此，还盘作出后，还盘的一方与原发盘方在地位上发生了换位，即还盘人由原来的受盘人变成了新发盘的发盘人，原发盘人则变成了新发盘的受盘人。新受盘人有权针对还盘的内容进行考虑，决定接受、拒绝或是再还盘。

如果拒绝对方的发盘，应写信回复，表示感谢并说明拒绝接受的原因，可提出合作的其他机会，以示礼貌。

3. 接受

受盘人声明或以其他行为表示无条件地同意对方在发盘中提出的各项条件，即为接受，接受在法律上称为承诺，其实质是对发盘表示同意。发盘一经接受，合同就告成立，对双方都有约束力，发盘人和受盘人任何一方都不得任意更改或撤销。

接受是受盘人同意发盘的意思表示。受盘人接到发盘的全部内容，向发盘人发出通知表示同意，即构成接受。

如果接受通知超过发盘规定的有效期或超过合理时间才传达到发盘人，这就成为一项逾期接受。逾期接受在一般情况下无效，但在下列两种情况下仍然有效：

(1) 发盘人毫不迟延地用口头或书面将该项逾期接受仍然有效的意见通知受盘人。

(2) 由于出现传递不正常的情况而造成了延误，这种逾期接受可被认为是有效的，除非发盘人毫不迟延地用口头或书面通知受盘人认为发盘已经失效。

这里关键要看发盘人如何表态。

4. 促销

在对外贸易中，推销信虽不是必不可少的，但它对于拓展业务或恢复业务起着非常重要的作用。它的最终目的是劝说读者(即买主)购买卖方所提供的货物或服务。

撰写推销信通常有以下几种具体的目标：

(1) 介绍公司的新产品或服务。

(2) 推荐经过改进的产品。

(3) 提供特别的折扣或优惠以吸引客户购买。

(4) 当客户要求的货物缺货时，推荐替代品。

(5) 老客户长期不再惠顾时，询问其原因并向阐述我方产品的优势或改进之处。

一封好的推销信应包含四要素：①引起注意；②激发兴趣；③产生购买愿望；④导致购买行为。

撰写推销信时应注意以下几个方面的内容：

(1) 不写长信，否则读者可能没有耐心看。

(2) 写信时尽可能使语气像私人交往，增加亲切感。

(3) 在说明产品或服务项目时要清楚、简洁，勿使用过于夸大的言辞。

(4) 向对方表明他将如何从你所推荐的产品或服务中受益。

8.2.3 实训要求

(1) 能根据贸易背景资料，掌握贸易磋商信函写作的要点要求并熟练运用一些常用的表达语句。学生重点掌握询盘、发盘、还盘、接受四个基本操作环节。其中，发盘和接受是合同磋商订立的两个必不可少的环节。同时要求学生掌握四个基本环节的一些常用表达语句及信函的写作，并掌握合同磋商的基本要领和技巧。

(2) 在贸易磋商过程中，当双方意见不一致时，会写促销信，恢复业务。

8.2.4 实训材料

1．你从互联网上看到了一则商品供货信息，请向该出口商写一封询盘信。

【样例】

Dear Sirs,

We saw your product on Global Sources Online. We are glad to inform you that we are interested in your products. Although sales are not particularly here, good prices can be obtained.

We would like you to reply to this inquiry as early as possible.

Inquiry details:

Product(s) Selected: S0001/S0002

Buyer details:

Company Name: ASADIN & SONS LTD.

Country: Bulgaria

Tel: (359) 29743818

Fax: (359) 29743818

E-mail: asadin@bitex.com

Your early reply will be appreciated.

Yours faithfully,

2．你公司打算进口一批微波炉，请向此类出口商写一封询盘信。

【样例】

Dear Sirs,

We are in the market for 500 low wattage Microwave Ovens. As we have not had the pleasure of importing electric appliances from you since 2000, we wonder whether you are in a position to meet our present requirements.

If your answer is in the affirmative, please quote us your best price CIF Hongkong, stating the earliest date of shipment and the discount you will allow.

Your early reply will be appreciated.

Yours faithfully,

3．你公司作为微波炉出口商，收到一封询盘信，请立刻回复。

【样例】

Dear Sirs,

Thank you for your letter enquiring for low wattage Microwave Oven. We wish to inform you that at present we are able to supply 650W Microwave Oven only, the price of which is similar to that of 600W, i. e. at US$××per set CIF Hongkong less 2% discount.

As a matter of fact it is better than the one you enquire for, and we are sure you will find it worth buying when you read the enclosed illustrated leaflet.

We welcome your order and can assure you that shipment will be made within 20 days after receipt of your L/C. We expect to have your decision at an early date.

Yours faithfully,

4．你公司在互联网上发布了商品信息，收到了很多询盘信，请给其中一个写一封回信。

【样例】

Dear Sirs,

Thank you very much for your inquiry. We are very pleased to hear that you are interested in our products. Please kindly see the following prices, based on FOB NingBo:

S0001　　US$ 39.50 each

S0002　　US$ 40.50 each

Please note that we do not allow any commission on our products, but a discount of 5% may be allowed if the quantity for each individual item exceeds 1 000 pieces. Meanwhile, please be informed that we require the payment to be made by sight L/C which should be established through a bank approved by us.

Shipment will be made in May, 2004.

We trust the above will be acceptable to you and await with keen interest your trial order.

Yours faithfully,

5．你公司是经营布匹的出口商，作为业务员，请向一个老客户发盘。

【样例】

Dear Sirs,

We have for acknowledgement your letter of 18th January and take pleasure in making you the following offer subject to your reply reaching us by end of this month:

Commodity: Printed Shirting

Specifications: 30×35

Quantity: 26 000 yards

Packing: In bales or in wooden cases, at seller’s option

Price: US$ 2.2 per yard CIF Lagos

Payment: By confirmed, irrevocable L/C by draft at sight

Shipment: Within 3～4 weeks of receiving the L/C

We feel you may be interested in some of our other products and enclose some descriptive booklets and a supply of sales literature for use with your customers.

We look forward to receiving your order.

Yours faithfully,

6．你公司是印花布匹的国内经销商，收到了国外出口商的发盘，但综合考虑后认为发盘价格过高，请写一封还盘信。

【样例】

Dear Sirs,

Thank you for your letter of 15th February offering us your printed shirting.

To be candid with you, we like your printed shirting, but your price is rather too high for the market we wish to supply. It is understood that to accept the prices you quoted would leave us little or no margin of profit on our sales. We have also to point out that some goods of Japanese make have been sold at the level of US$ 1.8 per yard.

We appreciate your prompt response to our enquiry and would like to take this opportunity to conclude some transactions with you. We would, therefore, suggest that you make some allowance, say 10% on your quoted prices. As our order would be worth around US$ 50 000, you may think it worth while to make a concession.

We are anticipating your early reply.

Yours faithfully,

7．你公司是经营布匹的出口商，收到了一个老客户的还盘，请写一封回信。

【样例】

Dear Sirs,

We confirm having received your letter of 28th February, asking us to make a 10% reduction in our price for Printed Shirting.

Much to our regret, we find it intolerable to comply with your request because ours is the best possible price if you take the quality into consideration. However, in order to develop our market in your place, we have decided to accept your counter-offer as an exceptional case.

We hope we can conclude contract before long and await your prompt reply.

Yours faithfully,

8．你公司是经营钢材商品的出口商，收到了一个老客户的还盘，此客户还价过低，你方无利润空间，请写一封回信。

【样例】

Dear Sirs

We learn from your letter of 10th October that our price for the Silicon Steel Sheet is found to be on the high side.

Much as we would like to cooperate with you in expanding sales, we are regretful that we just cannot see our way clear to entertain your counter-offer, as the price we quoted is quite realistic. As a matter of fact, we have received a lot of orders from various sources at our level.

If you see any chance to do better, please let us know. On account of a limited supply available at present, we would ask you to act quickly.

In the meantime, please keep us posted of developments at your end. We assure you that any further enquiries from you will receive our prompt attention.

Yours faithfully,

9．你公司是经营大豆的经销商，收到了一个老客户的发盘，请写一封回信，进行确认订购。

【样例】

Dear Sirs,

Thank you for your letter of 17th August sending us samples of Soya Beans. We find both quality and price satisfactory and are pleased to give you a trial order for the following items on the understanding that they will be supplied from current stock at the price named:

Quantity	Description	Unit Price (net)
1 000M/T	Soya Beans	USD$ 230 per M/T CIF London

Delivery: By the end of September, 2004

Payment: Draft at sight under irrevocable L/C

Packing: In standard export packing

Please note that the goods are to be shipped in accordance with your samples. We are in urgent need of the above goods, so please confirm this order by return. Upon receipt of your confirmation, we will open an irrevocable L/C through the Bank of China.

If this initial order turns out satisfactory, we shall place further orders with you in the near future.

Yours faithfully,

10．你公司向国外出口商发盘，订购用于冬季销售的商品，但对方迟迟没有交货，请写一封信，进行订单取消。

【样例】

Dear Sirs,

We refer you to the S/C No.567 which stipulates shipment to be made not later than 10th October. We regret that so far nothing has been heard from you.

When we placed our order with you, we stressed the importance of dispatching the goods. They are required for the winter sales in this country and they should therefore arrive here by the end of October.

As we have not received any information from you that the goods have been sent, we have no alternative but to cancel this order. We regret this action, but you will appreciate that we have no other way, as our customers insist on delivery by that date.

Yours faithfully,

11．你公司是电子产品的出口商，一位老客户订购的一种型号产品没有货，请写一封信，推荐另一种替代产品。

【样例】

Dear Sirs,

Thank you for your order of September 1. Unfortunately the goods Model No. PC-618 you ordered are now out of stock and will not be available again before the end of December.

However, we can offer the slightly superior but very similar quality Model PC-628 instead, which is in stock and is perhaps more suitable for your purpose.

Please let us know whether you can accept it. If you would care to cable us as soon as you receive our offer, we could ship the goods at once.

Yours faithfully,

8.3 报价核算实训

8.3.1 实训目的

要求学生通过本次实训，掌握国际货物买卖合同价格的构成，掌握出口商品的成本核算、出口商品的费用核算、出口商品的利润核算的方法，为进行出口报价做出准确的价格核算。

8.3.2 实训内容

1. 价格的构成

国际货物买卖合同的价格主要是指出口商或卖方向国外客户提出进行交易的商品价格。出口商品的价格可以用单价(Unit Price)和总价(Total Price)来表示。总价是单价和数量的乘积。

商品的国际报价表示通常由四部分构成：计价货币、单位价格金额、计量单位及贸易术语。例如

USD	12	per set	FOB Shanghai
计价货币	单位价格金额	计量单位	贸易术语

决定商品价格的因素主要有成本、费用和利润。每个要素之间又具有不同的界定并赋予不同的经济含义。三大要素之间相互影响、相互作用，构成了出口报价核算的基础。

商品的价格＝成本＋费用＋利润

2. 价格的核算

出口价格核算的步骤如图 8.1 所示。

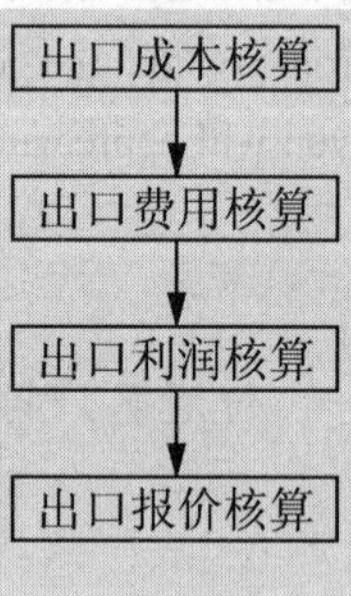

图 8.1 出口核算步骤

1) 出口成本核算

我国从事出口业务的法人有两大类：一类是有进出口经营权的生产性企业；另一类是进出口贸易公司。有进出口经营权的生产性企业将其所生产的产品直接出口，其出口报价中的成本就是企业的生产成本；而进出口贸易公司出口的是从生产厂商处购进的商品，出口报价的成本应该是含税采购成本扣除出口退税的余额，即进出口贸易公司从事出口业务所实际承担的成本。

我国实行出口退税制度，采取对出口商品中的增值税全额退还或按一定比例退还的做

法，即将含税成本中的税收部分按照出口退税比例予以扣除，得出实际成本。

实际成本＝进货成本－退税金额

退税金额＝进货成本÷(1＋增值税率)×退税率

【案例】某公司出口陶瓷茶杯，每套进货成本人民币 90 元(包括 17%的增值税)，退税率为 8%，实际成本核算如下。

解：退税金额＝进货成本/(1＋增值税率)×退税率

＝90/(1＋17%)×8%＝6.15(元)

实际成本＝90－6.15＝83.85(元)

2) 出口费用核算

出口商品费用是特定出口业务所产生的成本以外的支出，包括国内费用和国外费用两部分内容。国内费用是货物越过装运港船舷之前所发生的所有与商品出口业务相关的费用；而国外费用就是货物越过船舷之后发生的由卖方承担的相关费用。

虽然商品出口业务中费用的种类比较复杂，但计算的原理比较简单，只要分清各种费用的计算标准和计价货币单位，将各项费用分类加总即可。

(1) 垫款利息。出口商向国内供应商支付的采购价款直到从进口商处收回货款才能得到补偿，因此，出口商要承担这段期间内向金融机构融资的利息或占用资金的机会成本，即垫款利息。

垫款利息＝采购成本×货款利率×实际垫款期限

银行贷款利率通常以年利率的形式给出，因此

垫款利息＝采购成本×年贷款利率/360×实际垫款天数

(2) 银行手续费。在出口业务中，货款的计算都要通过银行进行，因此银行需要收取相应的服务费，即银行手续费。银行手续费可以是定额费用，如每笔义务收取若干美元手续费；也可以按照结算金额收取一定比例的手续费，计算式以出口报价为计算依据。

(3) 业务费用。在特定出口业务中所发生的交通费、通信费、招待费等。这类费用可以按实际发生金额计入，也可以按照采购成本的一定比例计入，这个比例是企业根据历史数据估算出来的，一般为 5%～10%。

(4) 包干费，是货运代理或其他营运商提供进出口清关服务所发生的费用，通常包括运输、装卸、商检、报关、单证和港口码头费用等。

(5) 海运费。班轮运输根据是否装入集装箱可以分为件杂货与集装箱货。

① 件杂货运费：基本费用＋附加运费。附加运费一般以基本运费的一定比率计收。

② 集装箱货运费：件杂货基本费率＋附加费(拼箱)；包箱费率＋附加费(整箱)。

(6) 保险费。采用 CIF 或 CIP 术语时：

保险费＝保险金额×保险费率

保险金额＝CIF(CIP)价×(1＋投保加成率)

投保加成率一般是 10%，保险金额以 CIF(CIP)货价或发票金额为基础计算。

(7) 佣金核算，佣金是付给中间商的报酬，佣金的计算通常以发票金额作为基础。

佣金＝含佣金×佣金率

净价＝含佣价－佣金＝含佣价×(1－佣金率)

3. 利润核算

出口企业在计算预期利润时，既可以使用销售利润率也可以使用成本利润率，销售利润率是指销售利润占销售收入的百分比，计算公式为

预期利润＝出口报价×销售利润率

成本利润率是指销售利润占成本的百分比，一般按采购成本计算，计算公式为

预期利润率＝采购成本×成本利润率

【案例】某公司实际成本为人民币 180 元，利润率为 15%，计算价格和利润额：

(1) 以采购成本为依据：

销售价格＝实际成本＋利润额＝实际成本＋实际成本×利润率

＝180＋180×15%＝207(元)

利润＝实际成本×利润率＝180×15%＝27(元)

(2) 以销售价格为依据：

销售价格＝实际成本＋利润额

＝实际成本＋销售价格×利润率

等式两边移项得：

销售价格－销售价格×利润率＝实际成本

销售价格×(1－利润率)＝实际成本

销售价格＝实际成本/(1－利润率)

＝180/(1－15%)＝211.77(元)

利润＝销售价格×利润率＝211.77×15%＝31.77(元)

可见，计算利润的依据不同，销售价格和利润额也不一样。

4. 报价核算

由于出口报价等于成本、费用和利润之和，而成本有含税和不含税之分，费用有可以直接得到的具体数据，也有以某一项目为技术的费用率或根据售价变化的费用率，在加上利润额和利润率，这样就使得出口价格核算变得复杂了。在出口报价核算时，必须特别注意实际成本的计算，各项费用和利润计算方式与计算依据，还应当特别注意报价的计量单位及货币和汇率的转换。

【案例】吉信贸易公司收到爱尔兰公司求购 6 000 双牛粒面革腰高 6 英寸军靴(一个 40 英尺集装箱)的询盘，经了解每双军靴的进货成本人民币 90 元(含增值税 17%)，进货总价：90×6 000＝540 000 元；出口包装费每双 3 元，国内运杂费共计 12 000 元，出口商检费 350 元，报关费 150 元，港区港杂费 900 元，其他各种费用共计 1 500 元。吉信公司向银行贷款的年利率为 8%，预计垫款两个月，银行手续费率为 0.5%(按成交价计)，出口军靴的退税率为 14%，海运费：大连——都柏林，一个 40 英尺集装箱的包箱费率是 3 800 美元，客户要求按成交价的 110%投保，保险费率为 0.85%，并包括 3%佣金。若吉信公司的预期利润为成交额的 10%，人民币对美元的汇率为 8.25∶1，试报每双军靴的 FOB、CFR、CIF 的价格。

解：(1) FOB、CFR 和 CIF 三种价格的基本构成

FOB：成本＋国内费用＋预期利润。

CFR：成本＋国内费用＋出口运费＋预期利润。

CIF：成本＋国内费用＋出口运费＋出口保险费＋预期利润。

(2) 核算成本。

实际成本＝进货成本—退税金额[退税金额＝进货成本÷(1＋增值税率)×退税率]

＝90－90/(1＋17%)×14%＝79.230 8(元/双)

(3) 核算费用。

① 国内费用＝包装费＋(运杂费＋商检费＋报关费＋港区港杂费＋其他费用)

＋进货总价×贷款利率/12×贷款月份

＝3×6 000＋(12 000＋350＋150＋900＋1 500)＋540 000×8%/12×2

＝18 000＋14 900＋7 200＝40 100(元)

单位货物所摊费用＝40 100/6 000＝6.683 3(元/双)(注：贷款利息通常以进货成本为基础)。

② 银行手续费＝报价×0.5%

③ 客户佣金＝报价×3%

④ 出口运费＝3 800/6 000×8.25＝5.224 7(元/双)

⑤ 出口保险费＝报价×110%×0.85%

(4) 核算利润。

利润＝报价×10%

(5) 三种贸易术语报价核算过程。

① FOBC3 报价的核算：

FOBC3 报价＝实际成本＋国内运费＋客户佣金＋银行手续费＋预期利润

＝79.230 8＋6.683 3＋FOBC3 报价×3%＋FOBC3 报价×0.5%

＋FOBC3 报价×10%

＝85.914 1＋FOBC3 报价×(3%＋0.5%＋10%)

＝85.914 1＋FOBC3 报价×(13.5%)

等式两边移项得：

FOBC3 报价－FOBC3 报价×13.5%＝85.914 1

FOBC3 报价×(1－13.5%)＝85.914 1

FOBC3 报价＝85.914 1/(1－13.5%)

＝99.322 7(元)

折成美元：FOBC3＝99.322 7/8.25＝12.04(美元/双)

② CFRC3 报价的核算：

CFRC3 报价＝实际成本＋国内运费＋出口运费＋客户佣金＋银行手续费＋预期利润

＝79.230 8＋6.683 3＋5.224 7＋CFRC3 报价×3%＋CFRC3 报价×0.5%

＋CFRC3 报价×10%

＝91.138 8＋CFRC3 报价×(3%＋0.5%＋10%)

＝91.138 8＋CFRC3 报价×13.5%

等式两边移项得：

CFRC3 报价－CFRC3 报价×13.5%＝91.138 8

CFRC3 报价×(1－13.5%)＝91.138 8

CFRC3 报价＝91.138 8/(1－13.5%)

＝105.362 8(元)

折成美元：CFRC3＝105.362 8/8.25＝12.77(美元/双)

③ CIFC3 报价的核算。

CIFC3 报价＝实际成本＋国内运费＋出口运费＋客户佣金＋银行手续费
＋出口保险费＋预期利润
＝79.230 8＋6.683 3＋5.224 7＋CIFC3 报价×3%＋CIFC3 报价×0.5%
＋CIFC3 报价×110%×0.85%＋CIFC3 报价×10%
＝91.138 8＋CIFC3 报价×(3%＋0.5%＋110%×0.85%＋10%)
＝91.138 8＋CIFC3 报价×0.144 35

等式两边移项得:

CIFC3 报价－CIFC3 报价×0.144 35＝91.138 8

CIFC3 报价×(1－0.144 35)＝91.138 8

CIFC3 报价＝91.138 8/(1－0.144 35)
＝106.507 9(元)

折成美元：CIFC3＝106.507 9/8.25＝12.91(美元/双)

(6) 三种价格对外报价。

① USD 12.04/pair FOBC3 Dalian (每双 12.04 美元，包括 3%佣金，大连港船上交货)。

② USD 12.77/ pair CFRC3 Dublin(每双 12.77 美元，包括 3%佣金，成本加运费至都柏林)。

③ USD 12.91/ pair CIFC3 Dublin(每双 12.91 美元，包括 3%佣金，成本加运费、保险费至都柏林)。

5. 盈亏核算

盈亏核算的指标主要有两个。

(1) 换汇成本：出口商品获得每一单位外币的成本，即出口净收入 1 单位外币所耗费的人民币数额。换汇成本高于外汇牌价，出口为亏损；反之，则为盈利。公式为

换汇成本＝出口成本(人民币)/出口销售外汇净收入(美元)

出口总成本是指实际成本加上出口前的一切费用和税金。出口销售外汇净收入是指出口商品按 FOB 价出售所得外汇收入。

(2) 出口盈(亏)额：出口销售人民币净收入与出口总成本的差额，净收入大于总成本为盈利；反之为亏损。公式为

出口盈(亏)额＝(出口销售外汇净收入×外汇买入价)－出口总成本

【案例】出口麻底鞋(expadrilles)36 000 双，出口价每双 0.60 美元 CIF 格丁尼亚(波兰)，CIF 总价 21 600 美元，其中海运费 3 400 美元，保险费 160 美元。进货成本每双人民币 4 元，共计人民币 144 000 元(含 17%增值税)，出口退税率为 14%，费用定额率为 12%。当时银行美元买入价为 1 美元＝8.27 元人民币。麻底鞋换汇成本、盈利额及出口盈利率的计算如下：

换汇成本＝出口总成本/出口销售外汇净收入(美元)
＝{进货成本－[进货成本/(1＋增值税率)×退税率]＋(进货成本×12%)}/
(出口销售外汇收入－运费－保险费)
＝{144 000－[144 000/(1＋17%)×14%]＋(144 000×12%)}/
(21 600－3 400－160)
＝(144 000－144 000/1.17×0.14＋17 280)/18 040
＝144 049.23/18 040
＝7.985(元/美元)

麻底鞋换汇成本低于外汇牌价，盈利。

出口盈利额＝出口销售外汇净收入×外汇买入价—出口总成本

＝USD 18 040×8.27－144 049.23

＝¥5 141.57

麻底鞋出口盈利人民币 5 141.57 元。

出口盈利率＝(盈利额/出口总成本)×100%

＝(5 141.57/144 049.23)×100%

＝3.57%

麻底鞋出口盈利率为 3.57%。

6. 出口还价核算

价格磋商，即日常生活中的讨价还价，是交易磋商过程中的主要内容。出口商要非常清楚商品的价格构成，做到心中有数。双方在价格方面达成一致后，出口商还要对该笔业务进行最终的利润核算。出口商报价后，进口商通常都会尽量压低价格。在这种情况下，我们要对出口还价做认真的核算。

出口还价核算方法：

销售利润＝销售收入－各种费用－实际成本(利润多少是能否接受对方还价的依据)

实际成本＝销售收入－销售利润－各种费用(成本多少是能否要求供货商调价的依据)

某项费用＝销售收入－销售利润－其他费用－实际成本(费用多少是经营者增减某项费用的依据)

【案例】某公司出口陶瓷餐具，进货成本 150 元/套(含 17%增值税，9%退税率)。20 英尺货柜所需费用：运杂费 900 元，商检报关费 200 元，港区港杂费 700 元，业务费 1 300 元，其他费用 950 元，大连—温哥华 20 英尺集装箱包箱费 2 250 美元。利润为报价的 10%，美元对人民币汇率 1∶8.27。外箱体积为 0.40cm×0.35cm×0.38cm。我方对外报价每套 25.10 美元 CFR 温哥华，客户还价每套 22 美元 CFR 温哥华。

根据客户还价，出口公司准备做 3 种情况的核算：

(1) 按照客户还价，核算我方盈亏情况。

(2) 保持 5%利润的还价情况。

(3) 保持 8%利润的国内采购价调整情况。

操作步骤：

(1) 按照客户还价，求出我方是否能得到利润。

外箱体积：0.4cm×0.35cm×0.38cm＝0.053 2m^3

报价数量：20 英尺货柜(按 25m^3 计算)包装件数＝25/0.053 2＝470 箱(每箱装一套)

销售收入＝22×8.27＝181.94(元)

退税金额＝进货成本/(1＋增值税率)×退税率

实际成本＝进货成本－进货成本/(1＋增值税率)×退税率

＝150－150/(1＋17%)×9%

＝150－11.538 5

＝138.461 5(元/套)

国内费用总额＝运杂费＋商检报关费＋港区港杂费＋公司业务费＋其他费用＝900＋200＋700＋1 300＋950＝4 050(元)

每套餐具国内费用＝4 050/470＝8.617(元)

海运费＝2 250 美元/470×8.27＝39.5901(元/套)

销售利润＝销售收入—实际成本—国内费用—海运费

＝181.94－138.461 5－8.617－39.590 1

＝－4.728 6(元/套)

利润为负数，每套亏损 4.728 6 元，亏损率为 4.728 6/181.94＝2.60%

(2) 按照我方保持 5%利润还价情况：

CFR 价＝实际成本＋国内费用＋海运费＋利润

＝138.461 5＋8.617＋39.590 1＋报价×5%

将等式两边移项得：

CFR 价－报价×5%＝138.461 5＋8.617＋39.590 1

CFR 价×(1－5%)＝186.668 6

CFR＝186.668 6/(1－5%)

＝196.493 3(元)

折成美元：196.493 3/8.27＝23.759 8(美元/套)

按照我方保持 5%利润，每套可以还价 23.8 美元。

(3) 按照我方保持 8%的利润，进行国内采购价的调整计算：

实际成本＝销售收入－销售利润－海运费－国内费用

＝22×8.27－22×8.27×8%－39.590 1－8.617

＝181.94－14.555 2－48.207 1

＝167.384 8－48.207 1

＝119.177 7(元/套)

进货成本＝实际成本×(1＋增值税率)/(1＋增值税率－出口退税率)

＝119.177 7×(1＋17%)/(1＋17%－9%)

＝139.437 9/1.08

＝129.109 2(元/套)

国内进货价调整为 129.11 元方可以成交。

对以上核算结果，出口商可根据国际市场的价格水平，结合自己的销售意图，合理妥当地对外还价。

7. 三种贸易术语的换算

1) FOB 价换算成其他价格

(1) FOB＋运费(F)＝CFR 价

(2) FOB＋运费(F)/(1－投保加成×保险费率)＝CIF 价

2) CFR 价换算成其他价格

(1) CFR－运费(F)＝FOB 价

(2) CFR/(1－投保加成×保险费率)＝CIF 价

3) CIF 价换算成其他价格

(1) CIF 价×(1－投保加成×保险费率)－运费＝FOB 价

(2) CIF 价×(1－投保加成×保险费率)＝CFR 价

【案例】某公司对外报价牛肉罐头 2.20 美元/听 CIF 古晋，按发票金额加成 10%投保一切险，保险费率为 0.3%，客户要求改报 CFR 价格，请问该报多少？

解：CFR＝CIF×(1－投保加成×保险费率)

＝2.2×[1－(1＋10%)×0.3%]

＝2.193(元)

答：应报每听 2.19 美元 CFR 古晋。

8.3.3 实训要求

(1) 通过本次实训掌握出口成本核算、费用核算、利润核算和报价核算的基本方法，并能够独立进行核算操作。

(2) 掌握出口报价的方法，学会 FOB、CIF、CFR 等不同贸易术语的报价核算。

(3) 掌握盈亏额核算方法，对所报出的价格能够通过盈亏额的核算判断其合理性。

(4) 掌握出口还价的核算方法，通过实训学会如何正确应对进口商的还价要求。

8.3.4 实训材料

1．某外贸公司从国内的一家电动自行车生产商购进电动自行车出口，采购成本为 2 340 元(含 17%增值税)，该商品的出口退税率为 13%，问这笔业务单位商品的出口退税和实际成本各是多少？

2．上海某外贸公司收到德国客户的询盘后，经过询问保险费率和运费，获得以下价格核算资料：

从上海到汉堡港，一个 20’集装箱装该商品 1 000 箱。

购货成本：RMB37/箱，含增值税 17%，出口退税率为 13%。

国内费用：出口一个 20’集装箱发生的费用有拖车费 600 元，商检费 120 元，保管费 150 元，FORM A 费用 150 元，公司业务费 1 200 元，其他费用 1 400 元。

银行费用：报价的 1%。

海洋运费：USD 1 400 美元。

保险费：CIF 价格加 10%投保一切险(费率 0.8%)和战争险(费率 0.08%)。

报价利润：10%。

报价汇率：1∶7.5。

根据客户询盘及上述价格核算资料，以一个 20’集装箱为起订量，核算该商品的如下价格：

(1) FOB Shanghai 报价。

(2) CFR Hamburg 报价。

(3) CIF Hamburg 报价。

3．某出口商品国内供货价格为 234 元/台(含 17%增值税)，出口退税率为 13%，每 2 台装一个纸箱，每个纸箱尺码为 50 厘米×40 厘米×40 厘米，毛重 50 千克。国内费用(按每一个 20’集装箱)：运杂费 1 000 元、包装费 1 200 元、仓储费 60 元/天(预计存储 8 天)、商检费 500 元、保管费 50 元、港口杂费 400 元、其他费用 1 000 元、银行手续费率为 0.5%、贷款利率 5%(预计垫款周期为 45 天)。海运费：20’集装箱的包箱费率为 1 750 美元，港口拥挤费 10%。保险：按成交价的 110%投保一切险，费率为 0.85%。预期利润率(销售利润率)：10%。佣金率 3%。汇率为 1∶7。现客户要求订购一个 20’集装箱的货物，试计算：

(1) FOBC3%、CFRC3%、CIFC3%的报价。

(2) 如果外商还价为 USD 38 CIFC3% Rotterdam，那么公司利润率下降了多少？

(3) 若要保持 10%的利润率，则国内供货价应为多少？

(4) 公司最后决定维持 9%的利润率，且国内供货商可以将价格降低到 228 元/台，请重新报 CIFC3%价格。

4．某企业出口一批蛋制品，毛重 10 公吨，体积为 11 立方米，从上海港装运，直航至英国普利茅斯港。如果外商还价一个 20’集装箱货物的 CIFC5%价格为 USD 13.5，一个 40’集装箱货物的价格为 USD 13，请计算：

(1) 如果接受外商报价，两种价格下的预期利润率为多少？

(2) 如果不降低预期利润率，采购成本需要压低多少？

8.4 合同签订实训

8.4.1 实训目的

要求学生通过本次实训，掌握国际货物买卖合同签订的基本程序，掌握合同的结构和内容，掌握合同签订过程中应注意的问题，为将来从事国际贸易合同的签订工作打下基础。

8.4.2 实训内容

1．合同的签订

国际货物买卖过程中书面合同的订立需要经过会签(Coutersign)这个过程。一般是有交易的一方根据双方磋商过程中所确定的内容拟订合同，一式两份，签字和盖章后寄交另一方当事人。另一方当事人确认内容无误后，在两份合同上签字盖章后将其中的一份留存，另一份寄回。常见的做法如下。

(1) 进口商寄送签约函并附拟定的 P/O(Purchase Order)或 P/C(Purchase Confirmation)，出口商会签，如图 8.2 所示。

图 8.2　合同的会签(买方拟定，卖方会签)

【样例】Sending a purchase order

Gentlemen,

We are pleased to confirm the cables exchanged between us as per copies attached.

From our yesterdays cable you will note that we have succeeded in putting through the business of 500 “Gold Key” Bicycles. Accordingly, we are enclosing our Order No.B546 together with our shipping instructions.

Kindly follow carefully the shipping instructions and make sure that our order is executed to the entire satisfaction of our customers and with the least possible delay.
We are taking all necessary steps for the opening of the L/C and hope it will reach you in a week or so.
Yours truly,
Encl.

(2) 出口商寄送签约函并随附拟定的 S/C(Sales Contract or Sales Confirmation)，进口商会签，如图 8.3 所示。

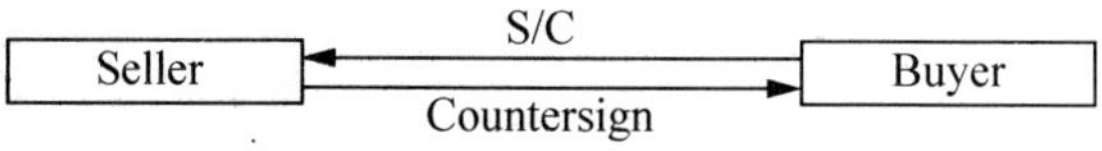

图 8.3　合同的会签(卖方拟定，买方会签)

【样例】Sending a sales contract

Dear Sirs,
We wish to refer to the recent exchange of cables and are pleased to confirm having concluded with you a transaction of 30 metric tons of groundnut kernels, Enclosed you will find our Sales Contract No.324 in duplicate of which please countersign an return one copy to us for our file. We trust you will open the relative L/C at an early date.
As regards additional quantities, we are working and will let you have an offer sometime next week.
Yours faithfully,
Encl.

【样例】Sending a sales confirmation

Dear Sirs,
Re:Your order No.327
We have booked your order No.327 for 500 Butterfly Brand Sewing Machines and are sending you herewith our Sales Confirmation No. BP-103 in three originals. Please sign and return one copy to us for our orders.
It is understood that l Letter of credit in our favour covering the above-mentioned goods will be established immediately. Meanwhile, you may rest assured that we shall effect shipment with the least possible delay upon receipt of the credit.
We appreciate your cooperation and look forward to receiving your further orders.
Yours truly,
Encl. As stated

【样例】Sending a Counter-signature

Dear Sirs,

We have duly received your sales contract No. 324 covering 30 metric tons of groundnut kernels. Enclosed please find the duplicate with our counter-signature. Thanks to mutual efforts, we were able to bridge the price gap and put the deal through.

The relative L/C has been established with the Bank of China ,London, in your favour. It will reach you in due course.

Regarding further quantities required ,we hope you will see your way clear to make us an offer. As an indication, we are prepared to order 80 tons.

Yours faithfully,

Encl.

2. 合同的结构和内容

书面合同基本上有约首、正文和约尾三部分构成。

1) 合同的约首

合同的约首通常包括合同的名称、编号、日期、双方当事人的名称、地址及联系方式等事项。

【样例】合同的约首

Sales Contract

Contract No.:

Date:

Signed at:

The Buyer:

The Seller:

2) 合同的正文

合同的正文是合同的主要内容，明确了买卖双方各自的权利和义务。不同的买卖合同其内容不尽相同，但基本都要包括以下内容(以 CIF 出口合同为例)。

(1) 品质条款：(Name and Quality)。

(2) 数量条款：(Quantity)。

(3) 包装条款：(Packing)。

(4) 价格条款：(Price)。

(5) 装运条款：(Shipment)。

(6) 保险条款：(Insurance)。

(7) 支付条款：(Payment)。

(8) 检验与索赔条款：(Inspection and Claim)。

(9) 不可抗力条款：(Force Majeure)。

(10) 争议的解决条款：(Dispute Settlement)。

3) 合同的约尾

合同的约尾通常包括合同的份数、合同双方当事人的签章及日期、合同附件的名称及效力。此外，还可能包括合同生效的时间和地点、合同文字及效力等内容。

【样例】合同的约尾

The contract is made out in two original copies, one copy to be held by one party.
(本合同正本一式两份，双方各执一份。)

The Buyer	The Seller
Shanghai Imp.&Exp. Co., Ltd.	ABC Company
Signature	Signature

3. 标的条款

合同的标的条款共同构成了对于双方买卖标的物的描述，主要由 3 部分内容构成：商品的品质、商品的数量和商品的包装。

1) 品质条款

品质条款是合同中的货物描述，包括商品的名称和质量。

(1) 用实物表示品质(Sale as It Is)。用实物表示品质包括两种具体做法：一是看货买卖(Sale by Goods)，二是用样品表示商品品质(Sale by Sample)。看货买卖是指买方或买方代理人查看货物后决定是否购买，一旦成交不可再对品质提出任何异议。样品买卖中的样品(Sample)既可以是买方提供(凭买方样品买卖，sale by buyer’s sample)，也可是卖方提供(凭卖方样品买卖，sale by seller’s sample)。较为常见的是凭卖方样品买卖。

【样例】

CT500,500cm Christmas Tree, details as per the samples provided by the seller on April 15, 2008

圣诞树，货号 CT500，5 米高，以卖方 2008 年 4 月 15 日提供的样品为准。

凭样品买卖时，需要注意以下问题：

样品要选择有代表性的，卖方要有留样(Keep Sample)，以避免买方提出异议时缺少凭据。

为避免双方争议，最好有第三方公证机构或买卖双方进行封样。

在凭买方样品买卖时，特别要注意买方提供的样品是否侵犯了第三方知识产权和卖方是否能保证所交货物与买方样品一致。

(2) 用文字说明表示品质(Sale by Description)。文字说明的具体方法有很多种，出口商可以根据商品的特点选择一种或几种文字说明的具体方法明确质量。

① 用规格表示(Sale by Specification)。

【样例】

White rice , specification:

broken grains (max)25%;

Admixture(max)0.5%;

moisture(max):15%

---

② 用等级表示(Sale by Grade)。等级是指在长期贸易实践中所总结出来的或由行业组织所规定的商品差别分类。采用这样的方法表示商品的品质要注意，买卖双方需对等级所代表的商品质量达成共识。

③ 用标准表示(Sale by Standard)。标准有国际标准、地区标准、国家标准、行业标准、企业标准，这些标准的约束力各不相同。在采用标准表示商品时要明确标准的名称和版本。

④ 用牌名或商标表示(Sale by Brand or Trademark)。拥有驰名品牌或商标的商品一般质量较好且比较稳定，比较适合采用这样的品质表示方法。但因商品的差异性也比较大，因此还要结合规定来说明具体商品的质量。

⑤ 用产地表示(Sale by Origin)。一些农副产品因受自然条件或加工工艺的限制，生产的范围比较小，有浓郁的地方特色，比较适合采用产地来表示其商品质量。

⑥ 用说明书和图样表示(Sale by Description and Illustration)。对于一些结构和功能比较复杂的机械电子仪器等工业制成品，很难用吉祥指标清楚地表示品质。这时就可以将说明书和图样作为合同的一部分，来具体说明商品的功能和结构。

(3) 在拟定品质条款时应注意的事项。对于出口商而言，要避免采用过多的方法表示品质，尤其是同时使用样品和文字说明来表示品质。

出口商要充分利用品质机动幅度或品质公差的规定。品质机动幅度是指对商品的主要规格规定范围或极限，适用于初级产品及某些工业制成品，品质公差是指行业内所公认的品质误差，主要适用于工业制成品。在品质机动幅度或品质公差的范围内，买方无权对商品质量提出异议。

2) 数量条款

合同中的数量条款，主要包括成交商品的具体数量和计量单位。有的合同还需规定数量的方法。部分商品数量还应该交代清楚数量机动幅度。

【样例】

5 000 公吨，卖方可溢装或短装 5%(5 000m/t,with 5% more or less at seller's option)。按此规定，卖方实际交货数量如果为 4 750m/t，或 5 250m/t，买方不得提出异议。

3) 包装条款

合同中订立包装条款应注意以下问题：

(1) 选择包装材料要综合考虑商品的特性、包装的成本、各国对于包装材料的特殊要求、交易对方的风俗习惯、国际惯例对于包装的要求等。

(2) 对于精密仪器和贵重商品，包装条款应该增加防潮、防锈、防震、防盗等具体要求。

(3) 包装费用一般包含在货物的价格中，但如果买方提出特殊包装要求，增加包装费用，应在合同订立中明确如何计费、如何收费。

(4) 如果包装材料或运输标志由买方提供，则合同应明确包装材料或运输标志到达时间以及逾期不到买方应承担的责任。

(5) 制定包装条款，措词要明确、具体。不宜采用“海运包装”、“习惯包装”等含糊其辞的语句，容易引起贸易纠纷。

【样例】

木箱装，每箱 50 千克净重。

In wooden cases of 50 kilos net each.

纸箱装，每箱净重约 12 千克，每颗包纸。

In cartons about 12 kgs net, each fruit wrapped with paper.

布包，每包 20 匹，每匹 42 码。

In cloth bales each containing 20 pcs. of 42 yds.

铁桶装，每桶净重 185 ~ 190 千克。

In iron drums of 185 ~ 190 kg net each.

4. 价格条款

在国家贸易实务理论部分已经阐述过，国际货物买卖的价格通常有计量单位、单价金额、计价货币和贸易术语 4 项内容组成。合同中的价格条款，同样包括这 4 项内容：买卖双方达成交易后，在缮制书面合同时，必须根据交易磋商中达成的协议，正确无误地订立价格条款。任何在这方面的错误都将对失误方带来经济上的损失。除了上述 4 项基本内容外，如买卖双方在交易中还涉及佣金或折扣的规定，在规定价格条款时，也应作出相应的规定。

【样例】

每公吨 300 美元 CIF 纽约。

US$ 300 per M/T CIF New York.

每台 120 美元 CIP 新加坡。

US$ 120 per set CIP Singapore.

每码 15 美元 CIF 科威特包含佣金 5%。

US$ 15 per yd. CIF Kuwait including commission 5%.

每公吨 335 美元 CIP 纽约减折扣 2%。

US$ 335 per M/T CIP New York less 2% discount.

5. 装运条款

如理论部分章节所述，在采用 F 组、C 组术语的国际货物买卖合同中的交货条款通常即装运条款，其中包括装运时间、装运港或装运地、目的港或目的地，以及分批装运和转运等内容，还有的合同规定卖方应交付的单据和有关装运通知的条款。

【样例】

2010 年 10/11/12 月装运，允许分批和转运。

Shipment during Oct/Nov./Dec. 2010, with partial shipments and transshipment allowed.

2011 年 1/2 月每月各装运一批。

Shipment during Jan./Feb. 2011 in two about equal lots.

3/4 月分两次平均装运，禁止转运。

During Mar./Apr. in two equal shipments, transshipment is prohibited.

5 月底或以前装船，由上海至惠灵顿，允许分批和转船。

Shipment on or before May 31 from Shanghai to Wellington, allowing partial shipments and transshipment.

6. 保险条款

保险条款是国际货物买卖合同中的重要组成部分之一，必须明确、合理。保险条款的内容依据选用的不同贸易术语而有所区别。

以 FOB、CFR 或 FCA、CPT 条件成交的合同，其保险条款可订立为以下两种。

(1) “保险有买方负责”(Insurance: to be covered by the buyer)。如买方委托卖方办理保险，则应明确规定保险金额、投保险别、按什么保险条款保险以及保险费用由买方负担。同时规定保险费的支付时间和方法。

(2) 以 CIF 或 CIP 条件成交的合同，条款内容需明确规定由谁办理保险、投保险别、保险金额的规定方法及按什么保险条款保险，并注明该条款的生效日期。应注意避免使用“通常险”(Usual Risks)、“惯常险”(Customary Risks)或“海运保险”(Marine Clause)等笼统的规定方法。

【样例】

“保险由卖方按 CIF/CIP 发票金额的××%投保××险、××险(险别)，以×年×月×日的中国保险条款的有关海洋运输货物保险条款为准。”

Insurance: To be covered by the seller for …% of CIF/CIP total invoice value against…, as per and subject to be relevant ocean marine cargo of the China Insurance Clause dated…

7. 支付条款

国际货物买卖合同中有关货款收付的规定通常以“支付条款(Terms of Payment)出现，合同中的支付条款是一项不亚于价格的重要条款，所以必须认真对待。

订好买卖合同中的支付条款，首先要选好结算方式。而如理论部分所述，不同的结算方式涉及不同的信用，对双方当事人的利益和各自承担的风险有明显的区别。而在国际贸易中，绝对安全的结算方式是没有的，而且不同的结算方式，往往还涉及支付的时间和地点。因此，正确选用货款的结算方式非常重要。在实际工作中，结算方式也往往是买卖双方在交易磋商中经常需要反复谈判的重点问题。在选择结算方式时应在贯彻我国的外贸方针政策、确保外汇资金安全、有利于扩大贸易和资金周转的前提下，结合费用负担、汇率风险等因素进行综合考虑。至于具体的支付条款，则需视不同的交易，特别是所选用的结算方式而有所不同。

8. 汇付条款

汇付方式通常用于预付款和赊账交易。为明确责任，防止拖延收付款时间，影响及时发运货物和企业周转资金，对于使用汇付方式结算货款的交易，在买卖合同中应当明确规定汇付的时间、具体的汇付方法和金额等。

【样例】

卖方不晚于×年×月×日将全部货款用电汇(信汇或票汇)方式预付给卖方。

The Buyers shall pay the total value to the Sellers in advance by T/T(M/T or D/D) not later than…

买方同意在本合同签字之日起，1个月内将本合同总金额××%的预付款，以电汇方式汇交卖方。

…% of the total contract value as advance payment shall be remitted by the Buyer to the Seller through telegraphic transfer within one month after signing this contract.

9. 托收条款

跟单托收的单据中通常包括有凭以提取货物的物权凭证，如可以转让的海运提单，持有人可凭以向承运人提取货物，在何种情况下将单据交付给买方，对买卖双方的权益、责任和风险都关系重大。因此，凡以托收方式结算货款的交易，在买卖合同的支付条款中，必须明确规定交单条件和付款、承兑责任及付款期限等内容。其具体的规定方法，一般可先列明由卖方负责在装运货物后，开立汇票连同货运单据办理托收。之后，再按不同交单条件、付款期限、买方的付款、承兑责任等作具体明确规定。

货物装运后，卖方应将以买方为付款人的汇票连同本合同的各种货运单据，通过卖方银行寄交买方银行转交买方，并托收货款。

After shipment, the Seller shall send through the Seller’s bank a draft drawn on the Buyer together with the shipping documents to the Buyer through the Buyer’s bank for collection.

【样例】

(1) 即期付款交单。买方应凭买方开具的即期跟单汇票于见票时立即付款，付款后交单。

Upon first presentation the Buyers shall pay against documentary draft drawn by the Sellers at sight. The shipping documents are to be delivered against payment only.

(2) 远期付款交单。买方对卖方开具的见票后30天付款的跟单汇票，于提示时应即予承兑，并应于汇票到期日即予付款，付款后交单。

The Buyers shall duly accept the documentary draft drawn by the Sellers at 30 days sight upon first presentation and make payment on its maturity. The shipping documents are to be delivered against payment only.

(3) 承兑交单。买方对卖方开具的检票后60天付款的跟单汇票，于提示时应即予承兑，并应于汇票到期日即予付款，承兑后交单。

The Buyers shall duly accept the documentary draft drawn by the Sellers at 60 days sight upon first presentation and make payment on its maturity. The shipping documents are to be delivered against acceptance.

10. 信用证支付条款

在国际货物买卖中，特别是在出口业务中如果采用信用证方式结算，一般应在买卖合同的付款条款中，就开证时间，开证银行信用证的受益人、种类、金额、装运期、到期日等作出明确规定。

【样例】

买方应通过为卖方所接受的银行于装运月份前××天开立并送达卖方不可撤销见票后30天付款的信用证，有效至装运月份后第15天在上海议付。

The Buyers shall open through a bank acceptable to the Sellers an Irrevocable Letter of Credit at 30 days'sight to reach the Sellers …days before the month of shipment, valid for negotiation in Shanghai until 15th day after the month of shipment.

信用证方式的支付条款在买卖合同中也有简化订法，例如：

(1) 凭不可撤销即期信用证付款。

Payment by Irrevocable Sight Credit.

(2) 凭不可撤销即期跟单信用证付款。

Payment under Irrevocable Documentary Sight Credit.

(3) 以不可撤销信用证交票后30天付款。

By Irrevocable Crdit at 30days's sight.

(4) 凭不可撤销信用证提单日后60天付款。

By Irrevocable L/C at 60 days after the date of B/L.

(5) 50%即期L/C， 50%即期D/P。

50% by L/C at sight, 50% by D/P at sight.

11. 检验条款

国际货物买卖合同中检验条款的内容包括：①由双方约定的或有资格的第三方检验机构对买卖的商品进行检验和坚定，以确定所交货物的品质、数量和包装是否与合同的规定相符；②装运技术条件或货物在装卸运输过程中发生的残损、短缺进行检验或鉴定，以明确事故的起因和责任的归属；③对列入国家强制性产品认证的产品目录的出入境商品进行强制性检验或检疫。

在国际货物买卖合同中，商品检验条款一般包含商品检验的时间和地点、检验机构、检验证书的名称和作用、检验费用、检验标准及索赔期限等内容。

【样例】

双方同意由装运港××机构签发的质量检验证书作为信用证议付的单据之一。买方有权对货物的质量进行复验。复验的费用由买方承担。如果发现商品的质量与合同规定不符，买方有权向卖方提出索赔；但要提供卖方认可的知名鉴定机构出具的鉴定报告。如果有任何索赔事件发生，则应在货物到达港口后××天提出。

It is mutually agreed that the Inspection Certificate of Quality issued by ×× at the port of shipment shall be part of the documents to be presented for negotiation under the relevant L/C. The Buyers shall have the right to re-inspect the Quality of the cargo. The re-inspection fee shall be borne by the Buyers. Should the Quality be found not in conformity with that of the contract ,the Buyers are entitled to lodge with the Sellers a claim which should be supported by survey reports issued by a recognized Surveyor approved by the Seller. The claim, if any, shall be lodged within ×× days after arrival of the cargo at the port of destination.

12. 索赔条款

1) 异议与索赔条款

异议与索赔条款(Discrepancy and Claim Clause)订立的目的是补偿一方违约给另一方造成的损失，一般是针对卖方交货质量、数量或包装不符合同规定而订立的。通常包括索赔权、索赔依据、索赔期限、索赔金额等内容。

【样例】

大多数情况下，买卖双方在合同中会对索赔依据和期限作出规定，而不明确地规定索赔金额或其确定方法。

买方向卖方提出损害赔偿的期限应该是在货物到达目的地后 30 天内，并需提供充分的证据供卖方参考。否则卖方有权拒绝受理。

Claims for damage should be filed by the Buyers with the sellers within 30 days after arrival of the goods at the destination and supported by sufficient evidence for seller's reference. Otherwise the seller shall refuse to consider.

凡对装运货物的索赔必须在货到目的地 30 天内提出，并由买方提供经卖方认可检验机构出具的具有法律效力的检验报告。

Claims, if any, concerning the goods shipped should be filed within 30 days after arrival at destination. The Buyers must submit competent inspection report issued by agencies approved by the seller.

2) 罚金条款

罚金与赔偿损失虽然有类似之处，但还是有区别的。设置罚金主要是为了督促，而赔偿损失主要是为了弥补违约而遭受的损失；罚金不以造成损失为条件，与实际损失的大小没有关系，只要存在违约事实，即要支付罚金；而赔偿损失则以损失的发生为条件，与实际损失的大小密切相关。

【样例】

如果卖方不能按照合同规定的时间全部或部分交货，应向买方支付罚金。罚金由付款行从议付行的款项中扣减。罚金的数额应不超过迟交货物总价值的 10%。罚金率为每 7 天 2%，不足 7 天按 7 天收取。如果卖方在合同规定的交货期后 10 周仍未交货，买方有权撤销合同，但卖方仍需向买方及时支付上述罚金。

Should the seller fail to make the delivery of the whole of or a portion of the goods on time as provided for in the contract , the seller shall pay a penalty to the buyer. The seller agrees to pay a penalty which shall be deducted by the paying bank from the payment under negotiation. The penalty shall not exceed 10% of the total value of the goods involved in the late delivery .The rate of penalty is charged at 2% for every seven days. Odd days less than seven days should be counted as seven days. If the seller fails to make delivery ten weeks later than the time of shipment stipulated in the contract, the buyer shall have the right of cancellation upon the Contract and the seller, in spite of the cancellation ,shall pay the aforesaid penalty to the buyer without delay.

13. 不可抗力条款

不可抗力条款是合同中的一项免责条款，遭受不可抗力的一方可以援引此条款免除违约的全部或部分责任。不可抗力条款通常会对构成不可抗力的情况、遭遇不可抗力后如何免责作出规定。

【样例】

由于战争、地震、洪水、火灾、暴风雨、暴风雪、暴雪或其他不可抗力原因，致使买方不能装运或需要延迟装运全部或部分货物，卖方对这种不能装运或延迟装运本合同项下的货物行为不承担责任。但是，卖方必须通过电传或传真通知买方，并在30天内以航空挂号邮件的方式提交由中国国际贸易促进委员会(中国国际商会)出具的证明发生此类事件的文件。

If the shipment of the contracted goods is prevented or delayed in whole or in part by reason of war, earthquake, flood, fire, storm, heavy snow or other causes of Force Majeure, the Seller shall not by liable for non-shipment or late shipment of the goods of this contract. However, the seller shall notify the Buyer by teletransmission and furnish the latter within 30 days by registered airmail with a certificate issued by the China Council for the Promotion of International Trade (China Chamber of International Commerce) attesting such event or events.

14. 仲裁条款

在国际货物买卖合同中，买卖双方还会对争议的解决方法作出规定。在实际业务中，争议产生后首先的方法是双方当事人友好协商的方法解决，或由第三方介入进行调节。这两种方法因为程序简单、气氛缓和，成为买卖双方的首选。

国际贸易中，如果协商和调解不成，当事人更多地会选择仲裁作为争议的解决方式。

【样例】

凡因合同履行，或与本合同相关的一切争议，双方应通过友好协商的方式解决。如果协商不成，应将争议提交北京中国国际经济贸易仲裁委员会，根据该会的仲裁规则进行仲裁。仲裁裁决是终局的，对双方当事人都具有约束力。仲裁费用，除仲裁庭另有裁决外，应由败诉方承担。

All disputes arising out of the performance of, or relating to this contract, shall be settled through friendly negotiation. In case no settlement can be reached through negotiation the case shall then be submitted to the China International Economic and Trade Arbitration Commission, Beijing, China for arbitration in accordance with its Rules of Arbitration. The arbitral ward is final and binding upon parties. The arbitration fee shall be borne by the losing party unless otherwise awarded by the arbitration court.

合同订立中的注意事项如下：

(1) 对于对方会签的合同应及时、认真地审核，确保合同内容未经任何更改或添加。对国外寄来的需签回的合同、确认书、订单或委托订购单等，应仔细审阅，及时提出异议，绝不可以置之不理，以免被视为默认接受。

(2) 若是由我方订立合同，则应注意合同中的各项条款，一定要同洽谈中达成的协议或条件一致。对方签字并寄回后，要仔细检查对方是否对合同做了我方不能接受的修改。

(3) 若合同是由对方草拟并寄来，我方应从头到尾仔细检查每项条款是否合理，确保合同内容与洽谈过程中达成的协议相一致。若有不能接受的条款，则不需要谴责，可直接寄给对方请求修改。在签署退回时，要防止重复签署，造成一个合同、两笔交易。对于合同中因对方大意而发生的书写或拼写错误，可直接修改后签字。签字后自己留存一份，给对方寄回一份。

(4) 要注意合同条款间内在的联系。合同是一个有机整体。各条款应相互呼应衔接，不可出现彼此矛盾的内容，且合同内容应从实际出发，体现公平、合理原则，对方均应有约束性。

以下附合同样本一份。

SALES CONTRACT

DATE: APR.15,2010

The Seller:	The Buyer:
TIANJIN SHANGSHI IMPORT & EXPORT CORP	JAMES & SONS CO.
Address:	
10 GEXIN ROAD， HEBEI DISTRICT， TIANJIN， CHINA	#304-7 JALAN STREET, TORONTO, CANADA
Tel: (86)22-21631106	Tel: (＋01) 7775
Fax: (86)22-21631108	Fax: (＋01) 7774

The undersigned Sellers and Buyers have agreed to close the following transaction according to the terms and conditions stipulated below:

NAME OF COMMODITY AND SPECIFICATION	QUANTITY	UNIT PRICE	AMOUNT
25'GREAT WALL BRAND COLOR TELEVISION SETS MODEL TJ9818	720 SETS	US$ 315.00/SET CIF TORONTO	US$ 226 800.00

TOTAL VALUE: US DOLLARS TWO HUNDRED TWENTY-SIX THOUSAND AND EIGHT HUNDRED ONLY

SHIPMENT: TO BE EFFECTED IN JUNE/JULY, 2000 FROM TIANJIN, CHINA TO TORONTO, CANADA

PAYMENT: BY CONFIRMED IRREVOCABLE L/C FOR FULL INVOICE VALUE, AVAILABLE BY DRAFT AT SIGHT, NEGOTIABLE IN TIANJIN VALID IN CHINA UNTIL THE 15TH DAY AFTER DATE OF SHIPMENT, THE L/C TO REACH THE SELLERS ONE MONTH BEFORE THE PRESCRIBED TIME OF SHIPMENT

PACKING: ONE SET TO A CARTON, EACH 180 CARTONS TO A 40'CONTAINER

MARKS & NOS. AT SELLER'S OPTION

INSURANCE: TO BE COVERED BY THE SELLER FOR 110% OF INVOICE VALUE AGAINST ALL RISKS AND WAR RISK AS PER AND SUBJECT TO OCEAN MARINE CARGO CLAUSES AND OCEAN MARINE CARGO WAR RISKS CLAUSES OF PICC DATED 1/1/1981.

THE BUYER	THE SELLER
	TIANJIN SHANGSHI IMPORT & EXPORT CORP
(SIGNATURE)	(SIGNATURE)

8.4.3 实训要求

(1) 根据给定的资料一，订立国际货物买卖合同一份。实训过程中请注意合同的各项条款。

(2) 根据给定的资料二，订立国际货物买卖合同一份。实训过程中请注意合同的各项条款。

8.4.4　实训材料

1.

Dear Sirs,

Thank you for your letter of 17th August sending us samples of Soya Beans. We find both quality and price satisfactory and are pleased to give you a trial order for the following items on the understanding that they will be supplied from current stock at the price named:

Quantity	Description	Unit Price (net)
1 000M/T	Soya Beans	USD$ 230 per M/T CIF London

Delivery: By the end of September, 2004

Payment: Draft at sight under irrevocable L/C

Packing: In standard export packing

Please note that the goods are to be shipped in accordance with your samples. We are in urgent need of the above goods, so please confirm this order by return. Upon receipt of your confirmation, we will open an irrevocable L/C through the Bank of China.

If this initial order turns out satisfactory, we shall place further orders with you in the near future.

Yours faithfully,

Buyer:

ABC Co., Ltd.

Seller:

Nanjing Light Industrial Products Co., Ltd.

2.

买方：温哥贸易公司。

卖方：上海五金进出口公司

出口商品：4 000 sets Forever Brand Bicycles (每个型号 1 000 辆)。

发盘资料：

Dear Sirs,

We thank you for your letter of 10th November, enquiring for Forever Brand Bicycles.

We are exporting bicycles of various brands among which Forever Brand and Phoenix Brand are the most famous ones. They are in great demand abroad and our stocks are running down quickly. They are popular not only for their light weight, but also for the reasonable prices. We are confident that once you have tried our bikes you will place repeat orders with us in large quantities.

Based on your requirement, we are quoting as follows:

Forever Band Bicycles:

20” Men Style	at US$ 25 per set
20” Women Style	at US$ 27 per set

26" Men Style at US$ 27 per set

26" Women Style at US$ 28 per set

Payment Terms: By L/C at sight to be opened through a bank to be approved by the sellers.

Shipment: January/February, 2009, provided the covering L/C reaches the sellers by the end of this year.

The above prices are understood to be on CIF Karachi basis net. Please note that we do not allow any commission on our bicycles, but a discount of 5% may be allowed if the quantity for each specification is more than 1 000 sets.

The above quotation is made without engagement and is subject to our final confirmation. Meanwhile, we would like to take this opportunity of introducing to you our Phoenix Brand Bicycles which enjoy the same popularity as Forever Brand. Enclosed please find a copy of our illustrative catalogue which will give you all the details. We hope you will find them interesting and let us have your orders.

We look forward to your early reply.

Yours faithfully

出口合同
SALES CONTRACT

卖方

SELLER: 编号 NO.

买方 日期 DATE:

BUYER: 签约地点 SIGNED IN:

买卖双方同意以下条款达成交易：

This contract is made by and agreed between the BUYER and SELLER , in accordance with the terms and conditions stipulated below.

1. 品名及规格 Commodity & Specification
2. 数量 Quantity
3. 单价及价格条款 Unit Price & Trade Terms
4. 金额 Amount

   允许溢短装，由卖方决定 With % more or less in quantity and value allowed
5. 总值 Total Value
6. 包装 Packing
7. 唛头 Shipping Marks
8. 装运期及运输方式 Time of Shipment & means of Transportation
9. 装运港及目的地 Port of Loading & Destination

   The Buyer The Seller
10. 保险 Insurance
11. 付款方式 Terms of Payment
12. 备注 Remarks

参 考 文 献

[1] 杨凤祥，王茜．国际贸易实务实训教程[M]．北京：清华大学出版社，2011．

[2] 邵红万．国际商务单证实训教程[M]．南京：东南大学出版社，2009．

[3] 吴百福，徐小薇．进出口贸易实务教程[M]．5 版．上海：格致出版社，上海人民出版社，2007．

[4] 黎孝先．国际贸易实务[M]．4 版．北京：对外经济贸易大学出版社，2007．

[5] 中国国际货运代理协会．全国国际货代从业人员岗位专业证书考试应试指导及大纲[M]．北京：中国商务出版社，2010．

[6] 苏宗祥，徐捷．国际结算练习[M]．北京：中国金融出版社，2010．

[7] 郑光贵．国际贸易理论与实务[M]．3 版．大连：东北财经大学出版社，2009．

[8] 程进．国际贸易实务[M]．北京：机械工业出版社，2009．

[9] 陈双喜，孟亮，戴明华．国际贸易实务新编[M]．北京：机械工业出版社，2009．

[10] 孙祁祥．保险学[M]．4 版．北京：北京大学出版社，2009．

[11] 李文臣．国际贸易实务[M]．北京：科学出版社，2008．

[12] 苏宗祥，徐捷．国际结算[M]．4 版．北京：中国金融出版社，2008．

[13] 司玉琢．海商法专论[M]．北京：中国人民大学出版社，2007．

[14] 栗丽．国际货物运输与保险[M]．北京：中国人民大学出版社，2007．

[15] 仲鑫．国际贸易实务案例精选[M]．北京：清华大学出版社．2007．

[16] 傅斌，袁晓娜．国际贸易实务与案例[M]．北京：清华大学出版社，2007．

[17] 靳生．国际结算实验教程[M]．北京：中国金融出版社，2007．

[18] 张炳达．国际货运代理实务[M]．上海：立信会计出版社，2006．

[19] 张为群．国际货运代理实务操作[M]．成都：西南财经大学出版社，2006．

[20] 秦定．国际贸易合同实践教程[M]．北京：清华大学出版社，2006．

[21] 姚新超．国际贸易运输与保险[M]．北京：对外经济贸易大学出版社，2006．

[22] 叶德万，陈原．国际贸易实务案例教程[M]．2 版．广州：华南理工大学出版社，2006．

[23] 宫焕久，许源．进出口业务教程[M]．上海：上海人民出版社，2005．

[24] 陈宪，韦金銮，应诚敏，等．国际贸易理论与实务[M]．北京：高等教育出版社，2004．

[25] 杨长春．国际航运欺诈案例集[M]．北京：对外经济贸易大学出版社，2004．

[26] 兰菁．国际贸易理论与实务[M]．北京：清华大学出版社，2003．

[27] 李秀华．国际货物运输实训[M]．北京：对外经济贸易大学出版社，2003．

北京大学出版社本科财经管理类实用规划教材（已出版）

财务会计类

序号	书 名	标 准 书 号	主 编	定价
1	基础会计（第2版）	7-301-17478-4	李秀莲	38.00
2	基础会计学	7-301-19403-4	窦亚芹	33.00
3	会计学	7-81117-533-2	马丽莹	44.00
4	会计学原理（第2版）	7-301-18515-5	刘爱香	30.00
5	会计学原理习题与实验（第2版）	7-301-19449-2	王保忠	30.00
6	会计学原理与实务（第2版）	7-301-18653-4	周慧滨	33.00
7	会计学原理与实务模拟实验教程	7-5038-5013-4	周慧滨	20.00
8	会计实务	7-81117-677-3	王远利	40.00
9	高级财务会计	7-81117-545-5	程明娥	46.00
10	高级财务会计	7-5655-0061-9	王奇杰	44.00
11	成本会计学	7-301-19400-3	杨尚军	38.00
12	成本会计学	7-5655-0482-2	张红漫	30.00
13	成本会计学	7-301-20473-3	刘建中	38.00
14	管理会计	7-81117-943-9	齐殿伟	27.00
15	管理会计	7-301-21057-4	彤芳珍	36.00
16	会计规范专题	7-81117-887-6	谢万健	35.00
17	企业财务会计模拟实习教程	7-5655-0404-4	董晓平	25.00
18	税法与税务会计	7-81117-497-7	吕孝侠	45.00
19	初级财务管理	7-301-20019-3	胡淑姣	42.00
20	财务管理学原理与实务	7-81117-544-8	严复海	40.00
21	财务管理学	7-5038-4897-1	盛均全	34.00
22	财务管理学	7-301-21887-7	陈 玮	44.00
23	基础会计学学习指导与习题集	7-301-16309-2	裴 玉	28.00
24	财务管理理论与实务	7-301-20042-1	成 兵	40.00
25	税法与税务会计实用教程（第2版）	7-301-21422-0	张巧良	45.00
26	财务管理理论与实务（第2版）	7-301-20407-8	张思强	42.00
27	公司理财原理与实务	7-81117-800-5	廖东声	36.00
28	审计学	7-81117-828-9	王翠琳	46.00
29	审计学	7-301-20906-6	赵晓波	38.00
30	审计理论与实务	7-81117-955-2	宋传联	36.00
31	会计综合实训模拟教程	7-301-20730-7	章洁倩	33.00
32	财务分析学	7-301-20275-3	张献英	30.00
33	银行会计	7-301-21155-7	宗国恩	40.00
34	税收筹划	7-301-21238-7	都新英	38.00
35	基础会计学	7-301-16308-5	晋晓琴	39.00
36	公司财务管理	7-301-21423-7	胡振兴	48.00
37	财务管理学实用教程（第2版）	7-301-21060-4	骆永菊	42.00
38	政府与非营利组织会计	7-301-21504-3	张 丹	40.00
39	预算会计	7-301-22203-4	王筱萍	32.00
40	统计学实验教程	7-301-22450-2	裘雨明	24.00
41	基础会计实验与习题	7-301-22387-1	左 旭	30.00
42	基础会计	7-301-23109-8	田凤彩	39.00
43	财务会计学	7-301-23190-6	李柏生	39.00
44	会计电算化	7-301-23565-2	童 伟	49.00
45	中级财务会计	7-301-23772-4	吴海燕	49.00

工商管理、市场营销、人力资源管理、服务营销类

序号	书 名	标 准 书 号	主 编	定价
1	管理学基础	7-5038-4872-8	于干千	35.00
2	管理学基础学习指南与习题集	7-5038-4891-9	王 珍	26.00
3	管理学	7-81117-494-6	曾 旗	44.00
4	管理学	7-301-21167-0	陈文汉	35.00
5	管理学	7-301-17452-4	王慧娟	42.00
6	管理学原理	7-5655-0078-7	尹少华	42.00
7	管理学原理与实务（第2版）	7-301-18536-0	陈嘉莉	42.00
8	管理学实用教程	7-5655-0063-3	邵喜武	37.00
9	管理学实用教程	7-301-21059-8	高爱霞	42.00
10	管理学实用教程	7-301-22218-8	张润兴	43.00
11	通用管理知识概论	7-5038-4997-8	王丽平	36.00
12	管理学原理	7-301-21178-6	雷金荣	39.00
13	管理运筹学（第2版）	7-301-19351-8	关文忠	39.00
14	统计学原理	7-301-21061-1	韩 宇	38.00
15	统计学原理	7-5038-4888-9	刘晓利	28.00
16	统计学	7-5038-4898-8	曲 岩	42.00
17	应用统计学（第2版）	7-301-19295-5	王淑芬	48.00
18	统计学原理与实务	7-5655-0505-8	徐静霞	40.00
19	管理定量分析方法	7-301-13552-5	赵光华	28.00
20	新编市场营销学	7-81117-972-9	刘丽霞	30.00
21	公共关系理论与实务	7-5655-0155-5	李泓欣	45.00
22	质量管理	7-5655-0069-5	陈国华	36.00
23	企业文化理论与实务	7-81117-663-6	王水嫩	30.00
24	企业战略管理	7-81117-801-2	陈英梅	34.00
25	企业战略管理实用教程	7-81117-853-1	刘松先	35.00
26	产品与品牌管理	7-81117-492-2	胡 梅	35.00
27	东方哲学与企业文化	7-5655-0433-4	刘峰涛	34.00
28	市场营销学	7-301-21056-7	马慧敏	42.00
29	市场营销学：理论、案例与实训	7-301-21165-6	袁连升	42.00
30	市场营销学	7-5655-0064-0	王槐林	33.00
31	国际市场营销学	7-301-21888-4	董 飞	45.00
32	市场营销学（第2版）	7-301-19855-1	陈 阳	45.00
33	市场营销学	7-301-21166-3	杨 楠	40.00
34	国际市场营销学	7-5038-5021-9	范应仁	38.00
35	现代市场营销学	7-81117-599-8	邓德胜	40.00
36	市场营销学新论	7-5038-4879-7	郑玉香	40.00
37	市场营销理论与实务（第2版）	7-301-20628-7	那 薇	40.00
38	市场营销学实用教程	7-5655-0081-7	李晨耘	40.00
39	市场营销学	7-81117-676-6	戴秀英	32.00
40	消费者行为学	7-81117-824-1	甘瑁琴	35.00
41	商务谈判（第2版）	7-301-20048-3	郭秀君	49.00
42	商务谈判实用教程	7-81117-597-4	陈建明	24.00
43	消费者行为学	7-5655-0057-2	肖 立	37.00
44	客户关系管理实务	7-301-09956-8	周贺来	44.00
45	公共关系学	7-5038-5022-6	于朝晖	40.00
46	非营利组织	7-301-20726-0	王智慧	33.00
47	公共关系理论与实务	7-5038-4889-6	王 玫	32.00
48	公共关系学实用教程	7-81117-660-5	周 华	35.00
49	跨文化管理	7-301-20027-8	晏 雄	35.00
50	企业战略管理	7-5655-0370-2	代海涛	36.00
51	员工招聘	7-301-20089-6	王 挺	30.00
52	服务营销理论与实务	7-81117-826-5	杨丽华	39.00
53	服务企业经营管理学	7-5038-4890-2	于干千	36.00
54	服务营销	7-301-15834-0	周 明	40.00

序号	书　名	标准书号	主　编	定价	序号	书　名	标准书号	主　编	定价
55	运营管理	7-5038-4878-0	冯根尧	35.00	72	新编现代企业管理	7-301-21121-2	姚丽娜	48.00
56	生产运作管理（第2版）	7-301-18934-4	李全喜	48.00	73	创业学	7-301-15915-6	刘沁玲	38.00
57	运作管理	7-5655-0472-3	周建亨	25.00	74	公共关系学实用教程	7-301-17472-2	任焕琴	42.00
58	组织行为学	7-5038-5014-1	安世民	33.00	75	现场管理	7-301-21528-9	陈国华	38.00
59	组织设计与发展	7-301-23385-6	李春波	36.00	76	现代企业管理理论与应用（第2版）	7-301-21603-3	邸彦彪	38.00
60	组织行为学实用教程	7-301-20466-5	冀　鸿	32.00	77	服务营销	7-301-21889-1	熊　凯	45.00
61	现代组织理论	7-5655-0077-0	岳　澎	32.00	78	企业经营ERP沙盘应用教程	7-301-20728-4	董红杰	32.00
62	人力资源管理（第2版）	7-301-19098-2	颜爱民	60.00	79	项目管理	7-301-21448-0	程　敏	39.00
63	人力资源管理经济分析	7-301-16084-8	颜爱民	38.00	80	公司治理学	7-301-22568-4	蔡　锐	35.00
64	人力资源管理原理与实务	7-81117-496-0	邹　华	32.00	81	管理学原理	7-301-22980-4	陈　阳	48.00
65	人力资源管理实用教程（第2版）	7-301-20281-4	吴宝华	45.00	82	管理学	7-301-23023-7	申文青	40.00
66	人力资源管理：理论、实务与艺术	7-5655-0193-7	李长江	48.00	83	人力资源管理实验教程	7-301-23078-7	畅铁民	40.00
67	政府与非营利组织会计	7-301-21504-3	张　丹	40.00	84	社交礼仪	7-301-23418-1	李　霞	29.00
68	会展服务管理	7-301-16661-1	许传宏	36.00	85	营销策划	7-301-23204-0	杨　楠	40.00
69	现代服务业管理原理、方法与案例	7-301-17817-1	马　勇	49.00	86	企业战略管理	7-301-23419-8	顾　桥	46.00
70	服务性企业战略管理	7-301-20043-8	黄其新	28.00	87	兼并与收购	7-301-22567-7	陶启智	32
71	服务型政府管理概论	7-301-20099-5	于干千	32.00					

经济、国贸、金融类

序号	书　名	标准书号	主　编	定价	序号	书　名	标准书号	主　编	定价
1	宏观经济学原理与实务（第2版）	7-301-18787-6	崔东红	57.00	22	金融市场学	7-81117-595-0	黄解宇	24.00
2	宏观经济学（第2版）	7-301-19038-8	蹇令香	39.00	23	财政学	7-5038-4965-7	盖　锐	34.00
3	微观经济学原理与实务	7-81117-818-0	崔东红	48.00	24	保险学原理与实务	7-5038-4871-1	曹时军	37.00
4	微观经济学	7-81117-568-4	梁瑞华	35.00	25	东南亚南亚商务环境概论	7-81117-956-9	韩　越	38.00
5	西方经济学实用教程	7-5038-4886-5	陈孝胜	40.00	26	证券投资学	7-301-19967-1	陈汉平	45.00
6	西方经济学实用教程	7-5655-0302-3	杨仁发	49.00	27	证券投资学	7-301-21236-3	王　毅	45.00
7	西方经济学	7-81117-851-7	于丽敏	40.00	28	货币银行学	7-301-15062-7	杜小伟	38.00
8	现代经济学基础	7-81117-549-3	张士军	25.00	29	货币银行学	7-301-21345-2	李　冰	42.00
9	国际经济学	7-81117-594-3	吴红梅	39.00	30	国际结算（第2版）	7-301-17420-3	张晓芬	35.00
10	发展经济学	7-81117-674-2	赵邦宏	48.00	31	国际结算	7-301-21092-5	张　慧	42.00
11	管理经济学	7-81117-536-3	姜保雨	34.00	32	金融风险管理	7-301-20090-2	朱淑珍	38.00
12	计量经济学	7-5038-3915-3	刘艳春	28.00	33	金融工程学	7-301-18273-4	李淑锦	30.00
13	外贸函电（第2版）	7-301-18786-9	王　妍	30.00	34	国际贸易理论、政策与案例分析	7-301-20978-3	冯　跃	42.00
14	国际贸易理论与实务（第2版）	7-301-18798-2	缪东玲	54.00	35	金融工程学理论与实务（第2版）	7-301-21280-6	谭春枝	42.00
15	国际贸易（第2版）	7-301-19404-1	朱廷珺	45.00	36	金融学理论与实务	7-5655-0405-1	战玉峰	42.00
16	国际贸易实务（第2版）	7-301-20486-3	夏合群	45.00	37	国际金融实用教程	7-81117-593-6	周　影	32.00
17	国际贸易结算及其单证实务	7-5655-0268-2	卓乃坚	35.00	38	跨国公司经营与管理（第2版）	7-301-21333-9	冯雷鸣	35.00
18	政治经济学原理与实务（第2版）	7-301-22204-1	沈爱华	31.00	39	国际金融	7-5038-4893-3	韩博印	30.00
19	国际商务	7-5655-0093-0	安占然	30.00	40	国际商务函电	7-301-22388-8	金泽虎	35.00
20	国际贸易实务	7-301-20919-6	张　肃	28.00	41	国际金融	7-301-23351-6	宋树民	48.00
21	国际贸易规则与进出口业务操作实务（第2版）	7-301-19384-6	李　平	54.00	42	国际贸易实训教程	7-301-23730-4	王　茜	28.00

法律类

序号	书　名	标准书号	主　编	定价	序号	书　名	标准书号	主　编	定价
1	经济法原理与实务(第2版)	7-301-21527-2	杨士富	39.00	5	劳动法和社会保障法（第2版）	7-301-21206-6	李　瑞	38.00
2	经济法实用教程	7-81117-547-9	陈亚平	44.00	6	金融法学理论与实务	7-81117-958-3	战玉锋	34.00
3	国际商法理论与实务	7-81117-852-4	杨士富	38.00	7	国际商法	7-301-20071-1	丁孟春	37.00
4	商法总论	7-5038-4887-2	任先行	40.00	8	商法学	7-301-21478-7	周龙杰	43.00

电子商务与信息管理类

序号	书　名	标准书号	主　编	定价	序号	书　名	标准书号	主　编	定价
1	网络营销	7-301-12349-2	谷宝华	30.00	6	电子商务概论	7-301-13633-1	李洪心	30.00
2	数据库技术及应用教程（SQL Server版）	7-301-12351-5	郭建校	34.00	7	管理信息系统实用教程	7-301-12323-2	李　松	35.00
3	网络信息采集与编辑	7-301-16557-7	范生万	24.00	8	电子商务概论（第2版）	7-301-17475-3	庞大莲	42.00
4	电子商务案例分析	7-301-16596-6	曹彩杰	28.00	9	网络营销	7-301-16556-0	王宏伟	26.00
5	管理信息系统	7-301-12348-5	张彩虹	36.00	10	电子商务概论	7-301-16717-5	杨雪雁	32.00

序号	书　名	标 准 书 号	主　编	定价	序号	书　名	标 准 书 号	主　编	定价
11	电子商务英语	7-301-05364-5	覃　正	30.00	27	数字图书馆	7-301-22118-1	奉国和	30.00
12	网络支付与结算	7-301-16911-7	徐　勇	34.00	28	电子化国际贸易	7-301-17246-9	李辉作	28.00
13	网上支付与安全	7-301-17044-1	帅青红	32.00	29	商务智能与数据挖掘	7-301-17671-9	张公让	38.00
14	企业信息化实务	7-301-16621-5	张志荣	42.00	30	管理信息系统教程	7-301-19472-0	赵天唯	42.00
15	电子商务法	7-301-14306-3	李　瑞	26.00	31	电子政务	7-301-15163-1	原忠虎	38.00
16	数据仓库与数据挖掘	7-301-14313-1	廖开际	28.00	32	商务智能	7-301-19899-5	汪　楠	40.00
17	电子商务模拟与实验	7-301-12350-8	喻光继	22.00	33	电子商务与现代企业管理	7-301-19978-7	吴菊华	40.00
18	ERP 原理与应用教程	7-301-14455-8	温雅丽	34.00	34	电子商务物流管理	7-301-20098-8	王小宁	42.00
19	电子商务原理及应用	7-301-14080-2	孙　睿	36.00	35	管理信息系统实用教程	7-301-20485-6	周贺来	42.00
20	管理信息系统理论与应用	7-301-15212-6	吴　忠	30.00	36	电子商务概论	7-301-21044-4	苗　森	28.00
21	网络营销实务	7-301-15284-3	李蔚田	42.00	37	管理信息系统实务教程	7-301-21245-5	魏厚清	34.00
22	电子商务实务	7-301-15474-8	仲　岩	28.00	38	电子商务安全	7-301-22350-5	蔡志文	49.00
23	电子商务网站建设	7-301-15480-9	臧良运	32.00	39	电子商务法	7-301-22121-1	郭　鹏	38.00
24	网络金融与电子支付	7-301-15694-0	李蔚田	30.00	40	ERP 沙盘模拟教程	7-301-22393-2	周　菁	26.00
25	网络营销	7-301-22125-9	程　虹	38.00	41	移动商务理论与实践	7-301-22779-4	柯　林	43.00
26	电子证券与投资分析	7-301-22122-8	张德存	38.00	42	电子商务项目教程	7-301-23071-8	芦　阳	45.00

物流类

序号	书　名	书号	编著者	定价	序号	书　名	书号	编著者	定价
1	物流工程	7-301-15045-0	林丽华	30.00	31	国际物流管理	7-301-19431-7	柴庆春	40.00
2	现代物流决策技术	7-301-15868-5	王道平	30.00	32	商品检验与质量认证	7-301-10563-4	陈红丽	32.00
3	物流管理信息系统	7-301-16564-5	杜彦华	33.00	33	供应链管理	7-301-19734-9	刘永胜	49.00
4	物流信息管理	7-301-16699-4	王汉新	38.00	34	逆向物流	7-301-19809-4	甘卫华	33.00
5	现代物流学	7-301-16662-8	吴　健	42.00	35	供应链设计理论与方法	7-301-20018-6	王道平	32.00
6	物流英语	7-301-16807-3	阚功俭	28.00	36	物流管理概论	7-301-20095-7	李传荣	44.00
7	第三方物流	7-301-16663-5	张旭辉	35.00	37	供应链管理	7-301-20094-0	高举红	38.00
8	物流运作管理	7-301-16913-1	董千里	28.00	38	企业物流管理	7-301-20818-2	孔继利	45.00
9	采购管理与库存控制	7-301-16921-6	张　浩	30.00	39	物流项目管理	7-301-20851-9	王道平	30.00
10	物流管理基础	7-301-16906-3	李蔚田	36.00	40	供应链管理	7-301-20901-1	王道平	35.00
11	供应链管理	7-301-16714-4	曹翠珍	40.00	41	现代仓储管理与实务	7-301-21043-7	周兴建	45.00
12	物流技术装备	7-301-16808-0	于　英	38.00	42	物流学概论	7-301-21098-7	李　创	44.00
13	现代物流信息技术	7-301-16049-7	王道平	30.00	43	航空物流管理	7-301-21118-2	刘元洪	32.00
14	现代物流仿真技术	7-301-17571-2	王道平	34.00	44	物流管理实验教程	7-301-21094-9	李晓龙	25.00
15	物流信息系统应用实例教程	7-301-17581-1	徐　琪	32.00	45	物流系统仿真案例	7-301-21072-7	赵　宁	25.00
16	物流项目招投标管理	7-301-17615-3	孟祥茹	30.00	46	物流与供应链金融	7-301-21135-9	李向文	30.00
17	物流运筹学实用教程	7-301-17610-8	赵丽君	33.00	47	物流信息系统	7-301-20989-9	王道平	28.00
18	现代物流基础	7-301-17611-5	王　侃	37.00	48	物料学	7-301-17476-0	肖生苓	44.00
19	现代企业物流管理实用教程	7-301-17612-2	乔志强	40.00	49	智能物流	7-301-22036-8	李蔚田	45.00
20	现代物流管理学	7-301-17672-6	丁小龙	42.00	50	物流项目管理	7-301-21676-7	张旭辉	38.00
21	物流运筹学	7-301-17674-0	郝　海	36.00	51	新物流概论	7-301-22114-3	李向文	34.00
22	供应链库存管理与控制	7-301-17929-1	王道平	28.00	52	物流决策技术	7-301-21965-2	王道平	38.00
23	物流信息系统	7-301-18500-1	修桂华	32.00	53	物流系统优化建模与求解	7-301-22115-0	李向文	32.00
24	城市物流	7-301-18523-0	张　潜	24.00	54	集装箱运输实务	7-301-16644-4	孙家庆	34.00
25	营销物流管理	7-301-18658-9	李学工	45.00	55	库存管理	7-301-22389-5	张旭凤	25.00
26	物流信息技术概论	7-301-18670-1	张　磊	28.00	56	运输组织学	7-301-22744-2	王小霞	30.00
27	物流配送中心运作管理	7-301-18671-8	陈　虎	40.00	57	物流金融	7-301-22699-5	李蔚田	39.00
28	物流项目管理	7-301-18801-9	周晓晔	35.00	58	物流系统集成技术	7-301-22800-5	杜彦华	40.00
29	物流工程与管理	7-301-18960-3	高举红	39.00	59	商品学	7-301-23067-1	王海刚	30.00
30	交通运输工程学	7-301-19405-8	于　英	43.00	60	项目采购管理	7-301-23100-5	杨　丽	38.00

相关教学资源如电子课件、电子教材、习题答案等可以登录 www.pup6.com 下载或在线阅读。

扑六知识网(www.pup6.com)有海量的相关教学资源和电子教材供阅读及下载(包括北京大学出版社第六事业部的相关资源)，同时欢迎您将教学课件、视频、教案、素材、习题、试卷、辅导材料、课改成果、设计作品、论文等教学资源上传到 pup6.com，与全国高校师生分享您的教学成就与经验，并可自由设定价格，知识也能创造财富。具体情况请登录网站查询。

如您需要免费纸质样书用于教学，欢迎登录第六事业部门户网(www.pup6.com)填表申请，并欢迎在线登记选题以到北京大学出版社来出版您的大作，也可下载相关表格填写后发到我们的邮箱，我们将及时与您取得联系并做好全方位的服务。

扑六知识网将打造成全国最大的教育资源共享平台，欢迎您的加入——让知识有价值，让教学无界限，让学习更轻松。联系方式：010-62750667，wangxc02@163.com，lihu80@163.com，欢迎来电来信。